阎春来 ◎ 著

梁启超 诗传

中国社会科学出版社

图书在版编目（CIP）数据

梁启超诗传/阎春来著．—北京：中国社会科学出版社，2018.4
（2019.3 重印）

ISBN 978－7－5203－1067－3

Ⅰ.①梁… Ⅱ.①阎… Ⅲ.①梁启超（1873－1929）—传记
②诗集—中国—近代 Ⅳ.①B259.1②I222.75

中国版本图书馆 CIP 数据核字（2017）第 231959 号

出 版 人 赵剑英
责任编辑 郭晓鸿
特约编辑 席建海
责任校对 王佳玉
责任印制 戴 宽

出 版 中国社会科学出版社
社 址 北京鼓楼西大街甲 158 号
邮 编 100720
网 址 http://www.csspw.cn
发 行 部 010－84083685
门 市 部 010－84029450
经 销 新华书店及其他书店

印 刷 北京明恒达印务有限公司
装 订 廊坊市广阳区广增装订厂
版 次 2018 年 4 月第 1 版
印 次 2019 年 3 月第 2 次印刷

开 本 710×1000 1/16
印 张 19.5
插 页 2
字 数 231 千字
定 价 89.00 元

目　录

一 1882年·太公

梁启超，字卓如，一字任甫，号任公，又号饮冰室主人、饮冰子、哀时客、中国之新民、自由斋主人，广东新会县熊子乡茶坑村人。其生也，时序同治癸酉正月二十六，即西历一八七三年二月二十二日，为"太平天国亡于金陵后十年，清大学士曾国藩卒后一年，普法战争后三年，而意大利建国罗马之岁也"①。

少年聪慧，为时人及后世交口称颂。

同门师兄弟有伍庄②者述之："先生性聪颖，四岁就王父膝下授以四子书、《诗经》。六岁，就莲涧公读，五经卒业，受中国略史。八岁，学为文，九岁能缀千言。十二岁，应试学院，补博士弟子员。嗜读《史记》《汉书》，《史记》文能成诵者八九；又尽读姚氏《古文辞类纂》，嗜古文辞。十三岁后，治段、王训诂之学，渐有弃帖括之志。"③

然甲午前，外患未著，新政未萌，犹崇科名之时代，启超固未能

---

① 梁启超：《三十自述》，李华兴、吴嘉勋编《梁启超选集》，上海人民出版社1984年版，第375页。

② 伍庄（1881—1959），谱名文琛，字宪子，又别字宪庵，号梦蝶，广东顺德人，康有为万木草堂弟子，与梁启超有同门之谊。1904年奉康有为之命，与徐勤办香港《商报》，是其参与康、梁政治活动之始，曾为中国民主宪政党主席。

③ 伍庄：《梁任公先生行状》，夏晓虹编《追忆梁启超》，中国广播电视出版社1997年版，第2页。

遽超乎举业范围。光绪十五年己丑科与其门兄（不详）及三水梁士诒①同举于乡，春风妙龄，众皆艳羡，称以"三梁"。

启超天禀富厚不俟言，其所受家境熏陶，又奚能忽之。

梁家自迁入新会，十世为农，较寻常贫寒人家，略无殊异。至祖父维清，号镜泉先生，始肆志于学，半耕半读，终取秀才荣名，开诗书传家之风，贻教后昆。

血亲之于启超进德修业关系甚巨者有三。

一谓祖父。

启超祖父名维清，号镜泉，生于清嘉庆二十年乙亥，卒于光绪十八年壬辰，启超菽水承欢其膝下十又九年，沐于其爱、受于其教者多矣。

叶大焯②《镜泉梁老先生庆寿序》（《梁氏历代世系图谱》）转录启超陈述祖父行状曰："大父生嘉庆乙亥，生两岁而曾王母见背，比长，事继母、庶母有孝行。"③继曰："大父每月朔必率子孙瞻祠宇，谒祖先，遇家讳辄素服不饮酒，不食肉，岁以为常。……大父同父者八人，大父居次，实嫡出。曾王父弃养后，各分遗产，有谓嫡子宜多取者，大父不听，率与继母庶母子均，人多诵之。……若夫勤俭朴实，其行己也密，忠厚仁慈；其待人也周，其治家也严，而训子也谨，其课诸孙也详而明……"④关于镜泉行义乡里，叶大焯亦有所转录："甲

---

① 梁士诒（1869—1933），字翼夫，号燕孙，又号伯鸾，广东三水人。二十岁时与梁启超在佛山同学，光绪进士，授翰林院编修。袁世凯内阁署理邮传部副大臣、大臣，参与胁迫清皇室退位活动。曾任袁世凯总统府秘书长、交通银行总理、财政部次长。1921年12月短暂出任北洋政府国务总理。

② 叶大焯（1840—1900），字迪恭，号怐予，福建闽县（今闽侯县）人，清同治七年（1870）进士，翰林院侍读学士，授编修，会试同考官、赞善、说写、湖北乡试正考官、左春坊右庶子、湖南乡试主考官。归里，主讲凤池书院、正谊书院。

③ 丁文江、赵丰田编：《梁启超年谱长编》，上海人民出版社2009年版，第6页。

④ 同上。

寅，洪逆披猖，我邑之遵其教者，四方蜂起，城日以困，吾乡离城仅十余里，无赖者辄思逞。大父设立保良会力为禁止，以故一乡无乱民。……村前有往来孔道，泥泞险仄，行者久苦之，以大父倡捐，人多景从，易土而石，人歌如砥。"①

孙辈络绎，独爱启超，其自述云："四五岁就王父及母膝下授四子书、《诗经》，夜则就睡王父榻。日与言古豪杰哲人嘉言懿行，而尤喜举亡宋、亡明国难之事津津道之。"②

启超所传述，亦可征之于弟启勋仲策③者。

启勋《高祖以下之家谱》述云："祖父乃嫡出之仲子，生两岁而曾祖母赵太夫人弃养。兄弟八人友爱甚笃，好学问，书法学柳公权，刚健婀娜似尤过之。最爱与儿孙说南宋故事，盖余之故乡接近崖门故也。"④ 又于《曼殊室戊辰笔记》记曰："伯兄自出就外傅以后，寝处悉随先王父。我乡有一庙宇，中藏古画四十八幅……写历史上二十四忠臣、二十四孝子之故事。……每年灯节辄悬之以供众览。……上元佳节，祖父每携诸孙入庙，指点而示之曰：'此朱寿昌弃官寻母也。此岳武穆出师北征也'。岁以为常。高祖毅轩之墓在崖门，每年祭扫必以舟往，所经过皆南宋失国时舟师覆灭之古战场。途次一岩石突出于海中，土人名之曰奇石，高数丈，上刻'元张弘范灭宋于此'八大字。……舟行往返，祖父每与儿孙说南宋故事，更朗诵陈独漉《山木

---

① 丁文江、赵丰田编：《梁启超年谱长编》，上海人民出版社 2009 年版，第 6 页。
② 梁启超：《三十自述》，李华兴、吴嘉勋编《梁启超选集》，上海人民出版社 1984 年版，第 375 页。
③ 梁启勋（1879—1965），字仲策，梁启超大弟。1893 年入广州万木草堂，从学于康有为。后赴美国留学，入哥伦比亚大学学习经济学。毕业后返国，先后任交通大学及北平铁道管理学院训育主任、中国银行驻京监理官、青岛大学教授。著有《词学》《词学铨衡》《中国韵文概论》《稼轩词疏证》六卷、《曼殊室随笔》五卷等。译有《社会心理之分析》《世界近世史》等。为著名词学家。
④ 丁文江、赵丰田编：《梁启超年谱长编》，上海人民出版社 2009 年版，第 5 页。

萧萧》一首,至'海水有门分上下,关山无界限华夷',辄提高其音
节,作悲壮之声调,此受庭训时之户外教育也。"①

一谓父亲。

启超父名宝瑛,字莲涧,是一位内而仁慈,外而方正之人,孝友
敦睦于家,急公近义于里,见称于乡邻。逮及教子,其言传身教皆有
仪。启超尝追诵:"先君子常以为所贵乎学者,淑身与济物而已。淑身
之道,在严其格以自绳;济物之道在随所遇以为施。故生平不苟言笑,
跬步必衷于礼,恒情嗜好无大小,一切屏绝;取予之间,一介必谨;
自奉至素约,终身未尝改其度。启超等每劝勿太自苦,辄教以家风不
可坏,而蠱?然以后辈之流于淫佚为忧也。"②又曰:"先君子以幼子
最见钟爱,传家学独劲。少亦治举子业,连不得志于有司,遂谢去,
教授于乡。不孝启超、启勋及群从昆弟,自幼皆未尝出就外傅,学业
根柢,立身藩篱,一铢一黍咸禀先君子之训也。"③《三十自述》更有
陟彼岵岵之语:"父慈而严,督课之外,使之劳作。言语举动稍不谨,
辄呵斥不少假借。常训之曰:'汝自视乃如常儿乎?'至今诵此语不
敢忘。"④

望子成龙,盖天下父母同出于一心,然视之梁父,果一语而成验。

一谓母亲。

母亲赵太夫人夙服淑誉。少撷《高祖以下之家谱》片文,可略作
斑窥:"先慈赵太夫人以贤孝名,最为先祖父所钟爱。乡中诸姑姊妹多

---

① 丁文江、赵丰田编:《梁启超年谱长编》,上海人民出版社 2009 年版,第 5 页。
② 梁启超:《哀启》,《饮冰室合集·专集》之三十三,第一二七页;中华书局 2015
年版,第 6735 页。
③ 同上。
④ 梁启超:《三十自述》,李华兴、吴嘉勋编《梁启超选集》,上海人民出版社 1984
年版,第 375 页。

就吾家从先慈识字及习女工。数十年前，儿女婚姻悉凭媒妁。人但闻此女尝从先慈习女工，则不待访问而信其德性必佳矣。至今邑中尚传为美谈。"①

赵太夫人非唯贤孝称于乡里，抑其教子之严，亦多有故实。启超《我之为童子时》尝举一例："我为童子时，未有学校也。我初认字，则我母教我。……祖父母及我父母皆钟爱我，并责骂且甚少，何论鞭挞。……我家之教，凡百罪过，皆可饶恕，唯说谎话，斯断不饶恕。我六岁时，不记因何事，忽说谎一句。所说云何，亦已忘却，但记不久即为我母发觉。……晚饭后，我母传我至卧房，严加盘诘。……我母温良之德，全乡皆知。我有生以来，只见我母终日含笑，今忽见其盛怒之状，几不复认识为吾母矣。我母命我跪下受考问。……当时被我母翻伏在膝前，力鞭十数。我母当时教我之言甚多。……但记有数语云：'汝若再说谎，汝将来便成窃盗，便成乞丐。'……我母旋又教我曰：'凡人何故说谎？或者有不应为之事，而我为之，畏人之责其不应为而为也，则谎言吾未尝为。或者有必应为之事而我不为，畏人之责其应为而不为也，则谎言吾已为之。夫不应为而为，应为而不为，已成罪过矣。若已不知其罪过，犹可言也。他日或自能知之，或他人告之，则改焉而不复如此矣。今说谎者，则明知其罪过而故犯之也。不唯故犯，且自欺欺人，而自以为得计也。人若明知其罪过而故犯，且欺人而以为得计，则与窃盗之性质何异？天下万恶，皆起于是矣。然欺人终必为人所知。将来人人皆指而目之曰，此好说谎话之人也，则无人信之。既无人信，则不至成为乞丐焉而不止也。'"② 启超铭记

---

① 丁文江、赵丰田编：《梁启超年谱长编》，上海人民出版社 2009 年版，第 7 页。
② 《饮冰室合集·文集》之十一，第一九页至第二十页；中华书局 2015 年版，第 993—994 页。

母训，历久而弥珍。

土不厚则巨材不生，地不灵则异人不降。新会一地，风俗嘉异，士人尊师务学问，不逐虚名，仕者恬退重乐群，以竞进为耻，黎献胥尚门第，矜气节，慷慨好义，无所诡屈。启超奉庭训若纳江河之流，继良俗若受雨露之滋，其才情又恰若久蓄之春水迸发，沛然而莫之能御。

新会故老有传述曰：有客到访莲涧，启超上前奉茶，客人欲一试其聪明何如，即出句"饮茶龙上水"命对。启超不假思索，应声答曰："写字狗扒田"。上联系新会俗语，所对下联亦为新会俗语。……既而又出句"东篱客采陶潜菊"命对，启超随口答以"南国人怀召伯棠"。①

启超《三十自述》云，九岁能缀千言，或不为妄语耶。

光绪八年（1882），启超十岁，初就童子试。时内河轮船未通，赴广州应府试者辄结伴买舟，水程阅三日，同行皆父执。一日舟中共饭，适有一人指盘中咸鱼为题，命启超吟诗，启超应声曰：

太公垂钓后，胶鬲举盐初。②

举座异之，神童之名自此腾传于乡间。

① 参见《广东文史资料》（第十二集）佳木《梁启超故乡述闻》，丁文江、赵丰田编《梁启超年谱长编》，上海人民出版社2009年版，第11页。
② 梁启勋：《曼殊室戊辰笔记》，丁文江、赵丰田编《梁启超年谱长编》，上海人民出版社2009年版，第11页。

二 1894年·蛾眉

光绪十年，岁在甲申，广东学政叶大焯，"再试广东之新会，择其髦而好学者一二人，仪范里邮。又于郡邑考列前茅之幼童梁生启超，试以文艺，皆有条理，知其学有渊源，得自乃祖乃父之训迪者不鲜"①。

启超以卓然秀异之表现，补博士弟子员（秀才）。

顾试既竣，叶氏"进诸生奖谕之，旅进旅退，而启超独留，长跪请曰：家有大父，今年七十矣，弧矢之期在仲冬二十一日，窃愿得先生一言为寿"②。

叶大焯赏其才，感其孝，赞其勇，遂作序并许以期勉。序曰："夫作善降之百祥，积善之家必有余庆。经训昭然，理当不谬，区区一芹之献，不过善端偶然发露，其兴正未有艾也。"③

启超发露之善端，初及一人一屋，一己一私，却终化一为百，移私为公，善及天下万民。

十二岁得秀才名，毋亦羡煞多少老童生！唯启超求学如饥，先后辗转就傅于广州、佛山诸儒。十六岁时入学海堂为正班生，同时为菊坡、粤秀、粤华院外生，既得专受又可旁收，渐之以日，益之以学，

---

① 叶大焯：《镜泉梁老先生庆寿序》，丁文江、赵丰田编《梁启超年谱长编》，上海人民出版社2009年版，第12页。

② 同上。

③ 同上书，第13页。

脱颖之日殆可期也。

光绪十五年己丑，大清礼部尚书李端棻苾园①典试广东，启超中举，榜列第八，既而得斧柯媒媾之美意。弟仲策记云："当时典试之正座乃贵州李苾园，副座乃福建王可庄。榜发，李请王做媒，以妹字伯兄。同时王亦怀此意，盖王有一女公子正待字也。但李先发言，乃相视而笑。"②

斯可证之于启超自述："光绪己丑，尚书苾园先生讳端棻，主广东乡试，夫人从兄也。启超以是年领举，注弟子籍，先生相攸，结婚媾焉。"③

不唯才学路上显耀一时，抑其人格之形成、学问之进趋，也日滋著明。梁思成④忆其父曰："先严在学海堂不久，后与谭仲鸾及梁伯尹拟入广雅书院。因其制度于地方长官来院时，全体学生须在门前站班迎接，故不入。"⑤一身傲骨，跃然纸上。

启超于学，向不泥顽拘墟，生就一副宽阔胸膛，爱睁眼看世界，又反躬自省求变。方当其十一岁，于坊间得张之洞⑥《輶轩语》《书目

---

① 李端棻（1833—1907），字苾园，湖南衡州府清泉县（今衡阳市衡南县）人，出生于贵州省贵筑县（今贵阳市）。历任山西、广东、山东等省乡试主考官、全国会试副总裁、云南学政、监察御史、刑部左侍郎、礼部尚书。光绪二十二年（1896），第一个疏请设立京师大学堂（今北京大学前身）。戊戌政变后，被流放新疆。遗有《苾园诗存》一卷。

② 梁启勋：《曼殊室戊辰笔记》，丁文江、赵丰田编《梁启超年谱长编》，上海人民出版社2009年版，第15页。

③ 梁启超：《悼启》，《饮冰室合集·文集》之四十四［上］，第二四页；中华书局2015年版，第4276页。

④ 梁思成（1901—1972），梁启超长子，留美学习建筑，毕生致力于中国古代建筑研究与保护，曾任中央研究院院士（1948）、中国科学院哲学社会科学学部委员，参与设计人民英雄纪念碑、中华人民共和国国徽等作品。

⑤ 梁思成：《致在君先生书》，丁文江、赵丰田编《梁启超年谱长编》，上海人民出版社2009年版，第14页。

⑥ 张之洞（1837—1909），字孝达，号香涛，谥文襄，时人皆呼之为"张香帅"，直隶南皮（今河北南皮）人。咸丰二年（1852）十六岁中顺天府解元，同治二年（1863）二十七岁中进士第三名探花，授翰林院编修，历任教习、侍读、侍讲、内阁学士、山西巡抚、两广总督、湖广总督、两江总督（多次署理，从未实授）、军机大臣等职，官至体仁阁大学士。有《劝学篇》《张文襄公全集》传世。

答问》，深味其中，始知天地间有所谓学问者。十三岁抵段、王训诂学之藩篱引颈稍窥，大好之，遂有弃帖括之志。光绪十六年春入京会试，下第归道上海，购《瀛环志略》读之，知以天朝上国之大，仅乃浩渺世界之一隅。又见上海制造局所译西书若干种，心好之，第以无力购买，唯嗟羡而已。

是年秋八月，因同侪陈通甫①荐引，相将往谒康南海有为②先生，一见大服，遂以举人拜秀才为师，修弟子礼。启超自述与南海晤面之情状云："时余以少年科第，且于时流所推重之训诂词章学，颇有所知，辄沾沾自喜。先生乃以大海潮音，作狮子吼，取其所挟持之数百年无用旧学更端驳诘，悉举而摧陷廓清之。自辰入见，及戌始退，冷水浇背，当头一棒，一旦尽失其故垒，惘惘然不知所从事。且惊且喜，且怨且艾，且疑且惧，与通甫联床，竟夕不能寐。明日再谒，请为学方针。先生乃教以陆王心学，而并及史学西学之梗概。自是决然舍去旧学，自退出学海堂，而间日请业南海之门，生平知有学自兹始。"③

既而，梁陈二人乞请康有为开万木草堂于广州长兴里，来学者遽集近二十人，年龄皆在十五至十九之间，天真烂漫，志气跞踔。每逾午，有为即升座讲授，爬梳古今学术源流。两三小时过去，讲者不知疲累，听者亦不觉倦怠，启超每每欢喜踊跃，以尾闾之居，承大海之

---

① 陈千秋（1869—1895），字通甫，又字礼吉，号随生，广东南海人。幼勤学聪慧，入学海堂。1891 年转进万木草堂，受业于康有为，号称长兴里十大弟子之一。曾任万木草堂学长，并协助康编撰《新学伪经考》等书，讨论《大同书》有关问题。

② 康有为（1858—1927），原名祖诒，字广厦，号长素，又号明夷、更甡、西樵山人、游存叟、天游化人，广东南海县人，人称"康南海"。光绪十四年（1888），到北京参加顺天乡试，借机第一次上书光绪帝请求变法，受阻未上达。光绪二十一年（1895）得知《马关条约》签订，联合1300多名举人上万言书，即"公车上书"。主要著作有《康子篇》《新学伪经考》《孔子改制考》《日本变政考》《大同书》和《欧洲十一国游记》等。

③ 梁启超：《三十自述》，李华兴、吴嘉勋编《梁启超选集》，上海人民出版社1984年版，第376页。

泄，未有已也。

此为日受。又有夜游。

"每月夜，吾侪则从游焉，粤秀山之麓吾侪舞雩也。与先生相期或不相期。然而春秋佳日，三五之夕，学海堂、菊坡精舍、红棉草堂、镇海楼一带，其无万木草堂师弟踪迹者盖寡。每游率以论文始，既乃杂遝泛滥于宇宙万有，芒乎汋乎，不知所终极。先生在则拱默以听，不在则主客论难锋起，声往往振林木，或联臂高歌，惊树上栖鸦拍拍起。吁嘻，学于万木，盖无日不乐，而此乐最殊甚矣！"①

其时，启超亦爱谈鬼神，每言及鬼神，必津津焉，虽飘乎以远，却恍如眼前，与众生相往还。其犹在学海堂时，除年之际，回家度岁，与族人兄弟扶鸾作戏，常以诗唱和应对。忽一日，乩坛问疑，得诗二首，曰：

> 蛾眉谣诼古来悲，雁碛龙堆远别离。
> 三字怨沉奇事狱，千秋泪洒党人碑。
> 阮生空负穷途哭，屈子犹怀故国思。
> 芳草秋兰怨摇落，不堪重读楚骚辞。
>
> 煮鹤焚琴事可哀，那堪回首望蓬莱。
> 一篇鹏鸟才应尽，五字河梁气暗摧。
> 绝域不回苏武驾，悲风愁上李陵台。
> 男儿远死何当惜，倚剑纵横志未灰。②

---

① 梁启超：《南海先生七十寿言》，《饮冰室合集·文集》之四十四［上］，第二八页；中华书局 2015 年版，第 4280 页。

② 超观：《记梁任公先生轶事》，夏晓虹编《追忆梁启超》，中国广播电视出版社 1997 年版，第 50—51 页。

万木草堂同人多能诵之，固在于其吊古忧时之君子情怀。

就学万木，无论公听抑或燕见，辄有所创获，常常退省倍觉醇醇然有味，一若暖阳之曝寒冰，春水之滋涸田。启超有述作之志，体国之情，盖发轫并廓大于兹。尔乃每忆与乃师立雪向学时情形，其言语往往充满衷敬与傲岸："抑先生虽以乐学教吾侪乎，然每语及国事杌陧，民生憔悴，外侮凭陵，辄慷慨唏嘘，或至流涕。吾侪受其教，则振荡怵惕，懔然于匹夫之责而不敢自放弃，自暇逸。每出则举所闻以语亲戚朋旧，强聒而不舍，流俗骇怪指目之，谥曰'康党'，吾侪亦居之不疑也。"[1]

光绪十七年冬，启超入京与李蕙仙缔结连理。李蕙仙为京兆公李朝仪之季女，尚书李端棻之从妹。李家门第可谓上联皇亲国戚，下结百官臣僚，家学劭茂，门声清明。

启超此去温柔乡，端的让同门陈千秋既喜亦忧，乃赠诗谏喻，莫忘鸿鹄奋翮远骞之志，曰："岂无江海志，泆荡恣游邀。苍生惨流血，敞席安得暖。"[2]

乃师康有为亦寄厚望，视京门为进阶之地，结豪杰、救黎元，以图将来。赠诗曰："道入天人际，江门风月存。小心结豪杰，内热救黎元。忧国吾其已，乘云世易尊。贾生正年少，泆荡上天门。"[3]

启超岂其苟且偷安、奔竞夤缘之人？

方二十岁之年正月，祖父弃养，至二月，启超吞泪忍痛投身会试。书香人家无不以子嗣求取功名为传家之本，故坊间多讽颂"业成早赴

---

[1] 梁启超：《南海先生七十寿言》，《饮冰室合集·文集》之四十四［上］，第二八页；中华书局2015年版，第4280页。

[2] 《饮冰室合集·文集》之四十五［上］，第四六页；中华书局2015年版，第4426页。

[3] 《南海先生诗集》第四卷第三页，丁文江、赵丰田编《梁启超年谱长编》，上海人民出版社2009年版，第19页。

春闱约，要使嘉名海内闻"，启超岂不冀得春闱一捷，报王父九泉之深望。属会考总裁为李芯园，又何尝不愿妹婿一举登科，乃欲从中撺掇，通一关节。启超不以为然，深却之，而终不能第。启超虽未有售，但其义节风骨若晨星昭昭然。

启超固有功名之心，却更有仁人君子忧天下之盛心。其致同年汪康年①书曰："仆性禀热力颇重，用世之志未能稍忘，然周览天人，知天下事之无可为，唯欲与二三同志著书以告来者。目前之事，半付之青天白云矣。"②

斯之为言，毋亦有卷怀之意。然天下滔滔，士君子奚能超然息影林泉！故而，半年后，再致书汪康年，曰："启超半载以来，读书山中，每与诸同志纵论时变，退息虑而熟思之，窃以为今日时事，非俟铁路大兴之后，则凡百无可言者，奚以明之？中国人士寡闻浅见，专以守残，数百年如坐暗室之中，一无知觉。创以新学，则阻挠不遗余力；见一通人，则诋排犹如仇雠。此其故皆坐不兴铁路，铁路既兴之后，耳目一新，故见廓清，人人有海若望洋之思，怳然知经国之道之所在，则不待大声疾呼，自能变易，则必无诋排，必无阻挠，然后余事可以徐举，而大局可以有为。铁路以开风气，又以通利源。风气开则可为之势也。利源通则可为之资也。"③ 虽为坐论，洵亦难挽江河之颓，然则指陈时事、指点江山，较之于衮衮诸公因循观望，岂不谓刚毅者慷慨有大节！

光绪二十年，中日甲午战起，此乃十九世纪六十年代至九十年代

---

① 汪康年（1860—1911），字穰卿，别号恢伯，浙江钱塘人。1896 年设时务报馆于上海，自任经理，以梁氏为主笔。汪系张之洞旧属，受张掣肘，致与梁龃龉，至戊戌政变乃止。1899 年梁复与汪通信，解嫌归好。

② 光绪十八年闰六月一日《致汪穰卿同年书》，丁文江、赵丰田编《梁启超年谱长编》，上海人民出版社 2009 年版，第 20 页。

③ 光绪十八年十二月除夕《复汪穰卿同年书》，丁文江、赵丰田编《梁启超年谱长编》，上海人民出版社 2009 年版，第 20 页。

中国洋务运动与日本明治维新成果之总较量。不意战端一起，胜负立见，大清数十年经营之海军，不堪一击，不旋踵而化为齑粉，天下翕然震骇，唯见辎轩继轨，和议声不绝于耳。启超曾语及清政府慌不择路病急乱医之情形："当时两江总督张之洞建议割东三省与俄，西藏与英，赂使助我拒日。而盈廷联俄说尤盛，总署与俄使已有成言。"①

启超惋愤时局，时有所吐露。

其与夏曾佑②书，以诗宣忧抒恨曰：

> 怅饮且浩歌，血泪忽盈臆。
>
> 哀哉衣冠俦，涂炭将何及。
>
> 道丧廉耻沦，学蔽聪明塞。
>
> 竖子安足道，贤士困缚轭。
>
> 海上一飞尘，万马齐惕息。
>
> 江山似旧时，风月惨无色。
>
> 帝阍呼不闻，高谭复何益。③

又为其弟仲策书扇云："群季年来几合并，短檠相坐对谈兵。一腔孤愤肝肠热，万事蹉跎髀肉生。痛哭谁能追贾谊，升沉应莫问君平。"④

既而又寄汪穰卿同年书为诵：

---

① 光绪十八年十二月除夕《复汪穰卿同年书》，丁文江、赵丰田编《梁启超年谱长编》，上海人民出版社2009年版，第22页。

② 夏曾佑（1863—1924），字穗卿，号碎佛，笔名别士，浙江杭州人。1896年底自北京至天津，与严复、王修植等创办《国闻报》，宣传新学，鼓吹维新变法，但他没有参加戊戌维新实际活动。

③ 本诗附于梁启超《与穰卿足下书》，汪松涛编注、梁鉴江审订《梁启超诗词全注》，广东高等教育出版社1998年版，第4页。

④ 梁仲策对此诗批注云："此诗缺最后一联，今已不复记忆，亦无存稿。"批注并诗见汪松涛编注、梁鉴江审订《梁启超诗词全注》，广东高等教育出版社1998年版，第6页。

奇士在世间，即造一世福。

履崇与处庳，所愿乃各足。

新义凿沌窍，大声振聋俗。

数贤一振臂，万夫论相属。

人才有风气，盛衰关全局。

去去复奚为？芳草江南绿。

采掇当及时，无为自穷蹙。①

　　启超忾然太息，声声恨无已，其救时愿望，如暮雨之横急。乃屡致书夏穗卿与汪穰卿两君，辄提广求同志、开倡风气之主张。《与穗卿兄长书》云："我辈以普度众生为心，多养人才是第一义。吾粤学子虽非大佳，然见闻稍开，骨植稍竖，四顾天地，此方人尚可用也。"②致汪穰卿书云："我辈今日无一事可为，只有广联人才，创开风气，此事尚可半主。"③幽谷乔木，鸣友之意浓矣！

---

　　① 此诗附于梁启超《与穰公同年书》中，汪松涛编注、梁鉴江审订《梁启超诗词全注》，广东高等教育出版社 1998 年版，第 5 页。
　　② 丁文江、赵丰田编：《梁启超年谱长编》，上海人民出版社 2009 年版，第 23 页。
　　③ 同上书，第 24 页。

三 1895年·折得

　　光绪二十一年（1895）乙未二月，梁启超辞别万木草堂，自兹以往挥却浴沂舞雩之乐，渐渍于国事，而驯致有慷慨激昂之态。

　　是岁，康南海偕梁启超北上赴京会试。南海先生因光绪十四年第一次上书清帝，请求变法，而为当朝诸公所侧目，尔后著《新学伪经考》，以尊孔名义诋斥神圣，菲薄彝经；撰《孔子改制考》又转而粉饰圣人，牵说民主，附会平等。康说庶几有振聋发聩之功，而对泥顽守旧者亦构成极大威胁，是以被视之为异端邪说，康本人亦固为官学两途加意防闲焉。

　　此次春闱，徐桐①为总裁，预戒粤省卷有才气者必为康有为，即勿取。

　　时李文田②、唐景崇③为副总裁，"文田讲西北舆地学，刺取自注《西游记》中语发策，举场莫知所自出，唯梁启超条对甚详。文田得

----

　　① 徐桐（1820—1900），字豫如，号荫轩，汉军正蓝旗人。先后任太常寺卿、礼部尚书、吏部尚书、协办大学士、体仁阁大学士等职。戊戌政变后，因攻击新党，得慈禧信任。八国联军攻入北京后，自缢身亡。著有《治平宝鉴》。

　　② 李文田（1834—1895），字畲光、仲约，号若农、芍农，广东顺德人。咸丰九年（1859）进士，官至礼部侍郎。学问渊博，生平嗜学不倦。

　　③ 唐景崇（1844—1914），字春卿，广西灌阳人，唐景崧胞弟。同治十年进士，授编修，由侍读四迁至内阁学士。历官兵部侍郎、礼部侍郎、学部尚书、内阁学务大臣兼弼德院顾问大臣。

启超卷，不知谁何，欲拔之而额已满。乃邀景崇共诣桐，求以公额处之。"① 桐为学恪守经典，发明经义谨守御纂，举凡牵引附会者，概予摈黜。桐视超之二场经艺，多异说，甚恶之，遂靳公额不予。文田慑于桐威，不敢更言。景崇惜其才，因自请撤去一卷，以启超递补，遂成议。"五鼓漏尽，桐致书景崇，言：'顷所见粤东卷文字甚背绳尺，必非佳士，不可取；且文田祖庇同乡，不避嫌。'词甚厉。"② 其或更疑其为康祖诒故也。景崇急趋文田处，以书示之。文田唯怃然愁叹，无如之何。

依惯例，发榜前五名辄虚位，待最后填入。徐桐乃沾沾自喜于裁夺之明，曰：弃置者必有康祖诒。时翁同龢③亦为总裁之一，笑语徐："尚有前五名待填，孰知有康否？"及填，康果在其中。徐桐怒誓于门徒者，康若来谒，拒不纳。其惭怍失状，殊难形容！

阴差阳错，启超成乙未会试牺牲者，会试副总裁李文田异其才，在卷末题诗曰："还君明珠双泪垂，恨不相逢未嫁时。"启超感慨系之。越明年，李归道山，启超轸挽，追念其伯乐识遇之恩。然则启超独翛然物外，其自云者：此行本不为会试，第颇思假此名号作汗漫游，以略求天下之人才而已。

---

① 胡思敬：《梁启超乙未会试被黜》，夏晓虹编《追忆梁启超》，中国广播电视出版社1997年版，第178页。
② 同上。
③ 翁同龢（1830—1904），字叔平，号松禅，江苏常熟人，时人称"翁常熟"。咸丰六年（1856）状元。官至协办大学士、户部尚书。同治、光绪两代帝师。戊戌政变后，罢官归里。

羁旅帝京，日相过从者，谓麦孟华①、江逢辰②、曾刚复、夏穗卿、曾重伯③诸人，文酒之会不辍。

乙未闰五月十一日，曾刚甫④邀同人赏荷，荡舟于宝泉河，逢辰、启超、重伯三人，酩酊醉归，车中联句，得二诗：

> 折得好红芳（江），归来带夕阳。
>
> 花前常病酒（梁），扇底爱分香。
>
> 燕尾轻轻路（江），鸳屏淡淡妆。
>
> 远尘回首处（梁），吾醉未能狂（江）。
>
>
> 燕麦自青青（梁），长亭又短亭。
>
> 路回云阙近（江），酒薄醉乡醒。
>
> 早岁乡关思（梁），天涯风雨情。
>
> 不须怨寥落（江），兰蕙满江汀（梁）。⑤

徜徉诗情画韵，即可得观，作者病酒而不耽于醉乡，忆往但不昧

---

① 麦孟华（1875—1915），字孺博，广东顺德人。1891年入万木草堂，为康有为忠实弟子。1895年春与康有为、梁启超一起进京应试。梁、麦同寓，时常相与规划救国政略，并助南海先生奔走国事。

② 江逢辰（1859—1900），字雨人，又字孝通，号密庵，广东归善县（今惠州市惠城区）人。从梁鼎芬学于丰湖书院、广雅书院。受梁举荐，得到张之洞赏识和周济，与梁入为张之幕僚。曾任教于湖北尊经书院。

③ 曾广钧（1866—1929），字重伯，号嘏庵，又号伋安，别署中国之旧民，湖南湘乡人。曾国藩第三子曾纪鸿长子，曾国藩长孙。光绪十五年得中进士，授翰林院编修。甲午战争后，官广西知府。其诗沈博绝丽，王闿运称为"圣童"，梁启超誉为"诗界八贤"。

④ 曾习经（1867—1926），字刚复，又字刚父、刚甫，号蛰庵，广东揭阳人，与黄遵宪、丘逢甲、丁叔雅合称"岭东四诗家"，交好梁启超，两人同年乡试。第二年，刚甫中进士，梁启超落第，但自此，梁启超每来京，辄与游，连舆接席不辍时日，二人不仅趣味相投，而且对国之衰敝皆深感痛心。累官清度支部右丞、大清银行监督等。

⑤ 诗题为"与江孝通联句"，汪松涛编注、梁鉴江审订《梁启超诗词全注》，广东高等教育出版社1998年版，第7页。

于现实，怡目山水，却更欣怿于兰蕙之为佩，俊彦之为邻，正所谓匣剑帷灯，意固有所属也。

殆康、梁入京会试之前，中日战酣。时旅顺陷落，朝廷震骇，速命户部左侍郎张荫桓①、湖南前巡抚邵友濂②为全权大臣，并聘美国国务卿为顾问，赴日求和。际此，日本猛攻威海卫，凶焰愈张，逆料大清虽冲风之衰，尚能起毛羽；强弩之末，犹可入鲁缟，无条件投降之机会并未到来，以故借口张邵二人全权不足，将其羞辱一番，驱逐回国，并加强战场攻势。清廷顷乃再派大学士李鸿章③，东渡扶桑，于马关春帆楼议定割辽、台，并偿白银二万万两。

消息传来，率土之滨，莫不痛哭。

当其时，各省赴京会试举人第与报罢者，仍羁留于都，计以万数千人。康有为创议上书拒和议，启超偕与日夜奔走呼号。初也鼓动粤中公车行之于前，既而湘鄂举人从之于后，一时间各直省莫不发愤，衣冠塞途，连日来麇集于都察院，轮番递章请命。台湾举人尤为沉痛，垂涕咯血，莫不哀愤。康、梁盱衡情势，"以士气可用，乃合十八省举人于松筠庵会议，与名者千二百余人，以一昼二夜草万言书，请拒和、迁都、变法三者"④。启超、孺博走笔龙蛇，并日缮写，遍传都下。

---

① 张荫桓（1837—1900），字樵野，广东南海人。纳资为知县，几经升迁至道员。光绪七年，授安徽徽宁池太广道。翌年，迁按察使。赏三品京堂，命值总理各国事务衙门。1898 年 3 月，协助李鸿章与俄国签订《旅大租地条约》。戊戌变法时，调任管理京师矿务、铁路总局，倾向变法。戊戌政变后遭弹劾充军新疆。1900 年被处斩。

② 邵友濂（1841—1901），初名维埏，字筱春，一字攸枝，浙江余姚人。履历多涉外交事务，曾任台湾巡抚。

③ 李鸿章（1823—1901），世人多尊称李中堂，亦称李合肥，本名章铜，字渐甫或子黻，号少荃（泉），晚年自号仪叟，别号省心，谥文忠，安徽合肥人。淮军、北洋水师创始人和统帅、洋务运动领袖、晚清重臣，官至直隶总督兼北洋通商大臣，授文华殿大学士，曾经代表清政府签订《越南条约》《马关条约》《中法简明条约》等。

④ 《康南海自编年谱》，转引自丁文江、赵丰田编《梁启超年谱长编》，上海人民出版社 2009 年版，第 26 页。

参加此次聚会者除莘莘举人外，还有诸如文廷式①、徐世昌②、袁世凯③等朝廷官员，救亡图存之情，无论尊卑上下，皆明明若日月。

唯启超，昂首登台，读万言书，其声沉郁、悲痛，继而激越："窃以为今之治，当以开创之势治天下，不当以守成之势治天下；当以列国并立之势治天下，不当以一统垂裳之势治天下""穷则变，变则通""窃为皇上筹自强之策，计万世之安，非变通旧法，无以为治。"④

士子们听此宣言若干柴逢烈火，如沸水遇扬汤，"士气愤涌，联轨察院前里许，至四月八日投递，则察院以既已用宝，无法挽回，却不收。"⑤ 是之谓"公车上书"。

启超拳拳爱国心而不能逞所愿，宜其忧愤交加，不禁拍案悲歌：

　　　　拍碎双玉斗，慷慨一何多。

　　　　满腔都是血，无处着悲歌。⑥

---

① 文廷式（1856—1904），字道希（亦作道羲、道溪），号云阁（亦作芸阁），别号纯常子、罗霄山人、芗德。生于广东潮州，少长岭南。光绪十六年榜眼，授编修。乙未年曾谏阻和议，以为"辱国病民，莫此为甚"。鼓吹"君民共主"，倾向变法。1898 年戊戌政变后出走日本。工于词，有《云起轩词钞》。

② 徐世昌（1855—1939），字卜五，号菊人，又号弢斋、东海、涛斋，晚号水竹村人，直隶（今河北）天津人。前清举人，后中进士。自袁世凯小站练兵时就为袁世凯谋士。1916 年 3 月袁世凯被迫取消帝制，恢复民国年号，起用徐世昌为国务卿。1918 年 10 月，被国会选为民国大总统。一生编书、刻书 30 余种，如《清儒学案》《退耕堂集》《水竹村人集》等，被后人称为"文治总统"。

③ 袁世凯（1859—1916），字慰亭（又作慰廷），号容庵、洗心亭主人，河南项城人，人称"袁项城"。早年出使朝鲜，归国后在天津小站训练新军，赢得声名。辛亥革命期间逼清帝溥仪退位，成为中华民国临时大总统。1913 年镇压二次革命，同年当选为首任中华民国大总统，1914 年颁布《中华民国约法》，1915 年 12 月黄袍加身，改国号为中华帝国，建元洪宪，史称"洪宪帝制"。

④ 转引自董方奎《旷世奇才梁启超》，武汉出版社 1997 年版，第 30 页。

⑤ 《康南海自编年谱》，转引自丁文江、赵丰田编《梁启超年谱长编》，上海人民出版社 2009 年版，第 26 页。

⑥ 梁启超：《水调歌头》，方志钦、刘斯奋编注《梁启超诗文选》，广东人民出版社 1983 年版，第 501 页。

此次请命拒和，虽言辞激切，为大臣所恶，"然自是执政者渐渐引病去，公车之人散而归乡里者，亦渐知天下大局之事，各省蒙昧启辟，实起点于斯举"①。洵可谓清王朝二百余年未有之大举也。

甲午败绩割地赔款，实自鸦片战争以来，国耻之尤者。无论庙堂之高，还是江湖以远，痛愤悲切之情，上摩于天庭，下及于地府，而于败军之际，朝廷有起衰之决心，士夫有振敝之热望。时翁同龢以师傅当国，憾于割台事，有变法之心，曾宴见康有为不遇。康乃就而谒之，宾主相与论变法事，自未至酉，反复讲求，其情意浃洽，实出于望外。翁同龢感喟"与君虽新见，然相知十年，实如故人"②，颇有重整山河之志。

春闱、上书事后，启超本欲裹挟行囊南下赴沪，"唯日来此间颇有新政，上每言及国耻，辄顿足流涕。常熟亦日言变法，故欲在此一观其举措。以中国学术之芜塞，君相之孱弱，岂能望其大有所为？但能借国力推行一二事，则于教、族两端少有补耳"③。

常熟变法志意已决，乃令陈次亮④草拟十二道新政意旨，凭毓庆独对之优，以期次第行之。然廷臣或妒之，或沮之，既而为西后所察觉，乃撤翁同龢常熟毓庆宫行走，而光绪信用之人若汪鸣銮⑤、长麟⑥等亦被褫革，康南海亦无如之何，怅然离京南归，维新大好声势渐沮

---

① 梁启超：《戊戌政变记》，广西师范大学出版社2010年版，第180页。
② 梁启超：《康有为传》，团结出版社2004年版，第121页。
③ 丁文江、赵丰田编：《梁启超年谱长编》，上海人民出版社2009年版，第27页。
④ 陈次亮，名陈炽，晚号瑶林馆主，江西瑞金人。光绪举人。历任户部郎中、刑部章京、军机处章京。1893年（光绪十九年）为郑观应《盛世危言》作序，并自撰《庸书》内外百篇，疾旧制之弊，言改革之宜。
⑤ 汪鸣銮（1839—1907），字柳门，号郋亭，一作郇亭，钱塘（今杭州）人。同治四年进士，历官编修、陕甘学政、山东、江西、广东学政，内阁学士、总理各国事务衙门行走、吏部右侍郎等。藏书家。
⑥ 长麟，时为户部右侍郎。

没矣。斯亦正应启超所谓"君相孱弱，岂能望其大有所为"之语，故启超叹曰："此间大人先生两月以前尚颇有兴亡之志，今又束阁矣。此自国运，虽有大力，无如之何，似此戈戈，本不足劳我辈之经画，特未离其类耳，栋折将压，奈何奈何！"①

新政既不能行，于南海视之，端在于新学不兴、习俗泥执之故。"思开风气，开知识，非合大群不可，且必合大群而后力厚也。合群非开会不可，在外省开会，则一地方官足以制之，非合士夫开之于京师不可，既得登高呼远之势，可令四方响应，而举之于辇毂众著之地，尤可自白嫌疑。"②

俄而启超协助南海先生创《万国公报》③，日出一张，仅论说一篇，与麦孺博分属文，主题及于学校、军政各类。当其时，并不敢奢望有人购阅，乃托请售京报者，酬以薪金，随宫门钞分送于官宅，不收报费。不二月，竟可日发三千张左右。报章日腾于朝廷，显贵乃日闻其所未闻，议论渐渍于人心，腐谈偶或一失营垒。然则谣诼亦随之蜂起，送报人至各家门，辄怒以目，驯至惧祸及，虽重赏亦不肯代送。风气之转移，戛戛乎其难哉！

启超晚年犹亲述办报情景于其弟子曰："当时虽在极端艰难困苦之中，而兴趣极高。有时木板雕刻来不及印，甚至间用泥版凹文代印的，其可笑到如此，而同人等对之皆津津有至味。"④ 此诚可谓梁氏生平新闻事业初试啼声。

而南海先生亦莹然明白，学校、学会、报纸三位一体，相互为用，

---

① 丁文江、赵丰田编：《梁启超年谱长编》，上海人民出版社 2009 年版，第 27 页。
② 引自《康南海自编年谱》，梁启超《康有为传》，团结出版社 2004 年版，第 122 页。
③ 光绪二十一年（1895）六月二十七日创刊，共出四十五册，至是年十月北京强学会成立，遂改名《中外纪闻》，以示与英美传教士团体广学会所办《万国公报》有别。
④ 吴其昌：《梁启超传》，百花文艺出版社 2004 年版，第 52 页。

缺一不可。爰开强学会于京，启超为书记员。

强学会之开，素有维新思想萌蘖之达官显宦，曾欲望风而趋者，少则捐数百金，多则捐数千金。一时间士夫云集，规模日廓。便是英人李提摩太亦来会中。中国士夫与西人相交通，殆自此会始也。

启超曾忆："时在乙未之岁，鄙人与诸先辈，感国事之危殆，非兴学不足以救亡，乃共谋设立学校，以输入欧美之学术于国中。唯当时社会嫉新学如仇，一言办学，即视同叛逆，迫害无所不至，是以诸先辈不能公然设立正式之学校，而组织一强学会，备置图书仪器，邀人来观，冀输入世界之智识于我国民。"①

强学会开，间数日一聚，常为学会实务所争竞，有欲开书坊者，有欲专卖国朝掌故者，有云宜售局版杂书者（强学会又名译书局，或称强学书局，或强学局），意见纷歧，各不相下，辄哓哓然扰攘而罢，强学会行政治改革之谋，践学校与政党之实者鲜矣。即使如此，在当时风气未开之际，强学会，闻其名者莫不骇怪之，疑有非常之举，既而，御史杨崇伊②等，以聚党入奏，欲兴大狱，强学会遂遭封禁，历时约三月。

迈迈时运，惚若轻掷，而于求学若渴之人，又未必非穆穆良朝。启超居会中数月，得以余暇尽览会中所购西书，激励涤荡，竟斐然有述作之志。尤足言者，借会交游得识诸俊彦，"而其讲学最契之友，

---

① 梁启超：《莅北京大学校欢迎会演说辞》，夏晓虹编《梁启超文选》（下），中国广播电视出版社1992年版，第385页。

② 杨崇伊，字莘伯，江苏常熟人，光绪六年庚辰进士。1895年授御史，就任后第一疏即于是年十一月首劾康有为、梁启超之强学会。1896年又参翰林院侍读学士文廷式革逐回籍。1898年9月18日，通过庆亲王奕劻诣颐和园奏请慈禧太后"训政"，引发慈禧发动政变。

曰：夏曾佑、谭嗣同①。曾佑方治龚（自珍）刘（逢禄）今文学，每发一义，辄相视莫逆。……嗣同方治王夫之之学，喜谈名理，谈经济，及交启超，亦盛言大同，运动尤烈。而启超之学，受夏、谭影响亦至钜"②。启超更与嗣同有深相契者，启超颂言曰："谭复生才识明达，魄力绝伦，所见未有其比，惜佞西学太甚，伯里玺之选也。因铁樵相称来拜，公子之中，此为最矣。"③ 两人惺惺相惜，共赴国难，成为清季变法危途上之肝胆昆仑。

———————

　　① 谭复生（1865—1898），名嗣同，字壮飞，又号外相众生，湖南浏阳人，湖北巡抚谭继洵之子，戊戌被害六君子之一。著有《仁学》。
　　② 梁启超：《清代学术概论》，上海古籍出版社1998年版，第84页。
　　③ 见《中国近代史资料丛刊》，转引自丁文江、赵丰田编《梁启超年谱长编》，上海人民出版社2009年版，第32页。

四 1896年·春寒

　　强学会被封禁后，启超服器书籍皆遭藉没，造次流浪于萧寺中数月，而忖念时局，益感慨系之，满腔热血无由抛洒，浑身力气无处可使，帝阍近在咫尺，报国之门却邈兮远兮。其致汪康年书，愤激之情溢于字里行间："时局之变，千幻百诡，哀何可言！黄门以言事伏诛，学士以党人受锢……此自中国气运，复何言哉！此间虽已复开（按：指强学会复开)，然麇人无赖，贤者羞之，腥膻之地，不复可以居也。兄在沪，能创报馆甚善，此吾兄数年之志，而中国一线之路，特天之所废，恐未必能有成也。若能成之，弟当唯命所适。湘省居天下之中，士气最盛，陈右帅①适在其地，或者天犹未绝中国乎。若报馆不成弟拟就之。"②

　　辗转反侧，未来何以用世，启超自审，舍言论外，洵不知尚有他途可寻，办报之心益切。

　　上海强学会曾办一报，曰《强学报》，资金端赖张之洞支助，躬

---

　　① 陈右帅（1831—1900），即陈宝箴，字右铭，江西义宁人。1851年乡试中举人而出仕，文才、韬略和办事能力深为两湖总督曾国藩所赏识。先后任浙江及湖北按察使、直隶布政使、兵部侍郎。1895年在湖南巡抚任内与按察使黄遵宪、学政江标等办新政，开办时务学堂，设矿务、轮船、电报及制造公司，刊《湘学报》，被光绪帝称为新政重臣。与子嗣陈三立、陈衡恪、陈寅恪、陈封怀，为后人并称"陈氏五杰"。
　　② 引自《与穰卿我兄同年书》，丁文江、赵丰田编《梁启超年谱长编》，上海人民出版社2009年版，第36页。

役者营兹事功，赫赫然弃大清光绪纪年，而用孔子降生纪年，似有改朝换代重定正朔之嫌。此举令张之洞惴惴难安，随勒令禁止。顾维新志士，决意承强学余绪，以舆论觉民。"时同乡黄公度京卿遵宪适在沪，公度固强学会同事之人，愤学会之停散，谋再振之，亦以报馆为倡始。"①

未几，梁启超即得汪康年、黄遵宪②邀请，转帆南下赴沪参与创办时务报。

时在光绪二十二年三月，不意遇上一场洒洒落落料峭春雪，一时间颠沛流离之苦贯于五脏，夫妻悬绝之思萦于六腑，启超不禁寄墨一抒儿女情长：

春寒恻恻逼春衣，二月江南雪尚霏。

一事生平忘不得，京华除夜拥炉时。③

此时可谓顾影自怜，回头应惜。然则思妻怜子之情或催人萎靡颓废，或化作丈夫之志，而启超又岂是夏虫井蛙、拘虚笃时之辈哉！

甫入沪，即交黄公度，后结谊之深，兼于师友。继而得识马相伯先生良④、马眉叔先生建忠⑤，三人皆可称当时维新思想之大纛。

---

① 梁启超：《创办时务报源委》，夏晓虹辑《〈饮冰室合集〉集外文》（上册），北京大学出版社 2005 年版，第 45 页。
② 黄遵宪（1848—1905），字公度，别号人境庐主人，广东嘉应人。1876 年中举人，历任驻日参赞、旧金山总领事、驻英参赞、新加坡总领事。戊戌变法期间署湖南按察使，助巡抚陈宝箴推行新政。工诗，喜以新事物熔铸入诗，有"诗界革新导师"之称。著有《人境庐诗草》《日本国志》《日本杂事诗》等。
③ 汪松涛编注、梁鉴江审订：《梁启超诗词全注》，广东高等教育出版社 1998 年版，第 9 页。
④ 马相伯（1840—1939），名良，原名马志德，圣名若瑟，又名钦善、建常、绍良，字斯藏，又字相伯、湘伯、芗伯，别署求在我者，晚号华封老人，江苏丹阳人。复旦大学创始人，震旦大学首任校长。
⑤ 马建忠（1844—1900），别名乾，学名马斯才，字眉叔，江苏丹徒（今属镇江）人。留学法国，获法学博士学位，马相伯之弟，早期维新思想家。著有《马氏文通》十卷。

　　启超逆旅海上，馆于跑马厅泥城桥西新马路梅福里，与马氏兄弟新马路口住宅相距甚近，晨夕以过从。马氏兄弟厚望于启超，拳拳而告曰，以之年龄尚少，当习一种欧文，且不宜出世太早。其主张曾与黄公度相左，竟乃谓公度为贼夫人之子者。望之深，责之亦切也。启超即就马眉叔学拉丁文，颇形得意，爰书夏穗卿云："弟近学拉丁文，已就学十余日，马眉叔自愿相授，每日两点钟，一年即可读各书，可无窒碍云。俟来岁相见时，君听我演说希腊七贤之宏旨也。"①

　　借马氏兄弟隆名，启超又结识徐仲虎建寅②、盛杏孙宣怀③、严又陵复④、陈季同敬如⑤及江南制造局、汉阳铁厂当时洋务诸名公，亦与谭嗣同等人交游频密。时年，马眉叔著《马氏文通》，严又陵译《天演论》，未刊之前，皆以示之，足见信之诚恳、谊之笃厚。启超大量接受西方自然科学、社会科学知识，覃思敏求中国社会痼疾，受益匪浅。《时务报》文章，其滔滔雄辩之势，不可谓非得此辅弼。

　　《时务报》创设于光绪二十二年丙申七月（1896 年 8 月 9 日），其经费来源，一自上海强学会余款，二由黄遵宪自捐千金。黄君遵宪谓：

---

　　① 丁文江、赵丰田编：《梁启超年谱长编》，上海人民出版社 2009 年版，第 38 页。
　　② 徐建寅（1845—1901），字仲虎，江苏无锡人。其父徐寿为中国近代化学先驱。自幼受其父影响，热爱自然科学。1889 年维新变法时任农工商督办。后任福建船政局马尾造船厂提调，湖北省营务总办，保安火药局、汉阳钢药厂督办。1901 年 3 月，在钢药厂与员工试制无烟药时，失事殉职。著译有《造船全书》《兵学新书》《化学分原》《水雷录要》《欧游杂录》等 40 余种。
　　③ 盛宣怀（1844—1916），字杏荪，又字幼勖、荇生、杏生，号次沂，又号补楼，别署愚斋，晚年自号止叟，江苏江阴人。秀才出身，官办商人、买办，洋务派代表人物。光绪二十八年（1902），任正二品工部左侍郎，宣统三年（1911），任邮传部大臣。
　　④ 严复（1854—1921），原名宗光，字又陵，后改名复，字几道，福建侯官（今闽侯县）人。先后毕业于福建船政学堂和英国皇家海军学院，曾担任过京师大学堂译局总办、上海复旦公学校长、安庆高等师范学堂校长，清朝学部名辞馆总编辑。译有亚当·斯密《原富》、孟德斯鸠《法意》、赫胥黎《天演论》，首倡"信、达、雅"译文标准。
　　⑤ 陈季同（1851—1907），字敬如，一作镜如，号三乘槎客，福建侯官（今属福州）人。早年入福州船政局，后去法国学习法学、政治学，历任中国驻法、德、意公使馆参赞。

"我辈办此事,当作为众人之事,不可作为一人之事,乃易有成。故吾所集款,不作为股份,不作为垫款,务期此事之成而已。"① 急公之义,感孚同人。爰与穰卿、启超三人日夜谋议此事,谓"非创一杂志,广译五洲近事,详录各省新政,博搜交涉要案,俾阅者周知全球大势,熟悉本国近状,不足以开民智雪国耻。"②

《时务报》之开,汪、梁二人分任报馆经理、总撰述,期以旬刊,石印,每册约 3 万字,计有论说、上谕、奏折、中外杂志、报纸选译等,其中心思想率以变法图存为宗旨。

启超为时务报付出巨大心血,其曾借姊妹报《知新报》之末忆述曰:"每期报中论说 4000 余言,归其撰述;东西各报 2 万余言,归其润色;一切公牍告白等项,归其编排;全书报章,归其复校;10 日一册,每册 3 万字,启超自撰及删改者几万字,其余亦字字经目经心。6 月酷暑,洋烛皆变流质,独居一楼上,挥汗执笔,日不遑食,夜不遑息。"③

辛勤耕耘报之以巨大收获,《时务报》一经出版,"一时风靡海内外,数月之间,销行至万余份,为中国有报以来所未有,举国趋之,如饮狂泉"④。而"通邑大都,下至僻壤穷陬,无不知有新会梁氏者"⑤。张之洞在《劝学篇》中亦有间接褒扬:"乙未以来,志士文人开创报馆,广译洋报,参以博议,始于沪上,流衍于各省,内政外事学术皆有焉。虽论说纯驳不一,要可以扩见闻,长志气,涤怀安之鸩

---

① 梁启超:《创办时务报源委》,夏晓虹辑《〈饮冰室合集〉集外文》(上册),北京大学出版社 2005 年版,第 46 页。

② 丁文江、赵丰田编:《梁启超年谱长编》,上海人民出版社 2009 年版,第 35 页。

③ 梁启超:《创办时务报源委》,夏晓虹辑《〈饮冰室合集〉集外文》(上册),北京大学出版社 2005 年版,第 46—47 页。

④ 梁启超著,林志钧编:《饮冰室合集·文集》之六,中华书局 1936 年版,第 52 页。

⑤ 引自《党人列传》,胡思敬《戊戌履霜录》卷四,神州国光社 1953 年版。

毒，破扪籥之声论。于是一孔之士、山泽之农，始知有神州；筐篋之吏、烟雾之儒，始知有时局，不可谓非有志四方之男子学问之一助也。"① 严复则称梁启超："自甲午以后，于报章文字，成绩为多，一纸风行，海内观听为之一耸。"② 启超声名隆起，"甚至并驾其师，而曰'康梁'，也就在此时"③。

启超为文，笔锋常带感情，平易畅达，却字字若投枪，似雷鸣，若狂飙，别有一种魔力，试举发表于《时务报》第 40 册上一段文字，以略识其雷霆霹雳之文字功夫：

> 呜呼！吾不解天下老氏之徒，何其多也。越唯无耻，故安于城下之辱，陵寝之蹂躏，宗祏之震恐，边民之涂炭，而不思一雪，乃反托虎穴以自庇，求为小朝廷以乞旦夕之命；越唯无耻，故坐视君父于难，忘越锱之义，昧藜纬之恤，朝睹烽燧，则苍黄瑟缩，夕闻和议，则歌舞升平。
>
> 官唯无耻，故不学军旅而敢于掌兵，不谙会计而敢于理财，不习法律而敢于司李；瞽聋跛疾，年逾耋颐，犹恋栈豆；接见西官，栗栗变色，听言若闻雷，睹颜若谈虎；其下焉者，饱食无事，趋衙听鼓，旅进旅退，濡濡若驱群豕，曾不为怪。
>
> 士唯无耻，故一书不读，一物不知；出穿窬之技，以作搭题，甘囚虏之容，以受收检；襄八股八韵，谓极宇宙之文，守高头讲章，谓穷天人之奥。
>
> 商唯无耻，故不讲制造，不务转运，攘窃于室内，授利于渔人；其甚者习言语为奉承西商之地，入学堂为操练买办之才；充

---

① 《张文襄公全集》（六），中国书店 1990 年影印本，第 3732 页。
② 王栻主编：《严复集》，中华书局 1986 年版，第 648 页。
③ 吴其昌：《梁启超传》，百花文艺出版社 2004 年版，第 53 页。

犬马之役，则耀于乡里，假狐虎之威，乃轹其同族。

兵唯无耻，故老弱羸病，苟且充额，力不胜匹雏，耳未闻谈战事；以养兵十年之蓄，饮酒看花，距前敌百里之遥，望风弃甲。

民唯无耻，百人之中，识字者不及三十，安之若素；五印毒物，天下所视为虺、命为鸩，乃遍国种之，遍国嗜之，男妇老弱，十室八九，依之若命；缠足陋习，倡优之容，天刑之惨，习之若性。

嗟乎！之数无耻者，身有一于此罔不废，家有一于此罔不破，国有一于此罔不亡，使易其地居殷、周之世，则放巢流彘之事，兴不旋踵；使移此辈实欧、墨之域，则波兰、突厥之辙，将塞天壤。吾不解天之所毒中国者，何以如此之甚也；吾又不解中国人之自绝于天者，又何以如此其至也。①

林志钧②先生《饮冰室合集》序有云："际此鄙僿恟陋举世昏睡之日，任公独奋然以力学经世为己任。其涉览之广，衍于新故蜕变之交，殆欲吸收当时之新知识而集于一身，文字思想之解放，无一不开其先路。其始也，言举世所不敢言，为举世所未尝为；而卒之，登高之呼，聋发聩振，虽老成宿学，亦相与惊愕，而渐即于倾服。所谓'思想界之陈涉'，视同时任何人，其力量殆皆过之。"③

启超文字洵若黑血金鼓，能沃人心，振聋发聩。然则情盛者，其

---

① 梁启超：《知耻学会叙》，《理想与气力》，内蒙古人民出版社1999年版，第240—241页。

② 林志钧（1878—1961），字宰平，号北云，福建闽县人（今闽侯县）。癸卯科举人，辛亥革命前留学日本，曾任北洋政府司法部部长，后为清华研究导师。梁启超去世前，将所有手稿托付给林志钧审订发表，是为《饮冰室合集》。

③ 林志钧：《饮冰室合集》序，夏晓虹编《追忆梁启超》，中国广播电视出版社1997年版，第61页。

理必且有折；名隆者，其心必易滋骄。识者如幼陵明公，无恔无求，爱才意切，曾致书启超加以指摘、劝喻。启超亦躬自反省，以为数月以来，耳目所接，尽皆谀美之言，累之以时日，傲物之气亦渐滋增长，揆诸初心，实非所愿。顾启超亦反躬省己，曰，每日周旋于宾客，一稿底成，往往匆迫草率，既付钞胥，再无过目之时。亦常自恕云者，此不过报章篡鼓之信谈，曾未以文章千古事为愿念，虽必有失，靡关本原。甚者，启超谓凡任天下事者，当以陈胜、吴广自譬，不可求为汉高，功成不必在我，则百事可办，故尔创报立论唯视以椎轮土阶之用，俟继起者缉熙于光明之可也，宜其妄发而鲜自择也。

五 1896年·一缕

　　待《时务报》稍稍厘定，亦于主笔万忙之余，抛妻别雏之疚意，思念亲人之殷情，也常常于夏夜青灯幽谧间油然而生，连篇诗句娉婷而至：

　　　　一缕柔情不自支，西风南雁别卿时。
　　　　年华锦瑟蹉跎甚，又见荼蘼花满枝。

　　　　月上帘栊院落虚，香罗帐掩旧流苏。
　　　　东风昨夜无聊赖，故作轻寒逗玉橱。

　　　　三年两度客京华，纤手扶携上月槎。
　　　　今日关河忽摇落，千城残照动悲笳。

　　　　萍絮池塘乳燕飞，蛮笺细展写乌丝。
　　　　殷勤寄与临安去，陌上花开莫缓归。①

　　甲午中日开战后，启超妻李蕙仙即归宁贵州，俯仰之忽，两年已过，夫妻未能一晤，徒增牵挂寄于江流，托于白云。爰抒其意曰：莫

---

　　① 汪松涛编注、梁鉴江审订：《梁启超诗词全注》，广东高等教育出版社1998年版，第10页。

缓归！莫缓归！诗吁之不足，则又传之以书，盼妻携女来沪，共叙人伦。

夫妻私情既不能已，桑梓之义又潜滋于心。丙申九十月间，启超请假四十日，返粤省亲。离沪不久，启超即致书汪康年等："十八夕一点，即开船，遇大北风一日，云帆直挂，速率加十之二，以一藤床卧船面者三昼夜，即抵英国殖民地致乐。"①归心付与云帆，菽水承欢之乐不及言而昭昭然。

回乡省亲，本不欲中辍为《时务报》撰稿，且欲借归乡见闻，开辟新篇，不意亲故杂遝，日不暇给，竟至拖延羁宕，甚乃羞赧不敢作书以通音问。间有新作出，聊以塞责，方差强修书致意，顺告旅粤经历。唯在粤省，督、抚、藩、臬、学五台，皆视西学如仇雠，风气闭塞其极，曾何新闻之寓目焉！

恰此时，康广仁②、何廷光③等在澳门筹办报纸，得知启超返粤省亲，乃力邀其前往商议筹备事宜。启超声名起于报纸，亦深知报端文章影响社会之力量，对办报尤加意焉。依其观察，此间人闻时务报如雷贯耳，皆欲依附《时务报》以自立，便为其取名曰《广时务报》，一则有推广之意，一则谓广东之时务报也。不过旋即更名为《知新报》，以其报主维新，不敢复沓故也。《知新报》诸公咸知，启超隐然已为言论界骄子，得其一言逾于华衮，受其片善崇于拱璧，乃盛邀启

____

① 梁启超：《与穰、云、颂兄策弟书》，丁文江、赵丰田编《梁启超年谱长编》，上海人民出版社2009年版，第42页。
② 康广仁（1867—1898），名有溥，字广仁，号幼博，又号大广，广东南海人，康有为之弟。曾做过浙江小吏，后耻于官场污秽、腐败而辞官。1897年初，在澳门创办《知新报》，任总理，旨在"发明民政之公理"。旋赴上海，倡设女学堂，并与梁启超等设立戒缠足会。1898年殉难于戊戌政变。
③ 何廷光，字穗田，生卒年不详，广东香山人，澳门富商。受康有为维新思想影响，在澳门投资创办《知新报》。

超为主笔。启超受之，且谓云，《知新报》股东，皆葡之世爵，澳之议员，财力雄厚，思想先进，应以全力助成之，开创南中国舆论重镇，以图将来维新变法、去塞求通之用。

《知新报》多译格致各书报，多载京师各省近事，附以列国期年政事，其体例格式，一依《时务报》。未几，《知新报》声名大噪，仅撰述、翻译即有十四人之多，海内外代理发行有近四十处。启超慨而喟曰："近日报务日兴，吾道不孤，真强人意。"①

此间，清廷简任黄公度为出使德国大臣。公度自结识启超，尤其主撰《时务报》以来，盛赞其为旷世奇才，乃奏请俞允，偕启超同行。启超抑亦久蓄远游志，本欲顺乘辒轩一往，会公度使事辍，终不果。启超出游之心颇盛，曾风闻公度得英差，即致书汪康年，欲知其详，意若愿随往，并旦旦誓曰，即行，亦当兼撰报馆之文。第其无果而终。

时另有一人亦邀启超远游。

启超在致书康幼博、徐君勉②两人述及星使事时曰，出使美、日、秘大臣伍秩庸③曾极力相邀，且待以二等参赞之尊，又虑其不往，先送装银千两。启超初允诺，并开具条件，欲多带同党一二人，以期开阔眼界增长见识，顾彼自言托请者多，条子数百，非王爷交来，即政府勒令，恐不能容。启超亦隐然自足，伍氏苦邀一不送条子之人，实属难得矣。

---

① 梁启超：《与穰公书》，丁文江、赵丰田编《梁启超年谱长编》，上海人民出版社2009 年版，第46 页。

② 徐君勉（1837—1945），即徐勤，号雪庵，广东三水县人，康有为弟子，维新派报刊活动家。

③ 伍秩庸（1842—1922），即伍廷芳，字文爵，又名伍才，广东新会人，中国近代第一位法学博士，清末民初杰出外交家、法学家。

此事启超始允终拒，果何原因，则有两造，对伍秩庸谦言曰，上循公议，下迫贱事，故难从行。对乃师康有为直言曰："伍使为人庸劣乖谬，待其僚属无人理，且绝非欲办事者。其觅超也，则实其不得已也，盖彼中人无一通文义者也。然亦颇由负气，故有再三敦请之恭礼。公度来书言：伍虽邀超，与合肥言之。合肥云：'汝何梦？卓如虽在公度处当学生，亦不愿当汝的参赞。'故彼意极衔之，必欲得而后已。果尔，则就彼后其礼貌之衰否，未可知也。且彼约超欲在使馆代笔墨之劳耳，终日闭在使馆中不能外出，从何处办事，故其席必不可就也。"①

启超虽辞伍使恭聘，仍殷殷建言，曰出使美国，舍保全华工而外，无事可做。其诸不思立名则已，苟欲建天下功名，唯此一举，可兴大局，雪国耻，振民气。赤子之心，日月可鉴！

启超文名不胫而走，不唯为公度、秩庸等士夫所揄扬，亦且为南皮、右铭等疆吏所称引。

省亲北返不久，启超未及一掸风尘，旋赴武昌造访。

张南皮坐镇武昌，办工厂、练新军、兴学校，风生水起，俨然洋务运动之重镇，所著《书目答问》《劝学篇》亦名噪一时，其思想务实开放，非一般官僚所能媲者，有实绩、有学问、有眼界，自视甚高，抑其维新人士所愿通款者。自甲午以来，启超奔走维新，通议变法，声势如虹，南皮以为其才不可多得，屡招邀，欲致之幕府。

得知启超来谒，张极为高兴，开武昌城中门迎梁。武昌城中门例不轻开，非朝廷命官衔旨而来，非人中翘楚游访于此，向所禁闭。张香帅礼之恭如此，且问下属"可否鸣炮？"僚属答以不妥，乃止。恰

---

① 光绪二十三年三月三日《复康有为书》，丁文江、赵丰田编《梁启超年谱长编》，上海人民出版社 2009 年版，第 37 页。

值张侄婚娶，宾客熙来攘往，曾不见张对启超有些微慢待，竟至于辟室长谈，至二更方散。南皮请启超出任两湖书院山长，许以月薪千二百金，启超固以专任报事为职志，初不为所动，然感激之意、自得之情，曾不少掩："赐以宴见，许以进言。商榷古今，坐论中外。激言大义，不吝指教；刍荛涓流，靡不容采；授餐馈贶，殷勤逾恒。宁唯知己之感，实怀得师之幸。"① 启超虽未就两湖书院一职，第于返沪后致书张香帅时，犹不忘建言，劝请两湖书院应提倡政法之学，亦可谓负暄献芹，略尽绵薄，不负宠爱者也已哉！

迈迈时往，启超自孟秋致书爱妻，忽忽焉，节序已次隆冬，妻子蕙仙、长女思顺果然不辞千里之遥，舟车劳顿来沪，家人团聚，其忻其怆，又奚可以悠悠万事比拟之！未几，启超再归粤省亲，并迎养于上海，天伦之乐至矣。

---

① 梁启超：《上南皮张尚书书》，林志钧编《饮冰室合集·文集》之一，中华书局2015 年版，第104—105 页。

六 1897 年·尘尘（一）

当《时务报》声名鹊起时，汪穰卿与启超之间渐生嫌隙。

先是，穰卿与公度已有矛盾。穰卿为能广通声气，常应酬于外，公度恐其疏于兼办全局之事，因推吴铁樵①驻馆坐办。此为穰卿衔怨之一。又，《时务报》开办时，即有内部规条云，除报馆办事人员外，另举总董四人，责在拟定馆中规章制度，馆员须遵照执行。公度屡申此议。此为穰卿衔怨之二。有此二者，两人转相猜忌，进而穰卿遍腾书于各省同志，极尽诋排。未几，公度调署湖南盐法道并代理湖南按察使，赞助湘抚陈宝箴推行新政。两人相煎之急，暂得以纾缓。

启超始则从中斡旋，调和鼎鼐，期期以为《时务报》能领舆论界风骚，端赖同人携手努力，其苦分尝，其荣共享，倘若骤然分裂，宁不贻天下笑者！

既而启超与穰卿亦渐生扦格。

究其所由，殆于政治观念区以别也。曩者，启超痛砭时弊，指目腐吏，已大不慊于张之洞。张一面呵责梁狂悖，一面勒令湖湘官员禁止《时务报》传入，用杜逆言。汪康年与张之洞有僚属师友之谊，以

---

① 吴樵（1865—1897），字铁樵，四川达县（今平昌县）人，1895 年 11 月随父吴德潇由沪至京，与启超相识，曾赴北京强学会，与闻会事。启超尝崇之曰："同志之中，求其志趣、聪慧、学行如铁樵者有几人？"

是遥领旨意，时或删改启超文章。启超深衔之，曾谓汪诒年①："顷见四十三册论中有承改正者数处，虽无关宏旨，然未见告，窃不自安。它日若竟是如此，令弟莫知所适从矣!"② 时穰卿嫌忌南海，启超于另书中，忿忿之情略不掩饰："启超之学实无一字不出于南海。前者变法之议（此虽天下人之公言，然弟之所以得闻此者，实由南海）未能征引（去年之不引者，以报之未销耳），已极不安。日为掠美之事，弟其何以为人? 弟之为南海门人，天下所共闻矣。若以为见一康字，则随手丢去也，则见一梁字，其恶之亦当如是矣。闻南海而恶之，亦不过无识之人耳。"③ 久之，愤郁累结，与穰卿书，下笔断不及择言："弟文虽劣下，而作文亦尚非难事，所以屡愆期无以应命者，窃以为为汪氏一人一家所开之生意，每月以百数十元雇我作若干文字，实所不甘耳! ……而公等在上海歌筵舞座中，日日以排挤侮弄、谣诼挖苦南海先生为事。南海固不知有何仇于公等，而遭如此之形容刻画。然而，弟犹腼然为君家生意出死力，是亦狗彘之不如矣!"④

是年七八月间，有《经世报》创刊于杭州，《实学报》创刊于沪上，两报隐然与《时务报》相对垒。《经世报》哓哓其言，不足一论，而《实学报》似若要眇之说，能动守旧者之听，可夺貌新者之心，实足与《时务报》交锋。

呜呼，据乱世，外而他报围困，争握言柄，内而复分畛域，同室操戈，宁不令人悲矣夫!

---

① 汪诒年，字颂阁，浙江钱塘人，汪康年胞弟，协助经营管理汪康年所创办《时务报》《昌言报》和《中外日报》等中国早期近代化报纸。
② 丁文江、赵丰田编：《梁启超年谱长编》，上海人民出版社2009年版，第65页。
③ 同上。
④ 引自《汪穰卿先生师友手札》，丁文江、赵丰田编《梁启超年谱长编》，上海人民出版社2009年版，第67页。

以是，启超渐有去意。

适达县吴德潚①先生方署钱塘县令。德潚博雅君子，乃向风慕义，拟于西湖畔专赁一屋，聘请英、法语教员各一人，伏启超于湖上，三年期成而后纵之。

若此懿行，颇合超意。日来，启超困于人事，曾自谓厌苦此间尘扰，欲携树园②、孺博及其弟仲策，遁于西湖，怡情东篱，并希望借此舒暇，学通西文，以图将来。会壮飞与闻此事，亦颇引为同调，以为筱村先生邀卓如去西湖读书，正可卸去繁务，一则有学，一则有养，毋乃幸乎！

启超逋世向学，久蓄此念。曾多次与乃师讨论：无学问，恶可言入世拯天下于倒悬！惜同学人才太少，未能广布长舌，大可入山数年，专以讲学授徒为事，迨同党志士学问长进，方可言救国，才可得任重。

彼时，启超所交游者，殆皆好佛学。先生自万木草堂时既受康师佛学讲义之启蒙，又尝谦抑曰宿根浅狭，不能多所受，故尔亦差强从其后，跰蹀于短垣。

如其致夏穗卿书，谈及学佛情形："超自夏间闻君说法，复次雁舟③，演述宗风，颇发大心，异于曩日。亦依君说，略集经论。苦为贼缚，无从解脱。贼念发时，悼君穷逼；善念发时，羡君自在。想自

---

① 吴德潚（1848—1900），字季清，又字筱村，别号双遗居士，晚年自号寄髯，四川达县白衣镇（今属平昌县）人。博极群书，精通佛理，与康有为、梁启超、谭嗣同、汪康年、黄公度等至交。

② 韩文举（1864—1944），字树园，号孔庵，又号扪虱谈虎客，广东番禺人。监生出身。1891年入广州万木草堂，师从康有为，曾协助康有为编著《新学伪经考》《孔子改制考》等。后任万木草堂学长，号长兴里十大弟子之一。后任湖南长沙时务学堂教习、澳门《知新报》撰述。戊戌政变后流亡日本，协助梁启超办《清议报》《新民丛报》和横滨大同学校。著作编为《树园先生遗集》。

③ 吴雁舟，字嘉瑞，湖南人，佛学大师。谭嗣同《金陵听说法诗》序中言："吴雁舟嘉瑞为余学佛第一导师，杨仁山先生文会为第二导师，乃大会于金陵，说甚深微妙之义，得未曾有。"梁启超曾评其："雁舟学道之士，于内典持引颇熟。盖阿南多闻之流也，一时学子自无与其比者。"

根浅，宿业未尽，故此今世，为佛所弃。唯别以来，颇守戒律，鬼神之运，久致太平。"① 又致南海言："近学算读史，又读内典（读《小乘经》得旧教颇多，又读《律论》），所见似视畴昔有进，归依佛法，甚至窃见吾教太平大同之学，皆婆罗旧教所有、佛吐弃不屑道者，觉平生所学失所凭依，奈何？"②

入佛既深，夏穗卿、谭复生倡率一种新诗体。所谓新诗体，乃捃摭新名词，采择佛家语，以标新立异是也。斯之为体，启超《汗漫录》曾论之曰："时彦中能为诗人之诗而锐意欲造新国者，莫如黄公度。……夏穗卿、谭复生皆善选新语句，其语句则经子生涩语、佛典语、欧洲语杂用，颇错落可喜，然已不备诗家之资格。……吾既不能为诗，前年见穗卿、复生之作，辄欲效之，更不成字句。"③ 虽然，启超犹从诸君子之后学步一二，相约以非经典语不用，试如其诗，将三人比作"三蛙"，即恶世道之孔圣三教徒：

> 尘尘万法吾谁适？生也无涯知有涯。
>
> 大地混元兆螺蛤，千年道战起龙蛇。
>
> 秦新杀翳应阳厄，彼保兴亡识轨差。
>
> 我梦天门受天语，玄黄血海见三蛙。④

启超綦嗜此类诗之作，盖当时同侪诸公方沉醉于宗教，崇拜迷信之极故也。而其终厌之，则亦不俟言。其后启超回忆道："此类之诗尚多，今不复能记忆矣。当时在祖国，无一哲理政法之书可读，吾党二

---

① 丁文江、赵丰田编：《梁启超年谱长编》，上海人民出版社 2009 年版，第 39 页。
② 同上。
③ 夏晓虹编：《梁启超文选》（上），中国广播电视出版社 1992 年版，第 389 页。
④ 汪松涛编注、梁鉴江审订：《梁启超诗词全注》，广东高等教育出版社 1998 年版，第 12 页。

三子号称得风气之先，而其思想之程度若此。今过而存之，岂唯吾党之影事，亦可见数年前学界之情状也。"①

洎启超禅意渐浓，欲息影问学时，公度等人飞翰，欲其赴湘出任湖南时务学堂中文总教习。

时务学堂为湖南名士王先谦葵园②等人所首倡，其人思想趋新、务实与泥旧相混缠，而要以维护腐学为己任。丙申冬，乃上书湖南巡抚陈宝箴，请设时务学堂。

陈抚未始知其本意，仅以"时务"二字逆料其命维新，故欣然允肯。然时务学堂之立，并未循葵园诸人之轨辙，却翻然成为湖南维新运动之中枢。"时义宁陈公为抚军，其子伯严③随侍，江建霞④、徐研父⑤先后督学，黄公度、陈臬，谭壮飞、熊秉三⑥、唐绂丞⑦以乡党之秀，

---

① 梁启超：《饮冰室诗话》，人民文学出版社 1959 年版，第 50 页。

② 王先谦（1842—1917），字益吾，因宅名葵园，学人称为葵园先生，长沙人。著名湘绅领袖、学界泰斗，曾任国子监祭酒、江苏学政，湖南岳麓、城南书院山长，反对维新变法。治学重考据、校勘，荟集群言，著有《后汉书集解》《庄子集解》等。

③ 陈三立（1853—1937），字伯严，号散原，江西义宁人，陈宝箴长子，当年与谭延闿、谭嗣同并称"湘湘三公子"；与谭嗣同、徐仁铸、陶菊存并称"维新四公子"；被誉为中国最后一位传统诗人。历任吏部行走、主事。1898 年戊戌政变后，与父亲陈宝箴一起被革职。

④ 江标（1860—1899），字建霞，一作兼葭，号师郎，一号苦梦、萱圃，又号师许。江苏元和（今苏州）人。光绪十五年进士，官翰林院编修。光绪二十年参加强学会，出任湖南学政，毅然以变土风、开辟新治为己任。光绪二十三年，刊《湘学报》，组织南学会，受到王先谦攻击。

⑤ 徐研父（1863—1900），名仁铸，号缦愔，字研甫，又字砚父，江苏宜兴人，徐致靖长子。时以编修视学湖南。工诗，著有《涵斋遗稿》，传于世。

⑥ 熊希龄（1870—1937），字秉三，湖南凤凰人。官翰林院庶吉士，时回湘助陈宝箴推行新政，任时务学堂提调，也是《湘报》和南学会之发起人，戊戌政变后被革职，后得湖南巡抚赵尔巽提携，任职东北，有理财能手之称。为君主立宪派和进步党首脑。1913 年出任国务总理。

⑦ 唐才常（1867—1900），字绂丞，亦字佛尘，又字伯忠，湖南浏阳人。1897 年 4 月《湘学报》创办，任撰述，旋又与谭嗣同、熊希龄等办《湘报》，鼓吹变法维新。戊戌变法失败后，亡命日本。1899 年冬，与康、梁在日本决议于长江沿岸各省起兵勤王。1900 年 8 月，其所统自立军正欲于武汉沿难前夕，被张之洞捕获杀害。

左右其间，咸并力一致以提倡当时所谓新学。"① 维新人才辐辏于此，一时称极盛。

筱村、公度二人为启超之出处问题，亦曾为数月激烈争论，启超于两难相权，终取赴湘，殆不愿抛撇同志耳！

去意已定，视之过往数月以来与穰卿之间争竞不稍让，反倒解颐："我两人十年交情，天下共知。西人办事与交情截然分为二事，他日海上相见，杯酒言欢，毫无芥蒂，毫无嫌疑，想我兄亦必许之也。"② 诚亦君子之交也。

南海闻启超将往湘，即来沪面商时务学堂教育方针。以超之意，学堂欲兼书院之长，若西文者，则用学堂之法教之；若专意中学不涉西文者，则用书院之法教之。至若汲引思想、牖发新知所持之宗旨略为：一是渐进法，二是急进法，三是立宪，四是种族革命。启超倾向急进革命。南海沉吟数日犹疑难决，虽然，亦终无异词。

十月间，启超收拾行装，与妻女依依惜别，偕中文教习韩文举、叶觉迈③、欧榘甲④等买舟西上。

"卓如初至之时，宾客盈门，款待优渥，学堂公宴。王益吾师、张雨珊⑤并谓须特加热闹，议于曾忠襄祠张宴唱戏，晋请各绅以陪之，

① 梁启超：《石醉六藏江建霞遗墨》，夏晓虹编《梁启超文选》（上），中国广播电视出版社 1992 年版，第 369 页。
② 丁文江、赵丰田编：《梁启超年谱长编》，上海人民出版社 2009 年版，第 68 页。
③ 叶觉迈（1871—1954），字觉迈，名湘南，号仲远，广东东莞人。为万木草堂学生，曾游日本，光绪二十三年随梁启超至湖南，为时务学堂分教习。
④ 欧榘甲，字云樵，广东归善人，康门弟子。持论激烈，行文高古。著有《新广东》。
⑤ 张祖同（1835—1905），字雨珊，号词缘，长沙人。同治壬戌举人。专攻于词，为晚清湖湘词群代表人物，主张"托兴微渺，寄怀忠爱，意内言外，耐人泳思"。著有《湘雨楼词钞》。

其礼貌可谓周矣。"①

得知《时务报》总撰启超抵长沙,时务学堂、岳麓书院、城南书院师生,乃至湖南官府要员纷纷前来,咸欲一睹启超风采。洵不为梁氏果何异才,实唯变法维新思想之激人心也。

① 熊希龄:《上陈右铭中丞书》,丁文江、赵丰田编《梁启超年谱长编》,上海人民出版社 2009 年版,第 57 页。

七 1897 年·尘尘（二）

梁启超甫莅长沙，即劬劳于繁剧，手定《湖南时务学堂学约》十章，曰立志，曰养心，曰治身，曰读书，曰穷理，曰学文，曰乐群，曰摄生，曰经世，曰传教，大抵以万木草堂章程为楷式，稍加修饬而后成。

彼时，国中教育多行以书院制，时务学堂实为新式学校之嚆矢。然则如何施行，启超亦茫然莫知所措，唯试以讲授，又日令诸生阅读指定书目及体裁怪特之报章，并作札记，师长批答指导，师生相与坐论。其所蹈履，大体若时务学堂学约："凡学者每人设札记一册，分'专精''涉猎'二门。每日必就所读之书，登新义数则。其有疑义，则书而纳之待问匦以待条答焉。……每刚日，由教习随举西书格致浅理，或目前事理数条以问之，使精思以对。……每柔日，由教习随举各报所记近事一二条，问诸生以办法，使各抒所见（皆以笔谈）。……每月以数日为同学会讲之期，诸生各出其札记册，在堂互观。或有所问，而互相批答。上下议论，各出心得，其益无穷，凡会讲以教习监之。"①

启超总教时务学堂，颇醉心于民权革命论，日夕鼓吹之不足，又

---

① 引自《湖南时务学堂学约》，吴其昌《梁启超传》，百花文艺出版社 2004 年版，第 44 页。

于札记批语中腾呼之，其痛斥历代君主，谓，漫漫史乘，所谓明君，寥若晨星，余则殆皆民贼，而远古时期，君可以选臣，臣可以择君，迄于秦，皇权日尊，臣自况一姓之家奴，以君之是为是，以君之非为非，莫不以"缄默阿谀为能，奴颜卑膝以容悦于其君，其'名节'二字扫地尽矣"①。对于暴君之残虐行为，其捅击更不稍假借："屠城、屠邑皆后世民贼之所为，读《扬州十日记》尤令人发指眦裂。故知此杀戮世界非急以公法维之，人类或几乎息矣。"②

时务学堂首批学生四十人，受教启超诸人之讲授和批答，如草之加于大风，如野之沃于洪流，课堂气氛异常活跃。学生李炳寰③云："我们求学所为何事？但求起衰振敝，上利于国，下泽于民耳。"学生林圭④云："朝廷纲纪败坏，达于极点……吾人今日求学，应以挽救国家为第一要义。"学生蔡锷⑤云："我们求学，是为了探孔教之精蕴，以匡济时艰。"⑥ 不仅如此，时务学堂数生徒犹将所学所悟，著为文章，寄与《湘报》发表，进一步鼓吹民权、平等及变法维新思想。

---

① 李华兴、吴嘉勋编：《梁启超选集》，上海人民出版社 1984 年版，第 65 页。
② 中国史学会主编：《中国近代史资料丛刊（二）戊戌变法》，神州国光社 1953 年版，第 548 页。
③ 李炳寰（1877—1900），字虎村，一作虎生，湖南慈利县人。清光绪二十三年入时务学堂学习。1899 年夏，梁启超在日本东京创办大同高等学校，招原时务学堂流亡学生入学，他与唐才质、林圭、田邦璿等先后前往就读。1900 年唐才常在上海组织自立会，李炳寰离日回国，任自立军中军文案，办理总机关文牍事务。自立军起义失败后，8 月 23 日与唐才常、林圭等同时遇害。
④ 林圭（1875—1900），字述唐，号悟庵，长沙府湘阴人。1898 年入长沙时务学堂，戊戌政变后留学日本，倡革命实行主义。1900 年与唐才常在汉口设立自立军秘密机关，联络长江各省会党，运动防军，参与组织自立军第七军，任中军统。事泄，8 月 23 日与唐才常等遇害。
⑤ 蔡锷（1882—1916），原名艮寅，字松坡，湖南宝庆（今洞口县）人。16 岁考入长沙时务学堂，为年龄最轻者。1902 年，考入东京陆军士官学校，与同学蒋方震、张孝准，并称为"中国士官三杰"。一生概为两件大事：一件是辛亥革命时期在云南领导新军起义，一件是四年后反对袁世凯称帝领导护国军起义。遗著编为《蔡松坡集》。
⑥ 《唐才常和时务学堂》，《湖南历史资料》1958 年第 3 期。转引自李喜所、元青《梁启超传》，人民出版社 2010 年版，第 51 页。

启超每每忆及于此，都历历若在目，心中澎湃不能已："每日在讲堂四小时，夜则批答诸生札记，每条或至千言，往往夜不能寐。所言皆当时一派之民约论，又多言清代故实，胪举失政，盛倡革命。其论学术，则论荀卿以下汉、唐、宋、明、清学者，掊击无完肤。时学生皆住舍，不与外通，堂内空气日日激变，外间莫或知之。及年假，诸生归省，出札记示亲友，全湘大哗。先是嗣同、才常等设南学会聚讲，又设《湘报》《湘学报》，所言虽不如学堂中激烈，实阴相策应，又窃印《明夷待访录》《扬州十日记》等书，加以案语，秘密分布，传播革命思想，信奉者日众，于是湖南新旧派大哄。"①

《明夷待访录》为明末清初黄宗羲所著，其主旨凝意于批判封建专制制度，颂说天下为主君为客启蒙思想；《扬州十日记》，为王秀楚所撰，记载清军南下扬州屠城惨况，直刺清朝圣主之残暴血腥。两书印行数万册，流布湘省，不啻油中投烛，沸水扬汤。

维新思想之传播如火如荼，实为守旧派所不能容，王先谦、张雨珊、叶德辉②等人诋诬梁启超等伤风败俗，志在谋逆，继斥南学会、《湘报》，背叛圣教，败灭伦常。苏舆③更辑《翼教丛编》，胪列康有为所著书、启超所批学生札记，及时务、湘学诸报论文，遍加毁谤。其言曰：自梁氏主讲时务学堂以来，"张其师说，一时衣冠之伦，罔顾名义，奉为教宗，其言以康之《新学伪经考》《孔子改制考》为主，而平等民权、孔子纪年诸谬说辅之。伪六经，灭圣经也；托改制，乱成

---

① 梁启超：《清代学术概论》，上海古籍出版社 1998 年版，第 85 页。
② 叶德辉（1864—1927），字奂彬，号直山，别号郋园，湖南湘潭人。光绪十八年进士，授吏部主事，不久即乞养归乡。精于版本目录学，并以此闻名乡里。政治思想保守，反对变法，辑录《觉迷要录》4 卷。
③ 苏舆（1874—1914），字嘉瑞，号厚庵，湖南平江人。幼年随父读书，补县学生员，稍长，入长沙湘水校经堂肄习，又从王先谦受学，为王氏得意门生。政治上保守，为湖南当时反对新政最力者之一。著有《春秋繁露义证》《校定晏子春秋》等。

宪也；倡平等，堕纲常也；伸民权，无君上也；孔子纪年，欲人不知有本朝也"①。而谭嗣同等人则"乘风扬波，肆其篁鼓。学子身无主宰，不知其阴行邪说，反以为时务实然，丧其本真，争相趋赴，语言悖乱，有如中狂，始自会城，浸及旁郡"②。或攻之曰，梁氏狂悖，违伦常，污圣教，惑人心，"吾湘若仍听其主讲时务学堂，是不啻聚百十俊秀，焚而坑之"③。既乃渠辈撺掇省内乡绅，煽惑岳麓、城南、求忠三书院学生，噪聚省城学宫，商定所谓《湘省学约》，期以约束士人言行，抑遏新思想传播。同时具文《湘绅公呈》，声请陈抚严饬时务学堂。至其极者，哄散南学会，殴打《湘报》主笔，谋毁时务学堂。

守旧势力之哄腾，一时呈乌云摧城之势，王先谦、叶德辉等人屡遣人诣京参劾，又以时务学堂所用课本为叛逆铁证，力请于湖广总督张之洞，曰此所谓时务学堂者，实革命造反之巢穴。幸赖右铭先已得闻，差人夜告启超，速换课本，爰化即刻之灾变。学堂提调熊希龄，迫于压力，唯辞退分教习韩文举、叶觉迈、欧榘甲，以暂挽危局。

时江标为湖南学政，整顿校经书院，增设史地、算学等学科，并恳言于学子，中国前途危矣，读书人不可耽于八股试帖，求取科举功名逞一己之私；又刊发《湘学报》，组织南学会。南学会者，"将合南部诸省志士，联为一起；相与讲爱国之理，求救亡之法；而先从湖南一省办起，盖实兼'学会'与'地方议会'之规模焉。地方有事，公议而行；此'议会'之意也。每七日大集众而讲学，演说万国大势及

---

① 引自《翼教丛编》序言，丁文江、赵丰田编《梁启超年谱长编》，上海人民出版社 2009 年版，第 98 页。

② 《湘绅公呈》，《翼教丛编》卷五，台北文海出版社 1971 年版。转引自李喜所、元青《梁启超传》，人民出版社 2010 年版，第 51 页。

③ 苏舆：《翼教丛编》卷六《宾凤阳与叶吏部书》，转引自董方奎《旷世奇才梁启超》，武汉出版社 1997 年版，第 46 页。

政学原理；此'学会'之意也"①。

江学于湖南新政与有功焉，然则事必遭王先谦等人攻诘。既而受代去。舣舟待发，江标君建霞过时务学堂与启超别，忽见超处有一菊花砚，并有谭壮飞为之铭，铭曰："空华了无真实相，用造蓊偈起众信。任公之研佛尘赠，两公石交我作证。"②

菊花砚为唐绂丞所赠，江标睹之，慨然自许曰："此铭之镌刻，岂可委诸石工，能此唯我尔，我权且多留一日，了此因缘！"之后多年，启超于凡回首，惜别场景，都历历若在目：江标"遽归舟，脱冠服，向夕，褐裘抱一猫至，且奏刀且侃侃谈当世事，又泛滥文艺，间以诙谑。夜分，余等送之舟中，剪烛观所为日记，忽忽将曙，建霞转相送于江岸。朦朦黄月，与太白残焰相偎煦，则吾侪别时矣。自尔竟不复相见。"③ 启超每念及于斯，辄凄咽："戊戌去国之际，所藏书籍及著述旧稿悉散佚，顾无甚可留恋，数年来所出入于梦魂者，唯一菊花砚。……今赠者、铭者、刻者皆已没矣，而此砚复飞沉尘海，消息杳然，恐今生未必有合并时也"。④

湖南新政固其遭受重挫，然则维新思想却渐滋深入人心，诚如启超所描述："自时务学堂、南学会等既开后，湖南民智骤开，士气大昌，各县州府私立学校纷纷并起，小学会尤盛。人人皆能言政治之公理，以爱国相砥砺，以救亡为己任，其英俊沉毅之才，遍地皆是。其人皆在二三十岁之间，无科第，无官阶，声名未显著者，而其数不可算计者。自此以往，虽守旧者日事遏抑，然野火烧不尽，春风吹又生，

① 《谭嗣同传》，吴其昌《梁启超传》，百花文艺出版社2004年版，第49页。
② 梁启超：《石醉六藏江建霞遗墨》，夏晓虹编《梁启超文选》（上），中国广播电视出版社1992年版，第369页。
③ 同上。
④ 梁启超：《饮冰室诗话》，人民文学出版社1959年版，第2页。

湖南之士之志不可夺矣。"①

　　征之后史，时务学堂首批学生四十人中，有五分之二先后奔走革命，或饮刀为快，或振名开国。庚子汉口之役，唐才常率林圭、李炳寰、田邦璿②、蔡钟浩③、傅慈祥④等人，联合会党，举义兵勤王，蹈袭戊戌六君子血迹，碎首成仁于悍臣张之洞手，世称"庚子六君子"，时务学堂学生居其半。乃如蔡锷，时务学堂中年纪最轻者，却成反袁护国元勋，再如范源濂⑤，终身致力于教育事业；又如蒋方震⑥，成就军事理论长才美名，等等。

---

①　梁启超：《戊戌政变记》，广西师范大学出版社 2010 年版，第 227—228 页。
②　田邦璿（？—1900），字伯玑、均一，湖南慈利人。光绪二十四年春考入长沙时务学堂，1899 年 7 月赴日本东京大同高等学校留学，同年 10 月，应唐才常之邀回国参加发动自立军起义。1900 年 8 月 23 日，汉口自立军总机关被清廷破获被捕，在武昌紫阳湖就义。善诗词，著有《过庭剩影》。
③　蔡钟浩（1877—1900），字树珊，湖南武陵（今常德）人。光绪二十四年春入长沙时务学堂，师事梁启超、唐才常，参与湖南维新变法，事败后留学日本。庚子年，唐才常自立军起义，回常德运动响应。未几，汉口自立军总机关被破获，湖南大兴党狱，陷敌手，就义于长沙。
④　傅慈祥（1872—1900），原名元臣，字良弼，湖北潜江人。1894 年肄业武昌两湖书院，1898 年赴日留学，临行前与妻留言："吾已以身许国。吾知汝贤孝，善视翁姑子女可也。"参加自立军起义被捕殉难。遗著有《南斋诗文集》。
⑤　范源濂（1875—1927），字静生，湖南省湘阴县人。早年就学于长沙时务学堂。戊戌变法失败后流亡日本，入东京高等师范学校学习。清光绪三十一年回国，在北京任学部主事，并创办法律学校和殖边学堂。辛亥革命后，曾任教育部次长、中华书局总编辑部部长、北洋政府教育总长。历任北京师范大学校长、中华教育文化基金委员会董事长、南开大学董事、北京图书馆代理馆长。
⑥　蒋方震（1882—1938），字百里，晚号澹宁，笔名飞生、余一，浙江海宁人。为时务学堂学生。1901 年在日本陆军士官学校留学。1906 年留学德国。回国先后任保定陆军军官学校校长及代理陆军大学校长。有军事论著集《国防论》。

八 1897 年·尘尘（三）

　　启超在时务学堂宵旰劬力，积劳成疾，庶几大病而死，乃于戊戌春返沪就医。

　　云山苍苍，江水泱泱，大好山河犹在，孰不谓有国破之忧！舟次启超不禁又与同志慷慨论救国事："我国人不能舍身救国者，非以家累即以身累。我辈从此相约，非破家不能救国，非杀身不能成仁，目的以救国为第一义，同此义者皆为同志。吾辈不论成败是非，尽力做将去，万一失败，同志杀尽，只留自己一身，此志仍不可灰败，仍须尽力进行。然此时方为吾辈最艰苦之时，今日不能不先为筹划及之，人人当预备有此一日，万一到此时，不仍以为苦方是。"[1]

　　迨至沪上，与妻女团聚。枕席未热，厥病未瘳，因乃师南海先生办保国会于京师，此事孔急，颇需徒侣襄助，爰应师命，由康广仁幼博陪护，旋即北上。

　　幼博提及此行有言曰："弟此次三月来京，其始专为卓如病，以伯兄爱之，故弟护视其病。万里北来，亦以卓如固请不能却之。"[2] 而不意幼博此行终成义烈。

---

　　① 狄楚青：《任公先生事略》，丁文江、赵丰田编《梁启超年谱长编》，上海人民出版社 2009 年版，第 70 页。

　　② 康幼博茂才遗文：《致易一书》，丁文江、赵丰田编《梁启超年谱长编》，上海人民出版社 2009 年版，第 70 页。

保国会云者，其创设，实出于形势所迫。

甲午战后，列强掀起瓜分中国狂潮，值光绪二十三年（1897）秒，德国人借两传教士被杀，速令三艘巡洋舰，发吴淞口而北上，直闯胶州湾，强迫清廷签订《胶澳条约》，划胶州湾为德国租借地，以山东为其势力范围；俄国人以抵制德国势力扩张为由，亦复强租旅顺大连湾，划东三省为其势力范围；英国人食髓知味，更租威海卫，划长江流域为其势力范围；法国人占据越南后，又取得清廷海南岛不割于他国之保证，强租广州湾，划两广、云南为其势力范围；日本亦不甘人后，迫使清廷作出不割让福建省及其沿海一带与他国之保证……呜呼哀哉！中国将亡于不崇朝间！

事变綦急，京师人人震恐，然则亦但作楚囚，束手待亡耳。唯康有为，既上书求变法于上，复思开会振士气于下。以为开会者，则声气易通，讲求易熟，庶几可厚保国基础。尔乃首倡粤学会，数日一集。既而蜀学会、闽学会、浙学会、陕学会相继成。又鼓动直隶、湖南、江西、云贵等地，令各开会。曩者被禁之强学会，今则余绪又张。

光绪二十四年春，会试期近，各地举人云集北京，虽怀春闱入第梦，然亡国之危迫于眉睫，一时舆论沸腾，群情激愤。时康有为因上书遇挫，正欲归粤中草堂传道解惑，旋"以公车咸集，欲遍见其英才，成一大会，以伸国愤，由是少盘桓焉"①。

启超到京后，馆于南横街关帝庙寓所，扶病赞画奔走。"乃定于（按：三月）二十二日开保国会于粤东馆。为草定章程，士夫集者数百，投筹公举演说，举吾（按：康有为）登座。楼上下人皆满，听者有泣下者。盖自明世徐华亭集灵济宫讲学后，未有斯举也。二十五日

① 《康南海自编年谱》，梁启超《康有为传》，团结出版社 2004 年版，第 136 页。

再集于嵩云草堂。二十九日再集贵州会馆，人皆逾百数。"①

方当第二次开会时，启超登台演讲，其言曰："执豕于牢，尚狂掷而怒嗥。今数万里之沃壤，固犹未割也，数万万之贵种，固犹未絷也，而已俯首帖耳，忍气吞声，死心塌地，束手待亡，斯真孟子所谓是自求祸也！《论语》之记孔子也，曰'知其不可为而为之'。夫天下事可为、不可为，亦岂有定哉？人人知其不可而不为，斯真不可为矣；人人知其不可而为之，斯可为矣。使吾四万万人者，咸知吾国处必亡之势，而必欲厝之于不亡之域，各尽其聪明才力之所能及者，以行其分内所得行之事，人人如是，而国之亡犹不能救者，吾未之闻也。"②

闻启超慷慨陈词，参会者无不为所动，有人甚乃感佩。辇毂之下，康、梁诸公敢于犯冒严谴，成此异举，实深不畏强御，令人钦仰。

受康、梁鼓动影响，保滇会、保浙会、保川会等相继成立，保国、保种、保教之思想，大有席卷全国之势。此亦无可避免引起守旧派恐慌，渠辈极尽攻讦之能事，诋康梁目无君上，邪说诬民，其患不可胜言，力请查禁。第光绪帝烛照明决，以"会能保国，何可查禁"一语，使保国会免蹈强学会前辙。然谤言塞途，"言者既多，虽向号开新之人，以开民智救国难为事者，亦且惊惑于众论，或疑其无益，或哂其多事，或疑其虚论而无实事，或疑其不必骇众而贵名，或以为不必骛愚而饰智，亦复冷讥而薄诮之"③。更有如李盛铎④者，原为保国会

---

① 《康南海自编年谱》，梁启超《康有为传》，团结出版社 2004 年版，第 136 页。

② 梁启超著，林志钧编：《饮冰室合集·文集》之三，中华书局 1936 年版，第 27—28 页。

③ 光绪二十四年四月初六日《国闻报》所载《开保国会事书后》，丁文江、赵丰田编《梁启超年谱长编》，上海人民出版社 2009 年版，第 74 页。

④ 李盛铎（1859—1934），字义樵，又字椒微，号木斋，别号师子庵旧主人、师庵居士等，晚号麐嘉居士，江西德化县（今九江市）人。近代中国藏书家。历任清翰林院编修、国史馆协修、江南道监察御史、内阁侍读学士、京都大学堂京办、顺天府府丞、太常寺卿、出使各国考察政治五大臣之一、山西布政使、陕西巡抚等职。民国后，又曾担任大总统顾问、参政院参政、农商总长、参政院议长、国政商榷会会长等职。

发起人之一，骑墙觇风，当势不利己时，立即退会，并上奏折弹劾。至此，保国会已形同虚设，无疾而终。

外患日迫，国之鱼烂瓦解，有若旦夕，然士人汲汲于图存之路，人微言轻，天听难及，其志不终能逞。而贵若天子，古往今来，独谁愿做亡国之君哉？时光绪帝亦颇欲趿踔蹈厉，第苦于臣工老耄，维新乏才。适逢日本中兴名相、曾发动中日甲午战争之伊藤博文①来华游历，竟有好事者上书，奏请皇上明降谕旨，令伊滕预备召见，宣中日和睦之谊，询彼国变革之序，甚乃留其为相，助我变法。光绪帝居然召见，并说："目今我国改革，迫于必要。朕愿闻贵爵披沥其意见，请贵爵将改革顺序方法，详细告知总理衙门王大臣，予以指导。"伊滕答："敬奉谕旨。王大臣如有谘询，臣依实际所见，苟有利于贵国者，必诚心具陈。"②

此情此景不可不谓凄惶、反讽，虽其事果不成，而光绪求才变法之决心，昭昭于天下。四月二十三日，乃下诏明定国是："朕唯国是不定，则号令不行，极其流弊，必至门户纷争，互相水火，徒蹈宋明积习，于时政毫无裨益。即以中国大经大法而论，五帝三王不相沿袭，譬之冬裘夏葛，势不两存。用特明白宣示：嗣后中外大小诸臣，自王公以及士庶，各宜努力向上，发愤为雄，以圣贤义理之学，植其根本，又须博采西学之切于时务者，实力讲求，以救空疏迂谬之弊。专心致志，精益求精，毋徒袭其皮毛，毋竞腾其口说，总期化无用为有用，

① 伊藤博文（1841—1909），日本明治九元老之一，日本第一个内阁首相，第一个枢密院议长，第一个贵族院院长，首任韩国总监，明治宪法之父，立宪政友会创始人，四次组阁，任期长达七年，任内发动中日甲午战争，使日本登上东亚头号强国位置。1909年10月，为朝鲜独立运动者安重根刺杀，时年68岁。

② 吴其昌：《梁启超传》，百花文艺出版社2004年版，第64页。

以成通经济变之才。"①

国是诏既下，举国欢欣，侍读学士徐子静致靖②乘时奏荐康南海、张菊生元济③、黄公度、梁启超等。其言略为非变法则不能自强，而非得人则亦不能变法。其揄扬南海："工部主事康有为，忠肝热血，硕学通才，明历代因革之得失，知万国强弱之本原，当二十年前，即倡论变法"④，又称美启超："广东举人梁启超，英才亮拔，志虑精纯，学贯天人，识周中外，其所著《变法通议》及《时务报》诸论说，风行海内外，如日本、南洋岛及泰西诸国，并皆推服。"⑤

徐折入当日，光绪帝即传上谕，着工部主事康有为、着刑部主事张元济，于四月二十八日，预备召见；广东举人梁启超，着总理各国事务衙门查看具奏。

五月十五日，启超即蒙光绪帝召见。

按清朝成例，皇帝召见臣工，凡在四品以上。而召见小臣，则自咸丰以后四十余年未之见。而以布衣之身觐见皇帝，阅大清数百年所未有也，亦显见德宗求才若渴，不拘成格如此。

此次召见，无由得详，仅于《戊戌政变记》中粗有所述："梁启超以是日召见，上命进呈所著《变法通议》，大加奖励。"⑥

所谓"大加奖励"，即于当日奉有光绪上谕，赏给六品衔，办理

---

① 《光绪政要》，丁文江、赵丰田编《梁启超年谱长编》，上海人民出版社2009年版，第77页。
② 徐致靖（1844—1917），字子静，江苏宜兴人。光绪间进士，选庶吉士，授编修，累迁侍读学士，至内阁学士、署理礼部侍郎。清末维新派。著有《上虞县志》《奏议》《仅叟诗文》若干卷。
③ 张元济（1866—1959），字菊生，浙江海盐人。甲午战后，首倡通艺学堂于北京。戊戌变法时任刑部主事，充总署章京。辛亥革命后，主持上海商务印书馆有年。
④ 中国近代史资料丛刊《戊戌变法》，丁文江、赵丰田编《梁启超年谱长编》，上海人民出版社2009年版，第78页。
⑤ 同上。
⑥ 梁启超：《戊戌政变记》，广西师范大学出版社2010年版，第45页。

译书局事务。

启超所受职位品秩不高，颇出人意料。礼部主事王照①有解语：

"清朝故事，举人召见，即得赐入翰林，最下亦不失为内阁中书。是时梁氏之名，赫赫在人耳目，皆拟议必蒙异数。及召见后，仅赐六品顶戴，是仍以报馆主笔为本位，未得通籍也。传闻因梁氏不习京语，召对时口音差池，彼此不能达意，景皇不快而罢。"②

虽然，启超从乃师之后，翊赞变法不少怠，即如念兹在兹之废科举一事，乃上《请变通科举折》，其披沥淩陈之言，有若空谷足音："夫当诸国竞智之时，吾独愚其士人，愚其民，愚其王公，以与智敌，是自掩闭其耳目，断刖其手足，以与乌获、离娄搏，岂非自求败亡哉！昔我圣祖仁皇帝已赫然变之矣。然此后复行之而无害者，窃谓当闭关卧治，士民乐业之时，无强敌之比较，无奸宄之生心，虽率由千年，群愚熙熙，固无害也。无如大地忽通，强邻四逼，水涨堤高，专视比较，有一不及，败绩立见，人皆智而我独愚，人皆练而我独暗，岂能立国乎？"③

启超曾与夏曾佑书时，亦颇自矜诩，谓"新政来源多令出我辈"云云。

自四月二十三日定国是以降，新政诏书达百有余件，综之，约略为：设制度局，裁撤冗员；废除八股，讲求实学；取消书院，倡办学堂；草民上书，广集嘉言；编制预算，改革财政；通邮通讯，畅达信

---

① 王照（1859—1933），字小航，号芦中穷士，又号水东，直隶宁河县（今属天津市）人。百日维新中，任礼部主事，应诏言事，超擢赏给三品衔。近代拼音文字提倡者、"官话字母"方案制订人。
② 中国近代史资料丛刊《戊戌变法》，丁文江、赵丰田编《梁启超年谱长编》，上海人民出版社2009年版，第83页。
③ 载天津《国闻报》，同上书，第74—75页。

息；鼓励开矿，修筑铁路；振兴农工，促进商贸；仿效西方，训练新军；旗人削权，自谋生计，等等。

革新事务虽曰繁巨，唯变官制、裁冗员可谓一石激起千层浪。自裁官令下后，衮衮诸公失所恃，惶惶不可终日，而汲汲焉奔走趋跄，大有与维新者不共戴天之势。

然究其根本，官制之变，冗员之裁，实为帝党与后党权力之争。

先是，定国是诏发四天后，慈禧太后即强迫光绪帝连发三上谕：一命翁常熟开缺回籍。此举可断上之奥援。二调直隶总督王文韶①入值枢廷，遗缺由荣禄②署理。此举可逞天津阅兵武力废立之谋。三令在廷臣工遇有赏项及补授文武一品或满汉侍郎，均须恭诣太后前谢恩。此举意在广植力量，呼唱有人。政变之祸，实早伏于斯矣！

迨光绪帝超擢四京卿值军机处、革礼部六堂官以诚谕群臣，帝后矛盾业已达于沸点，尔乃有湖南举人曾廉③竟至上书请杀康有为与梁启超。

值此生死存亡之秋，南海弟幼博与友人书，多有看破玄机之语："伯兄规模太广，志气太锐，包揽太多，同志太孤，举行太大，当此排者、忌者、挤者、谤者，盈衢塞巷，而上又无权，安能有成？弟私窃

---

①　王文韶（1830—1908），字夔石，号耕娱、庚虞，又号退圃，浙江仁和（今杭州）人。咸丰二年进士。任户部主事，同治间授湖南巡抚，光绪间任兵部侍郎，直军机，后任云贵总督，擢直隶总督兼北洋大臣，奏设北洋大学堂、山海关北洋铁路官学堂等，旋以户部尚书协办大学士，官至政务大臣、武英殿大学士。

②　荣禄（1836—1903），字仲华，号略园，瓜尔佳氏，满洲正白旗人，以荫生晋工部员外郎，后任内务府大臣，工部尚书，出为西安将军。因受慈禧太后青睐，留京任步军统领、总理衙门大臣、兵部尚书。戊戌维新期间，授直隶总督兼北洋大臣。编有《武毅公事略》《荣文忠公集》《荣禄存札》。

③　曾廉（1856—1928），字伯隅，湖南邵阳（今邵东县）人。光绪二十年举人。翌年会试后，任国子监助教，参与编修《大清会典》，为大学士徐桐赏识。戊戌维新运动中，曾上书朝廷，指责康有为、梁启超为"舞文诬圣，聚众行邪，假权行教"之徒。光绪二十八年曾因支持义和团而获罪，遂隐居贵州锦屏县梅屏山下，筑"掘阅园"从事教学与著述。著成《元书》102 卷，1911 年刊行，另有《元史考证》4 卷。

深忧之，故常谓但竭力废八股，俾民智能开，则危崖上转石，不患不能至也。今已如愿，八股已废，力劝伯兄宜速拂衣，虽多陈无益，且恐祸变生也。伯兄非不知之，唯常熟告以上眷至笃，万不可行，伯兄遂以感激知遇，不忍言去。"①

七月二十七日，光绪帝欲开懋勤殿，遴选李端棻、徐致靖②、宋伯鲁③、梁启超等数十通国英才入值，共议制度，以备顾问。兹事体大，上于二十八日亲往颐和园请命西后。

是日，"京朝人人咸知懋勤殿之事，以为今日谕旨将下，而卒不下，于是益知西后与帝之不相容矣"④。时天津阅兵武力废立之耳言益急。

请命不成，光绪帝翻被留园钤束，乃犹作困兽斗，传密诏于康有为，曰："朕唯时局艰维，非变法不足以救中国，非去守旧衰谬之大臣而用通达英勇之士，不能变法。而皇太后不以为然，朕屡次几谏，太后更怒。今朕位且不保，汝康有为、杨锐⑤、林旭⑥、谭嗣同、

① 康幼博茂才遗文《致易一书》，《戊戌六君子遗集》，丁文江、赵丰田编《梁启超年谱长编》，上海人民出版社2009年版，第79页。
② 徐致靖（1844—1917），字子静，江苏宜兴人。德宗光绪间进士，选庶吉士，授编修，累迁侍读学士，至内阁学士、署理礼部侍郎。
③ 宋伯鲁（1854—1932），字芝栋，一字芝田，亦署芝钝，陕西醴泉人。光绪十二年进士，入词林，与杨深秀合疏弹劾礼部尚书许应骙阻挠新政。戊戌变政后，遣回原籍，致力诗、画。著有《海棠仙馆诗集》《清画家诗史》等。
④ 梁启超：《谭嗣同传》，梁启超《戊戌政变记》，广西师范大学出版社2010年版，第168页。
⑤ 杨锐（1857—1898），字叔峤，四川绵竹人，戊戌六君子之一。光绪十五年授内阁中书，后晋为内阁侍读。曾入张之洞幕府，其卓越才华与品格深得张之洞敬重，成为张府重要幕僚。变法期间特擢四品卿衔，军机章京上行走，参与新政。遗著编为《杨叔峤文集》《杨叔峤诗集》。
⑥ 林旭（1875—1898），字暾谷，福建侯官（今闽侯县）人，官内阁中书。康有为组织保国会时他为该会"始倡董事，提倡最力"。变法时，授四品卿衔，在军机章京上行走，参与新政。为戊戌六君子之一。遗著有《晚翠轩集》。

刘光第①等可妥速密筹，设法相救。"②

康、梁、谭等读诏，巨踊号呼，泣不成声！

哭绝代之明君，遭此阳厄，痛变法之大业，遇此挫衄，伤同志之努力，且化乌有。

"袁幕府徐菊人亦来，吾乃相与痛哭以感动之，徐菊人亦哭，于是大众痛哭不成声。乃属谭复生入袁世凯所寓，说袁勤王，率死士数百扶上登午门而杀荣禄，除旧党。"③

痛愤恻怛，又奈之何，目下须速筹因应之策。谭嗣同断然提出举兵勤王，由嗣同诣访袁世凯，晓明大义，杀荣禄，除旧党，劫太后，迎圣主。

嗣同跃跃然，启超、幼博殊觉不妥。袁世凯城府极深，为人狡黠，不能托于大任。林旭亦频为复生言之，此人不可为凭，并写诗以董卓、袁绍故事加以婉劝："伏蒲泣血知何用，慷慨何曾报主恩。愿为公歌千里草，本初健者莫轻言。"④

无如救主无门，哓哓空言，于事无补，岂若冒险一掷，晓明大义，或可成于万一！

———————————

① 刘光第（1859—1898），字裴邨，四川富顺人，于光绪九年中癸未科殿试二甲第八十八名进士，授刑部候补主事。戊戌年赏给四品卿衔，在军机章京上行走，参与新政。清末维新派著名爱国诗人，"戊戌六君子"之一。著有《衷圣斋文集》《衷圣斋诗集》。
② 丁文江、赵丰田编：《梁启超年谱长编》，上海人民出版社 2009 年版，第 90 页。
③《康南海自编年谱》，梁启超《康有为传》，团结出版社 2004 年版，第 160 页。
④ 吴其昌：《梁启超传》，百花文艺出版社 2004 年版，第 87 页。

九　1897 年·尘尘（四）

　　袁世凯，字慰亭，河南项城人，初为吴长庆①幕僚，后拜师张謇②，尔来有年，始终寂寂无声名。迨出使朝鲜，渐为人所侧目。洎小站练兵，则更被人交赞。其人有维新思想，"时与马相伯，眉叔，张季直等新进名流，上下其议论，故欲强中国，革腐政之心，袁氏实不在人后，又眼见朝鲜为日人从其手中夺去，经此刺激，其爱国之心，实亦强烈而真挚"③。以此袁氏先是厕身公车上书行列吁请救亡，后又参与强学会指陈时务，其言与行，自然赢得维新党人好感。值此危难之时，书生百无一用，袁世凯成为扶将倾之大厦、挽既倒之狂澜不二人选。

　　乃有康南海、谭嗣同秘密保荐，光绪于戊戌八月初一日召见袁世凯，特赏侍郎。初三日复召见，更宣上殷勤之意。要在以不次之拔，抚慰将才，以资后用，以备不测。

---

　　① 吴长庆（1829—1884），字筱轩，安徽省庐江县人。淮军将领，与太平军作战。光绪八年，出兵朝鲜平叛。好读书，爱人才，时称儒将。
　　② 张謇（1853—1926），字季直，号啬庵，祖籍江苏常熟，生于江苏省海门厅长乐镇（今海门市常乐镇）。清末状元，中国近代实业家、政治家、教育家，主张实业救国，被称为"状元实业家"。中国棉纺织领域早期开拓者，上海海洋大学创始人。著有《张季子九录》《张謇日记》《啬翁自订年谱》等。
　　③ 吴其昌：《梁任公先生别录拾遗》，吴其昌《梁启超传》，百花文艺出版社 2004 年版，第 114 页。

谭嗣同救上心切，初三日夕，径造袁所寓之京城西郊法华寺，两人交涉情形，启超有生动描述：谭嗣同"直诘袁曰：君谓皇上何如人也？袁曰：旷代之圣主也。君曰：天津阅兵之阴谋，君知之乎？袁曰：然，固有所闻。君（按：指谭嗣同）乃直出密诏示之曰：今日可以救我圣主者，唯在足下，足下欲救则救之。又以手自抚其颈曰：苟不欲救，请至颐和园首仆而杀仆，可以得富贵也。袁正色厉声曰：君以袁某为何如人哉？圣主乃吾辈所共事之主，仆与足下同受非常之遇，救护之责，非独足下，若有所教，仆固愿闻也。君曰：荣禄密谋，全在天津阅兵之举，足下及董、聂三军，皆受荣禄所节制，将挟兵力以行大事，虽然董、聂不足道也，天下健者唯有足下。若变起，足下以一军敌彼二军，保护圣主，复大权，清君侧，肃宫廷，指挥若定，不世之业也。袁曰：若皇上于阅兵时疾驰入仆营，传号令以诛奸贼，则仆必能从诸君子之后，竭死力以补救。君曰：荣禄遇足下素厚，足下何以待之？袁笑而不言。袁幕府某曰：荣贼并非推心待慰帅者，昔某公欲增慰帅兵，荣曰汉人未可假大兵权，盖向来不过笼络耳。……慰帅岂不知之。君乃曰：荣禄固操莽之才，绝世之雄，待之恐不易易。袁怒目视曰：若皇上在仆营，则诛荣禄如杀一狗耳。因相与言救上之条理甚详。袁曰：今营中枪弹火药皆在荣贼之手，而营哨各官亦多属旧人，事急矣，既定策，则仆须急归营，更选将官，而设法备贮弹药，则可也。乃丁宁而去。"[1]

初五日上午，练兵大臣袁侍郎赴宫门再受宸眷后，即乘火车返津。

连日来诡谲突变之情势，令袁氏心中惴惴焉。幕僚谓之曰："光绪脆弱，廷臣将帅均为慈禧心腹，成败之数可以预知。与其助光绪而致

---

① 梁启超：《戊戌政变记·谭嗣同传》，广西师范大学出版社 2010 年版，第 168—170 页。

祸，莫若附慈禧而取功名。"①

盖袁之为人机诈反覆巧饰，向不为人所察知，岂其不知皇上之无权？且篡废之谋将逞，皇上之位且不能保，又如他何？故虽受皇上大恩，却终不肯为皇上所用，更与贼臣逆谋，卖主自保。

荣禄得悉维新党人救上计划，星夜驰京，面奏慈禧太后。政变之祸遂成于是。

八月初六日，启超诣嗣同寓所，正相对坐议危局，有所擘画，忽闻慈禧太后入紫禁城，幽光绪于瀛台，宣布恢复训政，继闻南海会馆被查抄，令捕南海及与新政有重要关系诸人等。谭嗣同椎胸悲叹："昔欲救皇上，既无可救。今欲救先生，亦无可救，吾已无事可办，唯待死期耳！虽然，天下事知其不可而为之，足下试入日本使馆谒伊藤氏请致电上海领事而救先生焉。"② 其时，南海先生领光绪明诏、密谕，假督办《时务报》之名，已于初五日离京，暮抵塘沽，越明日搭英太古公司之重庆轮，惶惶去矣。

启超欲与嗣同偕入日本使馆，暂避其锋。嗣同以光绪旧臣自居，决死报主，不肯离去。无如何，启超急奔东交民巷日使馆。

谭嗣同竟日留寓所内，以待捕者。捕者既不至，则于明日，诣日本使馆，携所著书及诗文辞稿本数册家书一箧，托于启超，并力劝启超东游，曰："海外华侨甚多，皆闽粤人，任公将来前往，可资运用。嗣同湖南人，言语不通，往海外毫无用处。又嗣同亲父，身为巡抚，嗣同若偷生，益重吾父之过；且嗣同已入军机，虽属小官，义当身殉。"③ 两人相与一抱，又拳拳相告曰："不有行者，无以图将来；不

---

① 窦宗一：《李鸿章年谱》，香港友联出版社1975年版，第382页。
② 梁启超：《戊戌政变记·谭嗣同传》，广西师范大学出版社2010年版，第170页。
③ 超观：《记梁任公先生轶事》，吴其昌《梁启超传》，百花文艺出版社2004年版，第104页。

有死者，无以酬圣主。今南海之生死未可卜，程婴杵臼，月照西乡，吾与足下分任之。"① 呜呼壮哉！之后，有日本志士多人殷殷劝嗣同东游，嗣同坚辞，曰："各国变法，无不从流血而成。今中国未闻有因变法而流血者，此国之所以不昌也。有之，请自嗣同始！"② 卒不去。及逮前，犹办两件事，一曰与坊间侠士相谋救光绪，一曰窃代乃父谭继洵③拟写"黜革忤逆子嗣同"奏片，俾其免于罪戾。呜呼！真乃忠孝两全，天地不为之免死，抑天地罪不可恕！

　　既而，谭嗣同、康广仁、杨深秀④、杨锐、刘光第、林旭六人先后被捕，八月十三日蒙难。翌日，奉朱谕，道及捕杀维新党人原委，言辞铿然，貌若金文石刻之不可易夺："康有为实为叛逆之首，现已在逃。着各直省督抚一体严密查拿，极刑惩治。举人梁启超与康有为狼狈为奸，所著文字，语多狂谬，着一并严拿惩办。康有为之弟康广仁及御史杨深秀、军机章京谭嗣同、林旭、杨锐、刘光第等，实系与康有为结党，隐图煽惑。杨锐等每于召见时，欺蒙狂悖，密保匪人，实属同恶相济，罪大恶极，前经将各该犯革职拿交刑部讯究。旋有人奏，若稽延时日，恐有中变。朕熟思审处，该犯等情节较重，难逃法网，觇语多牵涉，恐致株累，是以未俟复奏，于昨日谕令将该犯等即行正法。此事为非常之变，附和奸党，均已明正典刑。"⑤

---

　　① 梁启超：《戊戌政变记·谭嗣同传》，广西师范大学出版社2010年版，第170页。
　　② 同上。
　　③ 谭继洵（1823—1901），字子实，号敬甫，又号剑芙，湖南浏阳人。道光二十九年举人，咸丰十年进士，官至光禄大夫、湖北巡抚兼署湖广总督。因其子谭嗣同参与戊戌变法受株连罢官。
　　④ 杨深秀（1849—1898），号春春子，字漪村或仪村，山西闻喜人。光绪进士，授刑部主事，累迁郎中，后授山东道监察御史。戊戌政变中，不避艰危，援引古义，请慈禧撤帘归政，遂遇害，为"戊戌六君子"之一。著有《杨漪村侍御奏稿》《虚声堂诗抄》等。
　　⑤ 丁文江、赵丰田编：《梁启超年谱长编》，上海人民出版社2009年版，第94—95页。

同、仁、旭、光、锐、秀血溅青史，后人称扬曰"戊戌六君子"。而当其时，六君子慷慨赴死之芳躅，亦实堪风百世、传千古。

若嗣同，既系于狱，乃啮血以书："告我中国臣民，同兴义愤，剪除国贼，保全我圣上。嗣同生不能报国，死而为厉鬼，为海内义师之助。"[1] 继而又题诗于狱壁："望门投止思张俭，忍死须臾待杜根。我自横刀向天笑，去留肝胆两昆仑。"[2] 临刑，嗣同面不改色，且高声吟道："有心杀贼，无力回天，死得其所，快哉！快哉！"[3] 启超记之曰："就义之日，观者万人，君慷慨神气不少变。时军机大臣刚毅监斩，君呼刚前曰：'吾有一言！'刚去不听，乃从容就戮。呜呼烈矣！"[4]

若广仁，明于大道，达于生死，常与启超相语云：生亦三十，兄弟戚友年相若者，今死去可胜数哉！故常将此身与彼辈相较，乃知己之偷生有时，则于应做之事，将何所室碍？其从容就义，固有所自也哉！启超记之曰："既被逮之日，与同居二人程式穀、钱维骥同在狱中，言笑自若，高歌声出金石。程、钱等固不知密诏及救护之事，然闻令出西后，乃曰：'我等必死矣。'君厉声曰：'死亦何伤！汝年已二十余矣，我年已三十余矣，不犹愈于生数月而死、数岁而死者乎？且一刀而死，不犹愈于抱病岁月而死者乎？特恐我等未必死耳，死则中国之强在此矣，死又何伤哉？'……神气雍容，临节终不少变，呜呼

① 丁文江、赵丰田编：《梁启超年谱长编》，上海人民出版社2009年版，第100页。
② 黄彰健著《戊戌变法史研究》中讲谭嗣同此诗曾被梁启超所篡改，其据《康梁演义》所录，该诗应是："望门投趾怜张俭，直谏陈书愧杜根。手掷欧刀仰天笑，留将公罪后人论。"另外关于诗中"两昆仑"的含义，目前有各种不同解释：第一种说法是指康有为和大刀王五；第二种认为是王五和胡七；第三种解释为谭之二奴仆胡理臣和罗升，古语称奴仆为"昆仑奴"；第四种说法是指唐才常和王五。以上诸说有待进一步考证。本说明及文中引诗参见李喜所、元青《梁启超传》，人民出版社2010年版，第102页。
③ 蔡尚思等编：《谭嗣同全集》（上册），中华书局1981年版，第287页。
④ 梁启超：《戊戌政变记》，广西师范大学出版社2010年版，第170页。

烈矣!"①

若林旭，擅诗词，喜吟咏，然世变纷驰，国之丧亡日迫，恐堕于娱魂调性之嫌、玩物丧志之累，乃幡然戒诗，割尽旧习，从南海治义理经世之学，志气愈坚，及至大刑，曾不少逊其词色，视死如归。其妻沈静仪得噩耗，哭抢天地，欲亲赴京收拾遗骸，为家人所劝禁，乃仰药以殉。启超记之曰："初荣禄尝为福州将军，雅好闽人，而君又沈文肃公之孙婿，才名藉甚，故荣颇欲罗致之。五月荣既至天津，乃招君入幕府。……荣禄之爱暾谷，致敬尽礼，一旦则悍然不问其罪否，骈而戮之，彼豺狼者岂复有爱根邪?"②

若刘光第，不苟言笑，志节崭然，素喜闭门读书，初不与时流名士通。迨保国会开，才翩然来会，谓时事艰危，当勠力国事，生死以之。不意求仁者得仁，裴村太息："吾属死，正气尽!"闻者莫不挥泪。启超述之曰："裴村临刑，其嗣子不过十四岁或十六岁，仓卒确知，别无法救；赶赴刑场向监斩官刚毅叩头流血，请代父死，不允。既斩，抱其父头而哭，立时呕血，半夜而死。……"③"孤臣孽子，哀动鬼神……中国有如此志士仁人而不兴，非天理也。"④

若杨锐，张之洞受业弟子，其性鲠直，尚名节，行谨密，最为张所亲厚，曾累欲荐之，乃避嫌门人故，转托湖南巡抚陈公宝箴举荐之，赏加四品卿衔。杨锐推服汉党锢之事状，欣慕明东林之行谊，自乙未和议成，益慷慨论时务，洞悉数十年来国脉之衰微、国事之窳败，端在于西后篡政，故尔久蓄裁抑吕武之志。至是奉诏谋救皇上，遂及于难。启超记之曰："叔峤之接人发论，循循若处子，至其尚气节，明大

---

① 梁启超：《戊戌政变记》，广西师范大学出版社 2010 年版，第 150—151 页。
② 同上书，第 161—163 页。
③ 吴其昌：《梁启超传》，百花文艺出版社 2004 年版，第 91 页。
④ 吴其昌：《梁任公先生别录拾遗》，百花文艺出版社 2004 年版，第 115—116 页。

义，立身不苟，见危授命，有古君子之风焉。"①

若杨深秀，当垂帘之伪命下，奸焰披猖，京师震悚，人且不能自保，莫或敢撄其锋，独杨君深秀挺身而出，抗疏诘问，伏请还政，遂就缚。狱中，题诗于壁十数章，耿耿之忠，拳拳之诚，日月可鉴。其一云："久拼生死一毛轻，臣罪偏由积毁成。自晓龙逢非俊物，何尝虎会敢徒行。圣人岂有胸中气，下士空思身后名。缧绁到头真不怨，未知谁复请长缨。"②

启超记之曰："八月初六之变，天地反常，日月异色，内外大小臣僚以数万计，下心低首，忍气吞声，无一敢怒之而敢言之者。而先生乃从容慷慨，以明大义于天下，宁不知其无益哉？以为凡有血气者固不可不尔也，呜呼！荆卿虽醢，暴嬴之魄已寒；敬业虽夷，牝朝之数随尽。仁人君子之立言行事，岂计成败乎？"③

---

① 梁启超：《戊戌政变记·杨锐传》，广西师范大学出版社2010年版，第159—160页。
② 毛大风、王斯琴编：《近百年诗钞》，岳麓书社1999年版，第5页。
③ 梁启超：《戊戌政变记·杨深秀传》，广西师范大学出版社2010年版，第157页。

十　1898年·呜呼

垂帘之谕既下，启超旋遁日本公使馆。

日本代理公使林权助为之载曰："梁启超跑到公使馆来，说一定要会见我，这时正是午后二时。我和伊藤公吃完饭正在谈话，无论怎样，让梁到另室会面。一见，他的颜色苍白，漂浮着悲壮之气。不能不看出事态之非常。"①

格于语言，启超径索笔，祈请林助："仆三日内即须赴市曹就死，愿有两事相托。君若犹念兄弟之国，不忘旧交，许其一言。"②

启超所说两事即解皇帝之幽闭、救南海于万险。林公使略无犹豫，当即允诺，并劝启超毋轻言赴死。

得林权助义言，启超稍有所释，然犹心乱如麻，暗自落泪神伤。迨暝色朦胧，启超离开日本公使馆。逡巡而行，偷目望去，缇骑满街，叫嚣乎东西，隳突乎南北。启超周旋趋跄，急入李公馆，拟与妻兄妥商方法。适李端棻外出未归，启超径自决意东渡扶桑。即吩咐贴心仆人张顺，速至新会会馆收拾行李，连同留置于李宅之箱什，合并送入日本公使馆。

---

① 林权助：《我的七十年》，丁文江、赵丰田编《梁启超年谱长编》，上海人民出版社2009年版，第100—101页。

② 同上。

一应琐事粗定，启超复奔东交民巷。

林记述曰："到了夜晚，公使馆门口骚闹着。我正在奇怪的一刹那，梁飞快地跑了进来。"①

林速据以呈告羁游中国之伊藤博文。其时，"东洋盟主论"正哄腾于日本，而当路执钧者，极欲寻华之亲日势力。虑及清国维新派率持亲日、亲英倾向，伊藤谓林公使曰："中国变乱在即，救国志士，如有危难，可相机拯之。"② 维新人士如梁启超者，乃更为伊藤所赞佩，"梁这个青年对于中国是珍贵的灵魂啊！""是中国罕见的高洁之士，是热心策划北京政府根本改造的大丈夫""是个非凡的家伙啊，真是个使人佩服的家伙"，③ 助梁赴日之意决焉。

捕者诇刺或有人遁入日本公使馆，即锁守门外巡逻，以防遁逃。

光绪二十四年八月十三日，六君子斩于菜市，噩耗至，启超悲痛欲绝，洵不知苟活如此，将奚以酬死友！而门外捕者睊睊然狼顾益急。

林公使思之再四，决欲于不测事发前，妥速定策，速行为愈。

乃缜密筹划，林使"把梁交给恰巧从天津来正逗留中的郑领事④，让二人都化装打猎的样子。扮好了真像打猎的模样，打发他们走，但是不幸在天津车站月台上行走的时候，好像被梁的友人发现了似的。据说他们赶快隐藏到人多的地方去，但还是因被友人看见作了报告，捕手的手下人追跟着梁。二人马上跳进帆船，夜十二时下白

---

① 林权助：《我的七十年》，丁文江、赵丰田编《梁启超年谱长编》，上海人民出版社 2009 年版，第 100—101 页。

② 超观：《记梁任公先生轶事》，吴其昌《梁启超传》，百花文艺出版社 2004 年版，第 104 页。

③ 中国史学会主编：中国近代史资料丛刊（二）《戊戌变法》，神州国光社 1953 年版，第 570—572 页。

④ 即郑永昌，日本驻天津领事。

河逃向塘沽"①。

其时，夜色迷茫，突听得蒸汽船嗒嗒之声，料定捕手可立至，梁、郑及仆人焦急万分，无可如何。不意小汽船倏然掉头，径驶下游，并停于日本商船舷侧，似欲守株待兔。启超等人则逆流而上，直趋日本兵舰大岛号。大岛号早已接到林权助通知，以摇动手帕为号纳梁。

小汽船捕手非谓愚不可及，其调头顺流，实有所因。当直隶总督荣禄获悉启超出逃路线后，急令北洋后补道兼北洋学堂总办王修植②务必跟踪追截。盖王同情维新，素慕超名，尔乃故作误判，令汽船反转方向，袭扰泊于下游之商船，以应差事。

直隶提督聂士成③偕亲兵营总教习、天津县知事等几十人，火速奔塘沽车站。一旦听说梁启超已登日舰后，聂暴跳如雷，扬言欲上舰抓捕。而终以外交冲突之虞乃止。既而，直隶总督荣禄敕使往日舰交涉索人，宜其为日方坚拒。

翌日，王照亦由日本使馆送来大岛舰。二人不意在此相会，极尽哀凄之词色。日公使林权助即电日外务大臣，其意曰："两个亡命者，梁启超和王照同乘大岛舰，已无法在中国水域移送他们至商船。请允许大岛舰驶往日本，并速派他舰来天津。"④

---

① 林权助：《我的七十年》，丁文江、赵丰田编《梁启超年谱长编》，上海人民出版社 2009 年版，第 100—101 页。

② 王修植（1858—1903），字苑生，号俨庵，浙江定海人。幼年读书，过目成诵。光绪十六年中进士，授翰林院庶吉士，任编修。不久，调任直隶省道员，创办水师学堂。光绪二十三年创办《国闻报》；光绪二十六年，荣禄承西太后旨意，借义和拳与各国开衅，植力谏不从，及京城陷，悲愤成疾而殁。著有《行军工程测绘》一书传世。

③ 聂士成（1836—1900），字功亭，安徽合肥北乡（今长丰县岗集镇聂祠堂）人，清朝将领。幼年父死家境贫寒，与母亲相依为命。自小好行侠仗义，后投身军旅，历四十年戎马生涯。先后参与剿捻、中法战争、甲午战争、庚子之变，战功卓著，于庚子之变天津保卫战中，中炮阵亡。清廷追赠其为太子少保，谥号忠节。

④ 《日本外交文书》第 31 卷第 1 册有林权助给日本外务大臣英文电报。引文见李喜所、元青《梁启超传》，人民出版社 2010 年版，第 104 页。

"又候十六日，该舰始奉到日本政府回电①，已派他舰换防，准大岛归国。九月一日接防之舰至大沽口外，大岛鸣炮起碇，两舰相遇，停一小时遂启行。"②

船行数小时，犁波于渺渺渤海，启超瞻望父母之邦，回首意迟迟，欲行未忍遽，禁不住泪眼婆娑，死友复生啮血所遗之临终遗言，再次萦绕于脑际："八月六日之祸，天地反覆，呜呼痛哉！我圣上之命，悬于太后贼臣之手。嗣同死矣！嗣同之事毕矣！天下之大，臣民之众，宁无一二忠臣义士，伤心君父，痛念神州，出而为平、勃、敬业之义举乎？果尔，则中国之人心真已死尽。强邻分割，即在目前，嗣同不恨先众人而死，而恨后嗣同而死者之虚生也。啮血书此，告我中国臣民，同兴义愤，剪除国贼，保全我圣上。嗣同生不能报国，死而为厉鬼，为海内义师之助。卓如未死，以此书付之，卓如其必不负嗣同、负皇上也。"③

其词壮，其义烈，其情挚，字字如割，每念及此，悲壮之气辄喷涌而出：

> 呜呼，济艰乏才兮，儒冠容容。佞头不斩兮，侠剑无功。君恩友仇两未报，死于贼手毋乃非英雄。割慈忍泪出国门，掉头不顾吾其东！
>
> 东方古称君子国，各族文教咸我同。尔来封狼逐逐磨齿瞰西北，唇齿患难尤相通。大陆山河若破碎，巢覆完卵难为功。我来

---

① 因事关外务、海军两部门，故必经阁议通过，始来电令。

② 王照：《复江翊云兼谢丁文江书》，夏晓虹编《追忆梁启超》，中国广播电视出版社 1997 年版，第 185 页。

③ 汤志钧：《戊戌变法人物传稿》上册，第三七页，丁文江、赵丰田编《梁启超年谱长编》，上海人民出版社 2009 年版，第 100 页。

欲作秦庭七日哭，大邦犹幸非宋聋。

却读东史说东故，卅年前事将毋同。城狐社鼠积威福，王室蠢蠢如赘痈。浮云蔽日不可扫，坐令蝼蚁食应龙。可怜志士死社稷，前仆后继形影从。一夫敢射百决拾，水户萨长之间流血成川红。尔来明治新政耀大地，驾欧凌美气葱茏。旁人闻歌岂闻哭，此乃百千志士头颅血泪回苍穹！

吁嗟乎，男儿三十无奇功，誓把区区七尺还天公。不幸则为僧月照，幸则为南洲翁。不然高山、蒲生、象山、松阴之间占一席，守此松筠涉严冬，坐待春回终当有东风！

吁嗟乎，古人往矣不可见，山高水深闻古踪。潇潇风雨满天地，飘然一身如转蓬。披发长啸览太空，前路蓬山一万重。掉头不顾我其东！①

长歌当哭，怨新政之黯然，叹济艰之乏才，恨侠剑之无功，伤山河之破碎，期男儿之奇功，虽前路漫漫以修远，然掉头不顾，勇往直前。

①　诗题为"去国行"，梁启超《饮冰室合集·文集》之四十五（下），第二页；中华书局 2015 年版，第 4510 页。

十一　1899 年·故乡

　　启超乘桴浮海，于光绪二十四年九月初二日抵东京，卜居牛込区马场下町，以仰希日人吉田松阴①、高杉晋作②两先生，化用日人姓名吉田晋，避不测也，其与内地知交友好通函亦多用此名。

　　无何，康师南海先生亦辗转抵日，师徒二人劫波余生，重逢于异国他乡，泪水顿作倾盆雨。同志之惨戮，圣主之幽囚，九死之经历，鬼神当亦为之哀恸气断。

　　唯使启超慰怀之事，乃妻子、大人之行迹。

　　自甲午战后，启超随乃师号呼维新，汲汲于途日久，夫妻聚少离多。经戊戌一役，更远走异邦，思乡亲亲之情，独若蓬山不尽，绿水何长。南海先生逋逃时，道出上海，殷嘱英人对启超内子能予切实保护。又经香港，听闻启超新会老宅遭查抄，顾尚未被大祸，乃父宝瑛虽罹鞠讯，然亦很快获释。职当地知县素慕超名，心存恻隐，特地网开一面。既而宝瑛老人携眷属仓皇避居澳门，一切安排妥当，即与麦君孟华亟赴上海，将儿媳蕙仙孙女令娴接至澳门，斯可告慰于远人矣。

　　康师一席话，启超心中喜乐忧愁若五味杂陈。迨西窗灯花独剪时，

----

　　① 吉田松阴（1830—1859），日本江户幕府末期政治家、教育家、改革家。明治维新运动精神领袖及理论奠基者。

　　② 高杉晋作（1839—1867），日本幕府末期著名政治家和军事家，长州尊王讨幕派领袖之一。

启超捉笔修书语妻曰："南海师来，得详闻家中近状，并闻卿慷慨从容，词色不变，绝无怨言，且有壮语。闻之喜慰敬服，斯真不愧为任公闺中良友矣。大人遭此变惊，必增抑郁，唯赖卿善为慰解，代我曲尽子职而已。卿素知大义，此无待余之言，唯望南天叩托而已。令四兄①最为可怜，吾与南海师念及之，辄为流涕。此行性命不知何如，受余之累，恩将仇报，真不安也。"②

戊戌政变发生后，宝瑛老人为《戊戌遇变赋》数百言寄启超，以示己之心境安适，以慰子之阳厄远遭。噫吁兮！古今义门之班班可考者，殆亦不过如是。然启超又恶可心安？乃于十月十六日与妻书曰："大人当此失意之时，烦恼定不知几多，近日何如？不至生病乎？……若因念我而生病，则致一电，我当即归，若尚平安，则吾正二月间必归。因现时在东方应办事甚多，未能即行也。"③

经此变乱，李蕙仙思夫心切，当复书启超时，除报全家平安，问候起居外，亦略露愁绪，谓想必夫婿绝非一蹶不振之人，然待夫婿扬眉吐气时，不知尚能及见夫婿否云云。启超与蕙仙结缡于贵门，相携于患难，历日月而情弥笃，及见妻忧，乃致书宽解曰："卿本达人，志气不同凡女子，何必作颓唐语乎？此次之变，以寻常理势论之，先生与吾皆应万无生理，而冒此奇险，若有神助，种种出人意料，是岂无故哉。益信天之待我者厚，而有以玉成之也。患难之事，古之豪杰无不备尝，唯庸人乃多庸福耳，何可自轻？卿固知我，然我愿卿之自此

① 应为李端棻，戊戌政变后，获罪充军新疆。
② 光绪二十四年九月十五日《与蕙仙书》，丁文江、赵丰田编《梁启超年谱长编》，上海人民出版社 2009 年版，第 107 页。
③ 光绪二十四年十月六日《与蕙仙书》，丁文江、赵丰田编《梁启超年谱长编》，上海人民出版社 2009 年版，第 108 页。

以后，更加壮也。"①

蕙仙来书一则以"颓唐语"，一则以望团聚，其思之切情之深一也。劳燕分携既久，缱绻之意愈浓，人情所常，而启超又不得已行义之所当，亦可谓舍情而取义者耶！乃回信辨明数事："一，今在患难之中，断无接妻子来同住，而置父母兄弟于不问之理。若全家接来，则真太费矣，且搬动甚不易也。二，我辈出而为国效力，以大义论之，所谓匈奴未灭，何以家为。若以眷属自随，殊为不便。且吾数年来行踪之无定，卿已知之矣。在中国时犹如此，况在异域？当无事时犹如此，况在患难？地球五大洲，随处浪游，或为游学，或为办事，必不能常留一处，则家眷居于远地，不如居于近乡矣。"② 更若异国他乡，语言不通，风俗相殊，生活诸多不便必且困扰于心。考虑再四，启超终未接眷东来。

光阴荏苒，仿佛即在一瞬，岁次一八九九年己亥。

入正二月，启超固欲此间买舟潜回澳门探望大人、妻子，然自遁东以迄于今，办报纸，开商会，设学校，百事丛脞，竟难以抽身，西归省亲一事，亦只得展期。

时当春暖花开，桃红柳绿，启超偷得半日闲，驱车郊游。然踏青赏春不直未增快意、未释愁怀，抑且更添内心之索莫与乡思情愫：

> 故乡春色今若何？佳人天末怨微波。
>
> 洛桥灞桥杨柳死，江户长条空复多。③

① 光绪二十四年十月十三日《与蕙仙书》，丁文江、赵丰田编《梁启超年谱长编》，上海人民出版社 2009 年版，第 109 页。

② 光绪二十四年十月十三日《与蕙仙书》，丁文江、赵丰田编《梁启超年谱长编》，上海人民出版社 2009 年版，第 108 页。

③ 《游春杂感》四首之一，汪松涛编著、梁鉴江审订《梁启超诗词全注》，广东高等教育出版社 1998 年版，第 22 页。

江户乃东京旧称，虽江户杨柳如烟，独谁可折以送别，赴佳人之会？一丝柳，一寸情，不知载舟须几何。更哪堪妒风铲地，肆意凌虐，如雪之花一片狼藉，香消色尽：

> 繁樱压城莺乱飞，妒风铲地蛮雪霏。
>
> 东园一夜颜色尽，无复倭娘斗舞衣。①

君恩友仇两未报，儿女私情却又欲遏益生，其内心苦楚唯付与如彼翻飞之黄栗：

> 雨余膴膴荠麦滋，上有三五黄栗离。
>
> 飞飞慎勿啄金屋，吾与尔曹俱苦饥。②

启超亡命日本最先着手之事即办报，此以言论为依归，用己所长，想必可立见绩效也。乃鸠集同志，援横滨华商冯镜如③、冯紫珊④等之资，又踵以妻兄李端棻所赠程仪，创设《清议报》。所谓清议，盖以发明学术、增长学识、交通国谊为宗旨，与激论国事政治者远矣。然启超独为诺诺守默之人哉？《清议报》甫出之叙例，即可见烽烟起矣：

> 吾尝纵观合众国独立以后之历史，凡所谓十九世纪之雄国，
>
> 若英若法若奥若德若意若日本，当其新旧相角，官民相争之际，

---

① 《游春杂感》四首之一，汪松涛编著、梁鉴江审订《梁启超诗词全注》，广东高等教育出版社1998年版，第22页。

② 同上。

③ 冯镜如（？—1913），祖籍广东省南海县（今佛山市南海区）人，出生于香港，其父因结交"红头贼"（太平军士兵）而被捕入狱。为免受株连，东逃日本，在横滨山下町开设文经商店，专营外国文具及印刷事业。1895年在日本参与组建兴中会。

④ 冯镜如胞弟，戊戌变法后任横滨保皇会会长，后又兼《新民丛报》编辑发行人。

无不杀人如麻，流血成河。仁人志士，前仆后继，赴汤蹈火者，项背相望。国势岌岌，危于累卵，不绝如线。始则阴云妖雾，惨暗蔽野，继则疾风暴雨，迅雷掣电，旋出旋没，相搏相击。其终乃天日忽开，赫曦在空，和风甘雨，扇嘔群类。世之浅见者，徒艳羡其后此文物之增进，民人之自由，国势之淳兴，而不知其前此抛几多血泪，掷几多头颅以易之也。我支那数千年来，义侠之风久绝，国家只有易姓之事，而无革政之事。士民之中，未闻有因国政而以身为牺牲者。是以民气嗒然不昌，国势苶然不振，日渐月削，以至于今日，而否塞极矣。①

《清议报》创刊后，启超连续撰《戊戌政变记》《论变法必自平满汉之界始》《戊戌六君子传》《独立论》《爱国论》《瓜分危言》《自由书》《猛省录》《亡羊录》等文章，综括起来盖为倡民权、衍哲理、明朝局、厉国耻数端，而尤钟于倡民权一说，"始终抱定此义，为独一无二之宗旨，虽说种种方法，开种种门径，百变不离其宗。海可枯，石可烂，此义不普及于我国，吾党弗措也"②。可见，《清议报》初无作平庸语之念，殆宁可为鸩毒之一施。

其始创，启超尚担心《清议报》地处海陬以远，又累通逃者之罪罟，将何以销行，故初刊时即登"奉送"字样。庸知启超痛诋慈禧专制号呼反满救亡鼓吹自由民权之言论，于读者如啜旨酒、如饮狂泉，《清议报》名声不胫而走，求赠者日复加多，以至启超不胜应对，不得已登告白曰："因开办伊始，示求推广，越今派出已万数千份，本馆不胜应酬之繁。兹拟凡订阅报章者，务请照册数赐足，阅报诸君想不

---

① 张朋园：《梁启超与清季革命》，吉林出版集团有限责任公司2007年版，第184页。
② 梁启超：《清议报百册祝辞并论报馆之责任及本馆之经历》，李华兴、吴嘉勋编《梁启超选集》，上海人民出版社1984年版，第194页。

惜此区区也。"①

《清议报》阴行于内地，愈禁而人愈争阅之，有隆其价者，有鸠资翻刻者，无不视其为暗夜行路之爝火。若夫海外，《清议报》述政变经历，披废立阴谋，华人竞相传诵，一时纸贵，而启超之名亦腾传于道路闾阎。

此洵为办报所足慰者。启超致蕙仙书，亦不禁词色施施："昨日忽接先生来一书，极言美洲各埠同乡人人忠愤，相待极厚，大有可为。而金山人极仰慕我，过于先生。"② 启超以为人气可为，人气亦可用，故于报妻书又云："广东人在海外者五百余万人，人人皆有忠愤之心，视我等如神明，如父母，若能联络之，则虽一小国不是过矣。今欲开一商会，凡入会者每人课两元，若入会者有一半，则可得五百万元矣。以此办事，何事不成？"③ "今为大局计，不得不往。"④

蕙仙得书一则以喜，喜启超踔厉振拔，初无一跌灰心之情状；一则以忧，忧启超以天下为恒志，又将离复离兮作美洲游。固已恨蓬山之远，更哪堪蓬山万重阻遏，蕙仙心中愁绪恰如秋水凌波。

初秋时节，启超接蕙仙来信，谓家大人携全家已启程前来东京云云。启超乍闻之，略显错愕，继乃速即租屋，树牌名"吉田宅"。

梁父宝瑛老人一行抵长崎港，启超往迎，见大人妻孥安好。当初陪嫁女孩王桂荃业已长大，楚楚可人，启超心里不胜唏嘘。

吉田宅位于东京小石川久坚町，宅中厅堂宽敞，窗明几净，院内

---

① 张朋园：《梁启超与清季革命》，吉林出版集团有限责任公司 2007 年版，第 188 页。
② 光绪二十五年三月二十四日《与蕙仙书》，丁文江、赵丰田编《梁启超年谱长编》，上海人民出版社 2009 年版，第 117 页。
③ 同上。
④ 同上。

幽篁成韵，栖鸟集睦，庶几可媲于江南。蕙仙十分满意，而尤慊于心者，劳燕合，了却一段相思苦。为躲避内地耳目，启超为妻子改名曰蕙仙子，穿和服，习日俗；为女儿令娴取名吉田静子，入日本小学读书。孝亲抚雏尽人伦，斯之可谓梁氏流亡新生活。

十二 1899年·十年

启超亡命日本，时刻不忘君难国危，于抵日旬余，即设法联络日本政要，疾力匡救。因不能日文，启超即以笔谈方式，告诸日本外务大臣大隈重信之代表志贺重昂曰："草莽有志之士，多主革命之说，其势甚盛，仆前者亦主张斯意，因朝局无可为，不得不倡之于下也。及今年四月以来，皇上稍有政柄，接见小臣。于是有志之士，始知皇上为大有为之君，从前十余年腐溃之政策，皆绝非皇上之意。于是同志乃幡然变计，专务扶翼主权，以行新政。盖革命者，乃谋国之下策，而施之今日敝邦，万为不可行。外患方殷，强邻环伺，恐义旗未举，而敌人已借势而分割各省矣。……故仆等之意，与其冒险而谋之于下，不如借友邦之力谋之于上也。"①

针对日本报纸诘责中国维新变法过于急激而遭失败，启超上品川弥二郎②子爵书辩驳曰："天下之不见血久矣，一见血丹赤喷出，然后事可为也。仆等师友共持此义，方且日自责其和缓，而曾何急激之可言？敝邦数千年之疲软浇薄，视贵邦幕末时，又复过之，非用雷霆万

---

① 丁文江、赵丰田编：《梁启超年谱长编》，上海人民出版社2009年版，第104页。
② 品川弥二郎（1846—1900），日本明治年间政治家、大臣、一等子爵，曾任松方正义内阁内务大臣。

钓之力，不能打破局面，自今日以往，或乃敝邦可以自强之时也。"①

然则政变祸成，光绪已幽，日本政府亦感力所不逮，无可如何。而方其时，维新党人之锋锷实亦为之挫衄。

第启超所语，已隐然而见保皇与革命之分野，其所异者手段也，其所同者救亡图存而已矣。

曩者，康门与孙中山②党徒时所往还。"迨戊戌夏秋间，清帝光绪锐行新政，康有为骤获显要，以帝师自居，徐勤等皆弹冠相庆，虑为革命党株连，有碍仕版，遂渐与总理、少白③疏远，而两党门户之见，从此日深。"④政变后，康、梁羁逐，"总理、陈少白以彼此均属逋客，应有同病相怜之感，拟亲往慰问，借敦友谊，爰托宫崎平山向康示意"⑤。顾康有为自称躬奉光绪衣带诏，不便与革命党通款，竟不能见。事为日本文相犬养毅⑥所知，雅不欲两党相抵牾，乃约孙陈康梁四人同赴早稻田寓所会谈。康谓有事累身不能躬赴，派启超为代表。

早稻田之会，三人各抒己见，意气相投，所议两党合作方法甚详，

---

① 梁启超：《上品川弥二郎子爵书》，夏晓虹辑《饮冰室合集. 集外文》（上册），北京大学出版社 2005 年版，第 56 页。

② 孙中山（1866—1925），名文，字载之，号日新，又号逸仙，幼名帝象，化名中山樵，常以中山为名，广东香山（今中山市）人。1892 年毕业于香港西医书院，随后在澳门、广州等地一面行医，一面结纳反清秘密会社。1894 年，上书李鸿章，未被接受。同年 11 月，去檀香山，组织兴中会，屡次发动反清起义。1905 年，在日本东京创建中国同盟会，被推举为总理。武昌首义后，于 1912 年 1 月 1 日就任中华民国临时大总统。著有《建国方略》《建国大纲》《三民主义》等。

③ 陈少白（1869—1934），原名闻韶，号夔石，广东江门人。二十一岁入香港西医书院，与孙中山、尤列和杨鹤龄被清政府称为"四大寇"。1895 年入兴中会，1897 年赴台湾设立兴中会台北分会。1900 年奉孙中山命回香港办《中国日报》，宣传革命。遗作有《兴中会革命史要》《兴中会革命史要别录》等文献。

④ 冯自由：《革命逸史》（上），新星出版社 2009 年版，第 46 页。

⑤ 同上书，第 47 页。

⑥ 犬养毅（1855 —1932），号木堂，绰号鬼狐，日本近代明治、大正、昭和三朝元老重臣，著名资产阶级政党政治家、日本列岛资产阶级护宪运动主要领袖，第 29 任首相（1931.12—1932.5)，孙中山革命密友。1932 年 5 月 15 日被海军激进军人闯入官邸枪杀身亡。其逝世亦终结日本战前政党内阁历史。

至翌日朝暾欲出始散。临别，启超答以必与乃师商议后再作回复。

阅数日，孙中山派陈少白偕平山周过存康寓。徐勤径自代康谢客，适启超自外返寓，竟殷勤相待，导陈直入。康师虽不惬，亦不得不出面周旋，乃仪容肃然，正襟危坐，以示楚汉之别。少白曾无顾忌，慷慨痛陈清廷种种腐败，非摧廓之将无以救中国，谨请康先生改弦更张，共行革命。

康颇不以为然，曰："今上圣明，必有复辟之一日。余受恩深重，无论如何不能忘记，唯有鞠躬尽瘁，力谋起兵勤王，脱其禁锢瀛台之厄，其他非余所知，只知冬裘夏葛而已。"① 少白力争之，而康之宗旨不少变，乃不欢而散。

日本友人柏原文太郎②对此间两党联合一事评骘曰："虽然犬养一再促请孙康合作，终不获协作，盖二人出身背景不同，互相轻视之故。……康尝言：'中山有不俗之性格，惜欠陶冶，与之交谈，常不明所指。'中山方面，则指'康辈为腐儒。'孰是孰非，殊难言也。"③

哀哉，两厢同属逋客，相煎何急，所谓仁人志士，救国其难，哀复哀哉！

且谓康有为籍名通缉要犯，又日日趋跄于保皇复辟之路，清政府遂向日本交涉，敦请驱逐。迫于外交压力，又虑及康有为、王照两人因衣带诏真假问题相互攻讦，恐生事端，日本政府即赠川资九千元，令康克期离境。

己亥年春二月，康有为离开日本，转帆加拿大。未几，与该地华侨创保皇会（又称中国维新会，Chinese Empire Reform Association）。

---

① 冯自由：《革命逸史》（上），新星出版社 2009 年版，第 47 页。
② 柏原文太郎（1869—1936），日本千叶县人，教育家、社会活动家。
③ 张朋园：《梁启超与清季革命》，吉林出版集团有限责任公司 2007 年版，第 89 页。

其在《南海诗集》中记曰："己亥六月十三日，与义士李福基、冯秀石及子俊卿、徐为经、骆月湖、刘康恒等创立保皇会。二十八日至域多利（维多利亚）中华会馆，率邦人祝圣寿，龙旗摇飏，观者如云。湾高华（温哥华）与二埠同日举行，海外祝嘏，自此始也。"①

乃师离日，启超郁郁然如所失。畴昔门师呼之于前，徒众景从于后，共襄维新大业；今者，分携于异域，道阻且长，必欲固其志，蓄其力，庶几可与图将来。

未几，启超即偕罗孝高②往箱根习静读书，寓塔之泽环翠楼。

箱根即箱根山，位于横滨西南，绵亘神奈川与静冈县，山涵芦湖，山水相映，风光旖旎。此处多温泉，为避暑疗养胜地。启超去冬曾侍南海先生游于斯，今又踏访，触景伤怀：

十年春明梦，犹未识汤山。

身世余忧患，寥天独往还。

阳阿晞短发，神瀵驻华颜。

忽起觚棱思，乡心到玉关。③

戊戌年十月十九日上海《申报》曾刊出一段文字质问梁启超："中国逆犯康有为之徒党梁启超，遁迹日本后，自知罪大恶极，不容于礼仪之邦，遂窜入日籍，更其姓曰吉田，名晋，侨寓东京牛込区，与品川子爵订莫逆交，诗酒往还，徜徉竟日，不知曾念及先人庐墓

① 丁文江、赵丰田编：《梁启超年谱长编》，上海人民出版社2009年版，第118页。
② 罗孝高（1876—1949），名普，原名文梯，字熙明，号孝高，又号披发生，广东顺德人，康有为嫡传弟子，麦孟华之妹婿。著有《日本维新三十年史》《政党论》《二十年来之经济状况》等。
③ 诗题为"游箱根浴温泉作"，汪松涛编注、梁鉴江审订《梁启超诗词全注》，广东高等教育出版社1998年版，第17页。

否?"① 启超之寥天往还乡心玉关,既系情于家国,则何闲于游宴之乐? 盖报纸狃于笼统揣度之病也已矣!

洵如其言,"诗酒往还"亦有时,然其念兹在兹于广联志士友好,期能有所助益,而诗之为用,或可如方寸巾帕,掬一捧乡思泪,或可如胡笳劲吹,抒一腔奋厉情。譬若其与日本隐者羯南湖村酌于东京上野之莺亭,有感而发:

> 三十年前龙战地,风云回首一凭栏。
>
> 新亭莽莽群仙醉,大地茫茫半日闲。
>
> 偶嚼梅花耐冰雪,更因黄酒忆乡关。
>
> 钧天广乐经行处,未信琼楼玉宇寒。②

品酌绍兴酒,入口于甘,回肠于苦,而新亭旧事,宁不让人想及晋人王导愀然变色之语:"当共戮力王室,克复神州,何至作楚囚相对泣"? 启超于暮春三月,更谒羯南湖村于其寓所雷庵,表达自己驱除魑魅,党破群聋之热切期望:

> 东台幽绝处,有庐曰雷庵。环庵之左右,有樱有枫有茶,有棕有松有杉。庵内何所有? 但见琳琅古籍闐架而溢签。有剑烁烁,有琴愔愔。雷声隐隐走篱角,云色冉冉起林尖。主人者谁? 魄严魂舒,貌癯道腴。朝读书,夕著书,文章一出惊海内,立言矜慎恒踌躇。东方风云日渐恶,棱棱秋气满林壑,先生匣剑时一鸣,龙啸天空秋水薄。我识先生,风雪夜色;我访雷庵,暮春三月。京华十丈软红尘,繁樱团锦浓于云。香车宝马照九陌,家家花下

---

① 丁文江、赵丰田编:《梁启超年谱长编》,上海人民出版社2009年版,第109页。
② 诗题为"羯南湖村招饮上野之莺亭,以诗为令,强成一章",汪松涛编注、梁鉴江审订《梁启超诗词全注》,广东高等教育出版社1998年版,第19页。

扶醉人。雷庵深深,芳春寂寂,主人者谁?抱膝注《易》。吁嗟乎!雷庵雷庵,日亦已暮,春亦已深,时会一去,何时可寻?吾愿尔为我一声轰轰震天地,叱咤淋漓走魑魅,党破群聋起沉睡。蛰龙起蛰万灵从,神州十载风云气。十载以后,吾与先生,雷庵携手,应忆今年花开时,满城云锦照春酒。①

此诗驰骋想象,奇丽雄肆,诚有蛰龙起蛰振维新大业之势。

启超最敬服者为大隈伯②。此人一生多舛,境遇乖蹇,然每挫败而气翻转于壮,卒底于成。启超以羁逐之人,辄借以为镜鉴,厚养志意,乃歌之曰:"第一快心事,东来识此雄。学空秦火后,功就楚歌中。大陆成争鹿,沧瀛蛰老龙。牛刀勿小试,留我借东风。"③

启超交游读书两厢收获。若交游,结识一批日本友人,亦得诸多侨商拥戴,凡有所擘画,胥可资用。若读书,则如丰年之农人,喜以悦兮,又形于色:"哀时客既旅日本数月,肆日本之文,读日本之书,畴昔所未见之籍,纷触于目,畴昔所未穷之理,腾跃于脑。如幽室见日,枯腹得酒,沾沾自喜,而不敢自私。乃大声疾呼,以告同志曰:我国人之有志新学者,盍亦学日文哉。"④ 既而又于《夏威夷游记》中写道:"自居东以来,广搜日本书而读之,若行山阴道上,应接不暇,脑质为之改易,思想言论与前者若出两人。"⑤ 而致妻书中亦云:"我

---

① 诗题为"雷庵行．赠湖村小隐",汪松涛编注、梁鉴江审订《梁启超诗词全注》,广东高等教育出版社 1998 年版,第 20 页。

② 即大隈重信(1838—1922),明治时期政治家,财政改革家。日本第 8 任和第 17 任内阁总理大臣。创立早稻田大学。

③ 梁启超:《壮别二十六首》之一,汪松涛编注、梁鉴江审订《梁启超诗词全注》,广东高等教育出版社 1998 年版,第 28 页。

④ 梁启超:《论学日本文之益》,丁文江、赵丰田编《梁启超年谱长编》,上海人民出版社 2009 年版,第 115—116 页。

⑤ 梁启超:《饮冰室合集·专集》之二十二,第一八六页;中华书局 2015 年版,第 5664 页。

等读日本书所得之益极多极多。他日中国万不能不变法，今日正当多读些书，以待用也。"① 启超思想之东学背景、学术之开拓精进，端赖于斯时之所学，诚如其自我所描摹者："亚洲大陆有一士，自名任公其姓梁。尽瘁国事不得志，断发胡服走扶桑。扶桑之居读书尚友既一载，耳目神气颇发皇。"②

从彼时起，"任公"一号亦名于世。

而游学读书之外，启超更劬力于提倡教育，创办学校，培植人才。先是，横滨大同学校于丁酉秋间成立，徐勤掌校长职，日为康党培植势力。政变后，内地学校停废过半，负笈东来学习者蒸蒸日盛，而横滨大同学校日见局促。际此，启超专门去神户游说当地侨众，商办华侨教育。旋设同文学校，校长汤觉顿③及诸教职员等均属康梁同党。

虽然，欲造就高等人才，必欲使教育分阶进行，拾级而升，乃有创立高等大同学校之义。

己亥九月，启超向横滨华商募款三千元，创设高等大同学校于东京牛込区东五轩町，自任校长，柏原文太郎为干事。从学者有前湖南时务学堂学生林圭、范源濂、蔡锷等十一人，横滨大同学校学生冯自由④、

---

① 丁文江、赵丰田编：《梁启超年谱长编》，上海人民出版社 2009 年版，第 116 页。
② 节选自梁启超《二十世纪太平洋歌》，汪松涛编注、梁鉴江审订《梁启超诗词全注》，广东高等教育出版社 1998 年版，第 41 页。
③ 汤觉顿（1878—1916），原名叡，又名为刚，字觉顿，后号荷庵（或作荷广、荷厂、荷荸、荷盦），1910 年后用笔名明水。祖籍浙江诸暨，因父亲汤世雄一直羁宦广东，故又称广东番禺人。自幼有奇气，嗜文艺，抗世希古。十六岁入万木草堂，从康有为学习治身经世之学。辛亥年归国偕同人组宪友会，并密筹宫廷政变计划。1916 年为广东军阀龙济光杀害。
④ 冯自由（1882—1958），原名懋龙，字健华，后改名自由，广东南海县人。出生于日本华侨家庭，1895 年在日本横滨加入兴中会。1900 年入东京早稻田大学深造，与郑贯一等创办《开智录》半月刊，主张革命。1911 年任临时政府稽勋局局长，汇集革命史料。1917 年参与护法之役。著有《革命逸史》《华侨革命开国史》《华侨革命组织史话》等书。

郑贯一①等七人。时启超租房三间，师徒夜则以地为铺而憩，昼则挪桌拽椅而读，虽箪食瓢饮，其乐视湖南时务学堂时期而过之。诸生受《民约论》自由平等天赋人权诸学说与英法革命及日文等课，由是高谈革命，各以卢梭、伏尔泰、丹顿、罗伯斯庇尔、华盛顿相期许。

① 郑贯一（1880—1906），广东香山县人（今中山市）。先属康梁维新派，后倒向革命派，1900年创办《开智录》，一纸风行。

十三　1899 年·汨汨

康门与孙党，生于共壤，同戴九天，相与以改变中国为鹄的，会当携手并进奋翮行远鬻之志，不期两者之间辄存芥蒂，有若泾渭。

南海先生离日赴美洲后，兴中会领袖杨衢云①，借侨商冯镜如介绍，择地横滨山下町五十三番文经商店，与启超谈两党联合问题。启超拘于师门之义，未能明决，暂谓两党不必早事联合，只宜各自先向党内运动，以待时机。兴中会诸君宿谓康党夜郎自大，常卑视留学生及兴中会党人，与之合作徒见其害、不见其利云云。今闻启超言，则更形门户之见。

然则虽两党衔恨既深，甚乃不及濡沫呴湿之义，而于日人犬养毅视之，皆不足为言。

"日本政党之标榜支那亲善政策者，为进步党，而党中诸首领则以犬养毅为主张最力。犬养对于革命保皇两派，皆目为新党，一视同仁，始终取调停主义。"② 有三事，可见其调和鼎鼐用心之殷，一谓横滨大同学校成立时，徐勤任校长，因与兴中会党人相龃龉，校董事多怀忧

---

① 杨衢云（1861—1901），字肇春，福建海澄（今漳州）人。1890 年于香港创立最早革命组织辅仁文社，并为香港兴中会首任会长，负责策划广州起义。

② 冯自由：《中华民国开国前革命史》，广西师范大学出版社 2011 年版，第 214 页。

而生退志，庶几有学校解体之虞，唯犬养徇徐所请，出任名誉校长一职，方且固结人心。二谓东京高等大同学校创设，柏原文太郎任干事，柏原者谁？犬养之左右手也。三谓于早稻田私邸专门宴飨中山、少白、启超、宫崎寅藏、柏原等人，图为两党联合，共任国是。"故犬养对于中国革命事业，直接间接，恒发生关系，可称为中国民党之益友。"①启超更诗以歌之曰：

> 泪泪口悬河，棱棱目如电。
> 重围独往来，六合任卷舒。
> 血泪热在腔，肝胆沥相见。
> 咄哉此为谁，毅也字子远。②

启超初有猛志，踵之以日本义士如犬养者于两党之间殷勤玉串，其心愈壮。迨乃师赴美洲后，与中山及革命党人往还日密，"每星期必有二三日相约聚谈，咸主张革命排满论调，非常激烈"③. 启超亦曾数度腾书中山先生，殷殷之意表露无遗：

> 逸仙仁兄鉴：前日承惠书，弟已入东京。昨晚八点钟如复来滨，知足下又枉驾报馆，失迎为罪。又承今日赐馔，本当趋陪，唯今晚六点钟有他友之约，日前已应允去，不能不往。尊席只得恭辞，望见谅为盼。下午三点钟，欲造尊寓，谈近日之事，望足下在寓少待。能并约杨君衢云同谈尤妙。此请大安，弟卓顿首。④

---

① 冯自由：《中华民国开国前革命史》，广西师范大学出版社 2011 年版，第 215 页。
② 梁启超：《壮别二十六首》之一，汪松涛编注、梁鉴江审订《梁启超诗词全注》，广东高等教育出版社 1998 年版，第 28 页。
③ 转引自董方奎《旷世奇才梁启超》，武汉出版社 1997 年版，第 64 页。
④ 冯自由：《革命逸史》（上），新星出版社 2009 年版，第 215 页。

又书曰：

> 捧读来示，欣悉一切。弟自问前者狭隘之见，不免有之，若盈满则未有也。至于办事宗旨，弟数年来至今未尝稍变，唯务求国之独立而已。若其方略，则随时变通，但可以救我国民者，则倾心助之，初无成见也。与君虽相见数次，究未能各倾肺腑，今约会晤，甚善甚善。唯弟现寓狭隘，室中前后左右皆学生，不便畅谈。若枉驾，祈于下礼拜三日下午三点钟到上野精养轩小酌叙谈为盼。此请大安。弟名心叩。①

启超初聆中山言论，既已倾倒，大有相见恨晚之概，继而复相驳论，"革命"一念犹冬苗遇于春水，勃然蔚起，而其同学诸君若韩文举、欧榘甲、张智若、梁子刚等，革命主张更形激烈。南海离日后之康党，已然不复从前之康党，其或称为梁党，亦恰其分也。

己亥年（1899）六月，启超与韩文举、欧榘甲、李敬通、罗孝高、梁启田、罗伯雅、张智若、梁子刚、陈侣笙、麦仲华、谭柏笙、黄为之等人结义于日本江之岛金龟楼，俨然革命团体；又介绍章太炎、唐才常等人与孙中山相识。一时间，孙、梁合作之议，纷起于两厢党徒，自东京至横滨，大有转风变色之趋势。中山先生审时度势，以启超等渐倾心革命，遂谋联合两党共襄大举。际此，旅日康徒半数赞成，而梁党中人皆趑之，乃公推中山先生为两党合并后之会长，启超为副会长。然则，启超不无顾虑，如此安排，且置乃师南海先生于何地！中山妙语解惑："弟子为会长，为之师者，其地位岂不更尊！梁悦服。"②

---

① 冯自由：《革命逸史》（上），新星出版社 2009 年版，第 215—216 页。
② 同上书，第 213 页。

孙、梁二人密切往还，可征之于启超弟子蒋复璁①先生："尝闻梁令娴②女士称，其先君在日本之次年（即已亥年），中山先生曾多次往访，二人大谈革命。一日令娴女士在隔室中闻孙、梁二先生高声辩论革命之道，以为二人争吵，急趋探视，见其父来回度于室中，孙先生则倚床而坐，各叙所见，状至融洽。"③

水积于势而自流，木至于春而自华，启超决志转帆易辙，从事革命，乃势之所至也，爰书《上南海先生书》，洋洋数千言，其主旨约谓："国事败坏至此，非庶政公开，改造共和政体，不能挽救危局。今上贤明，举国共悉，将来革命成功之日，倘民心爱戴，亦可举为总统。吾师春秋已高，大可息影林泉，自娱晚景。启超等自当继往开来，以报师恩。"④ 书钞署名者同门十三人，为梁启超、韩文举、欧榘甲、罗孝高、罗伯雅、张智若、李敬通、陈侣笙、梁子刚、谭柏笙、黄为之、唐才常、林述唐等。

此书一出，不啻大石击于静水，晴空惊闻炸雷，各地康徒哄然哗然，多指目十三人为康门逆徒，并名之曰"十三太保"。启超闻之，初无所惊，想必尽在逆料之中，乃我行我素，于秋间南渡香港过存陈少白，殷殷谈两党合并事，并建请少白与徐勤草拟联合章程。

以康门之众，徐勤可谓南海先生最忠实信徒，故其阳作赞成联合，而阴实反对之，即与麦孟华各驰函康师告变，谓启超已入中山圈套，须妥速设法解救。康有为初得十三人劝退书，已怒不可遏，当即答书

---

① 蒋复璁（1898—1992），号慰堂，浙江海宁人。江南著名藏书家蒋光煦曾孙，著名军事理论家、军事教育家蒋百里之子。1923 年北京大学哲学系毕业。1965 年任台湾"故宫博物院"院长。追随梁启超有年，亲闻任公轶事甚多。

② 梁启超长女。

③ 张朋园：《梁启超与清季革命》，吉林出版集团有限责任公司 2007 年版，第 83—84 页。

④ 冯自由：《革命逸史》（上），新星出版社 2009 年版，第 213 页。

严词申斥，不准所请，继而又闻其正欲具体实行联合事，更形愤怼，乃立派叶觉迈携款赴日，勒令启超即赴檀香山赶办保皇会事宜，稍无稽延。又命欧榘甲速赴旧金山，掌《文兴报》主笔。康师此命，意欲对已然形成之梁党釜底抽薪，对僭越藩篱之行为抽刀以断。

奈何师门之义不可不守，师命之急不可不赴。启超立将《清议报》交麦孟华主持，假日本友人柏原文太郎姓名护照，借伊藤博文之资斧，一切收拾准备妥当，舣舟待发。

濒行之日，启超"约中山共商国是，矢言合作到底，至死不渝。以檀岛为兴中会发源地，力托中山为介绍同志。中山坦然不疑，乃作书为介绍于其兄德彰及诸友"①。

日本友人柏原东亩不忍依依别意，乃张宴饯之于箱根环翠楼。酒次，柏原出缣纸索书，启超墨饱情酣，立书四字"壮哉此别"，又当即缀诗一首：

> 丈夫有壮别，不作儿女颜。
>
> 风尘孤剑在，湖海一身单。
>
> 天下正多事，年华殊未阑。
>
> 高楼一挥手，来去我何难。②

天下多事，年华未阑，正可高楼挥手，一展宏图，则别亦何难。

---

① 冯自由：《中华民国开国前革命史》，广西师范大学出版社 2011 年版，第 29 页。另："冯自由本侨商冯镜如子，任师亡命日本，镜如即率其子来拜门下，情谊甚密。其后父子之间因家事发生龃龉，父乃请任师痛责之，且云'教得好学生'。对师有迁怒之意，此一事也。不久，广智书局开办，纂译东西书籍，自由所译多苟且不忠实。局中人患之，转请任师戒饬。由是成仇，不复会面。后来捏造无端事实，诋诬不遗余力，皆由此起，故彼所书关于与任师有关之事，均不足据。"——贾毅安注，见丁文江、赵丰田编《梁启超年谱长编》，上海人民出版社 2009 年版，第 118—119 页。

② 梁启超：《壮别二十六首》之一，汪松涛编注、梁鉴江审订《梁启超诗词全注》，广东高等教育出版社 1998 年版，第 26 页。

虽然，十一月二十日，舟发横滨，两邦志士相送复相送，珍重辞违，掷热泪于秋风。

令启超最为不堪者，乃再别老父。启超曾感慨，十余年浪迹中原北土，侍养之日少，又踬之以戊戌之变，累及眷属，老父携家人遁迹澳门，不唯不能享天伦之乐，抑且惶恐度日，备尝艰辛。己亥九月，老父大人涉万水东渡抚视，不两月，复拜别，愧疚之意、慕亲之情、陟岵之思交集于中心不能自已：

> 罪屈家为累，恩深报苦迟。
>
> 十年渐虎变，两月补乌私。
>
> 为懔悬弧训，更劳陟岵思。
>
> 牵衣日追从，最忆是儿时。①

群贤自崖而返，骊歌余音犹在，望前程，波路空逾阔，惊回首，亭台已转迷。

舟行大洋，风狂浪急，其颠簸竭蹶，忽如冲天，又忽如急潜，启超五脏六腑其犹翻江倒海，乃终日偃卧，不敢轻动。然闭目静息中，期年之往事却不禁油然浮于脑际："戊戌二月复如京师。八月遂窜于日本。九月初二日到东京，以至于今，凡东京者四百四十日。自浪游以来，淹滞一地之时日，未有若此之长者也。此四百四十日中，师友弟子眷属来相见者，前后共五十六人。至今同居朝夕促膝者，尚三十余人。日本人订交形神俱亲，谊等骨肉者数人。其余隶友籍者数十。横滨诸商，同志相亲者亦数十人。其少年子弟来及门者以十数。其经手

---

① 梁启超：《壮别二十六首》之一，汪松涛编注、梁鉴江审订《梁启超诗词全注》，广东高等教育出版社1998年版，第28页。

所办之事：曰《清议报》，曰高等学校。此外有关系之事尚数端。"①

亡命数百日，师友弟子眷属相往还，异邦亲善者又殷殷相匡助，每念及此，启超内心差可慰藉，而其尤者，更形勇毅，大起千万人吾往矣之情，因感奋而书曰："一雨纵横亘二洲，浪淘天地入东流。却余人物淘难尽，又挟风雷作远游。"②

情之所至，发而为诗，而一诗相引，百诗相从相生，洵不虚语者也。

"二十七日三日来风虽稍息，然舟尚甚簸。日往船楼望海，吸新空气，神气殊旺，诗兴既发，每日辄思为之。至此日，共成三十余首。余生平爱根最盛，嗜欲最多，每一有所染，辄沉溺之，无论美事恶事皆然，此余爱性最短处也。即诗之为道，于性最不近，生平未尝一染，然数日来忽醉梦于其中，废百事以为之，自观殊觉可笑也。禹饮仪狄之酒而甘之，遂疏仪狄，吾于今乃始知鹦鹉名士之兴趣，不及今悬崖勒马，恐遂堕入彼群中矣。乃发愿戒诗，并录其数日来所作者为息壤焉。"③

启超总撮其同体者因加凡最而名之为《壮别》，凡二十六首，慕名士之仪，叙师友之情，论思潮之厉，明志节之守。启超所谓"戒诗""息壤"者云云，一则可见其不甘沉沦、以身许国之豪情，一则可见躬己之慎自责之严。古来圣哲，殆亦无非如此罢！

---

① 梁启超：《夏威夷游记》，《饮冰室合集·专集》之二十二，第一八六页，中华书局2015年版，第5664页。
② 诗题为"太平洋遇雨"，丁文江、赵丰田编《梁启超年谱长编》，上海人民出版社2009年版，第125页。
③ 梁启超：《夏威夷游记》，《饮冰室合集·专集》之二十二，第一九一页，中华书局2015年版，第5669页。

十四　1900年·目如

梁启超甫登檀岛，目之所接顿生亡国伤痛之感。

夏威夷合太平洋中诸小岛而称之，土民乃波利尼西亚人，一七七八年后，欧亚移民蹑踵侧肩，捲裳连襟陆续而入。一七九五年建夏威夷王国。一八九八年为美国吞并。一九零零年正式归属美国。江山如此多娇，却坐付他人，若有新亭名士也定当寄慷慨于山河；故国风物历历在眼前，若犹存遗臣旧恨，也定当眷哀思于禾黍。

夏威夷总十万人之众，华侨约占五分之一，其于当地社会经济生活卓然有勋劳，抑亦爱乡爱土眷怀祖国，宜其联血脉、兴社团昌于蛮貊。

檀香山乃夏威夷首善之区，亦为兴中会发源地。

甲午秋，孙中山北上呈书直隶总督李鸿章，条陈改革。时中日战云密布，李督军务倥偬，应对万险局面之不暇，又何闲握发吐哺之雅。中山失望之至，遂有革命之志，乃转帆南下，径赴夏威夷檀岛。

中山少时肄业于檀岛基督教学校，同学故旧甚众，其兄孙眉①，卜居茂宜岛，而职志于畜牧，富甲一方，土著咸以"茂宜王"称之。

---

① 孙眉（1854—1915），字德彰，别号寿屏，中山先生胞兄。孙中山乙未及之后诸役，屡屡得其接济。

"其时华侨风气尚未开通，闻总理①有作乱谋反言论，咸谓足以破家灭族，虽亲戚故旧亦多奔避不遑。总理居檀数月，苦心孤诣，仅得同志数十人；初假卑涉银行经理何宽宅开会，参加者有何宽、李昌、邓荫南、邓金、黄亮、钟木贤、刘祥、刘寿、黄华恢、曹彩、李禄、刘卓等十余人，即由总理提议定名曰兴中会。众举总理为会长，李昌、何宽、黄华恢等分任干事。"②

清政府讯知启超莅檀消息，速敕旧金山领事照会，要求驱逐，不然亦请监视活动。既而又发上谕，谓"如有能将康有为、梁启超缉获送官，验明实系该逆犯正身，立即赏银十万两"③。

启超承日本领事之助，方且获当地政府庇护，得享自由行动权利，乃访谒华侨之热心国事者，又借中山先生函示，过存兴中会员。阅旬日，即致书中山先生曰："此间同志大约皆已会见，李昌兄诚深沉可以共大事者。黄亮、卓海、何宽、李禄、邓金皆热心人也。同人相见皆问兄起居，备致殷勤，弟与李昌略述兄近日所布置各事，甚为欣慰。令兄在他埠，因此埠有疫症，彼此不许通往来，故至今尚未得见，然已彼此通信问候矣。"④

启超羁游檀岛，要在衔康师命，筹建保皇会，募集义款。以故在致中山书中亦多有转圜之语："弟此来不无从权办理之事，但兄须谅弟所处之境遇，望勿怪之。要之，我辈既已定交，他日共天下事，必无分歧之理。弟日夜无时不焦念此事，兄但假以时日，弟必有调停之善

---

① 1905 年，孙中山被推举为同盟会总理。
② 冯自由：《革命逸史》（上），新星出版社 2009 年版，第 24 页。
③ 光绪二十六年正月十七日《申报》所载《缉拿康梁上谕》，丁文江、赵丰田编《梁启超年谱长编》，上海人民出版社 2009 年版，第 128。
④ 冯自由：《革命逸史》（上），新星出版社 2009 年版，第 25 页。

法也。"① 时启超明倡组织保皇会，举梁任南为总理，钟木贤、张福如副之，钟水养协理，以汉挪路卢②为总部。

保皇会与兴中会相峙立，启超措其辞，称名曰保皇实为革命，兴中会员多以其为中山先生推引之人，些无所疑，坦然加入。

乃者，启超容亦激愤于戊戌之败，摇惑于革命之说，与门师渐行渐远，一旦如转蓬飘风，而离日赴檀又不啻迁沸鼎之鱼徙烈火之鸟。迨有所沉淀有所冷静，捧读《曾文正公全集》，常于夜半躬省自问，师之所在得毋谓道之所存？乃修书谓同人曰："弟去年悖谬已极，至今思之，犹汗流浃背。长者责其病源在不敬，诚然，诚然。久不闻良师友之箴规，外学稍进，我慢随起，日放日佚，而不自觉，真乃可惧。"③ 复又曰："近日以五事自课：一曰克己，二曰诚意，三曰主敬，四曰习劳，五曰有恒。盖此五者，皆与弟性质针对者也。时时刻刻以之自省，行之现已五日，欲矢之终身，未知能否。然习染已深，今力洗之，觉大费力甚矣。弟近年之薄窃时名，众皆悦之，自以为是而不知其堕落，乃至如是之甚。近设日记，以曾文正之法，凡身过、口过、意过皆记之，而每日记意过者，乃至十分之上。甚矣，其堕落之可畏也。弟自此洗心涤虑，愿别为一人。"④

此可谓噬脐悔语，亦可谓砥砺情志之言，幡然思革命与保皇其所当由，爰书中山先生曰："自去年岁杪，废立事起，全国人心悚动奋发，热力骤增数倍，望勤王之师，如大旱之望雨，今若乘此机会，用

---

① 冯自由：《革命逸史》（上），新星出版社 2009 年版，第 25 页。

② 即檀香山。

③ 光绪二十六年三月二十一日《致知新同人书》，丁文江、赵丰田编《梁启超年谱长编》，上海人民出版社 2009 年版，第 148 页。

④ 光绪二十六年四月二十一日《致湘曼孺孝诸兄弟书》，丁文江、赵丰田编《梁启超年谱长编》，上海人民出版社 2009 年版，第 148—149 页。

此名号，真乃事半功倍。此实我二人相别以来，事势一大变迁也。弟之意常觉得通国办事之人，只有咁多。必当合而不当分；既欲合，则必多舍其私见，同折中于公义，商度于时势，然后可以望合。夫倒满洲以兴民政，公义也；而借勤王以兴民政，则今日之时势最相宜者也。古人曰：'虽有智慧，不如乘势'，弟以为宜稍变通矣。草创既定，举皇上为总统，两者兼全，成事正易，岂不甚善？何必故画鸿沟，使彼此永远不相合哉。"①

尔乃日汲汲奔走于各埠，发表演讲，煽扬保皇救国思想，洵其"别为一人"也！

然则以启超之雄才辩给，虽听者济济，入会者却寥寥，推其因，乃在于当地华侨华人多入三合会，并听命于该组织，于其他会社盖有藩篱之隔，初不能有所撼动。爰请加入三合会，试从内部转移力量，造成奥援。乃设罍洗、行峻仪，启超得拔擢为"军师"，绰号"智多星"，其在会中威信亦与日俱增，保皇会与三合会畛域之分，亦渐滋消于无形。

适檀岛疫疠盛行，悍吏罔顾民命，暴饕民财，以杜疫病传染为由，纵火焚烧疫区，华人财产损失不赀，非我族类之仇雠填塞道路。启超知人心可用，乃腾言：唯保救光绪复辟，重开维新大业，方可振衰起弊御侮雪耻。侨商益信之，入会者日众，一时保皇会赫然为盛，兴中会则尽失营垒。

某日，保皇会友何氏者盛邀启超枉驾赴家宴，启超欣然往。何氏富甲一方，人望高卓，座中芸芸者，有十数西国缙绅名士及妇女，渠辈素闻超名，力请其演说。启超不遑辞让，说古论今，滔滔如江河之

_____

① 张朋园：《梁启超与清季革命》，吉林出版集团有限责任公司2007年版，第88页。

下。翌日，各西报遍登其演说，颂其名论，又兼赞当时充任翻译之何蕙珍。

何蕙珍乃东道主何氏之女，启超初见之，以其粗头乱服之状貌，心颇轻忽，洎入座传译，乃大惊。何女士声音激越，节韵铿锵，浑欲直夺主讲者位置，方且意识到此非寻常女子也，继而相与谈论时事，益形投契。洎启超言及初莅檀岛时，曾有西报为清领事所收买，屡售谤言，却辄为某作者著文驳难辩诬。何蕙珍携原稿以示，启超乃知皆为眼前之奇女子所作也，愈加钦服。何女顷即化蜕出一新形象，浮现于启超脑海：

目如流电口如河，睥睨时流振法螺。

不论才华论胆略，须眉队里已无多。①

而何女亦爱启超之才，慕启超之志，及临行握手而言曰："我万分敬爱梁先生，虽然，可惜敬爱而已。今生或不能相遇，愿期诸来生，但得先生赐一小像，即遂心愿。"② 此时此刻，启超竟謇讷不知所对，唯将一腔情意付之于诗：

惺惺含意惜惺惺，岂必圆时始有情。

最是多欢复多恼，初相见即话来生。③

阅数日，启超果赠一小像去，何蕙珍亦回赠两把扇子，上着手绣。

① 梁启超：《纪事二十四首》之一，汪松涛编注、梁鉴江审订《梁启超诗词全注》，广东高等教育出版社1998年版，第50页。
② 梁启超：光绪二十六年西历五月二十四日《与蕙仙书》，丁文江、赵丰田编《梁启超年谱长编》，上海人民出版社2009年版，第163页。
③ 梁启超：《纪事二十四首》，汪松涛编注、梁鉴江审订《梁启超诗词全注》，广东高等教育出版社1998年版，第51页。

未几，何蕙珍即请保皇会总理梁任南执柯。其时，启超正谋游美洲，梁任南谓启超曰，何不娶一西妇晓华语者，既得室家之好，亦得翻译之便，岂不甚妙！启超以为戏语，世上岂有素昧者与一有妇之夫成婚媾焉。而任南辞愈坚确：果有此闺秀，若将何以待之？启超熟思片刻，乃大悟，遂谓友人曰："君所言之人，吾知之，吾甚敬爱之，且特别思之。虽然，吾尝与同志创立一夫一妻世界会，今义不可背，且余今日万里亡人，头颅声价，至值十万，以一身往来险地，随时可死，今有一荆妻，尚且会少离多，不能厮守，何可更累人家好女子。况余今日为国事奔走天下，一言一动，皆为万国人所观瞻，今有此事，旁人岂能谅我？请君为我谢彼女郎，我必以彼敬爱我之心敬爱彼，时时不忘，如此而已。"[1] 启超又复以诗记之曰：

> 匈奴未灭敢言家，百里行犹九十赊。
> 怕有旁人说长短，风云气尽爱春华。[2]

> 一夫一妻世界会，我与浏阳实创之。
> 尊重公权割私爱，须将身作后人师。[3]

此后两人相见均未道及媒媾一事，蕙珍略无爱恋抑郁之态，但言其将来之志学，曰欲将数年束修所入，特往美洲就学于大学堂；待他日国内维新成功，若创办女学堂，勿相忘，仅以一电召，必来之，以心中唯有先生云云。启超始以妹呼之，资以缓颊，曰："余今有一女

① 梁启超：光绪二十六年西历五月二十四日《与蕙仙书》，丁文江、赵丰田编《梁启超年谱长编》，上海人民出版社 2009 年版，第 163 页。
② 同上。
③ 同上。

儿，若他日有机缘，当使之为贤妹女弟子。"① 蕙珍亦诺之不辞，并曰："闻尊夫人为上海女学堂提调，想才学亦如先生，不知我蕙珍今生有一相见之缘否？先生有家书，请为我问好。"② 蕙珍语调温婉，辞气峻介，启超唯自惭而已。

然则，两人虽兄妹相称，但每每珍重而别后，蕙珍之音容笑貌又复现于脑际，挥之不去。此情此意，启超与妻书中憨直坦露，概无所遗："余归寓后，愈益思念蕙珍，由敬重之心，生出爱恋之念来，几于不能自持。明知待人家闺秀，不应起如是念头，然不能制也。酒阑人散，终夕不能成寐，心头小鹿，忽上忽落，自顾生平二十八年，未有如此可笑之事者。今已五更矣，超提笔详记其事，以告我所爱之蕙仙。"③ 书之为不足，又诗以咏之：

　　　　眼中既已无男子，独有青睐到小生。
　　　　如此深恩安可负，当筵我几欲卿卿。④

　　　　我非太上忘情者，天赐奇缘忍能谢？
　　　　思量无福消此缘，片言乞与卿怜借。⑤

启超赠蕙珍诗凡二十四首，曾寄登《清议报》末。事为乃师所知，即驰书直斥报纸编辑，谓"卓如荒淫无道至此，汝等乃公然刊

<hr/>

　① 梁启超：光绪二十六年西历五月二十四日《与蕙仙书》，丁文江、赵丰田编《梁启超年谱长编》，上海人民出版社2009年版，第164页。
　② 同上。
　③ 同上。
　④ 梁启超：《纪事二十四首》，汪松涛编注、梁鉴江审订《梁启超诗词全注》，广东高等教育出版社1998年版，第51页。
　⑤ 同上。

其淫词，实属有玷师门"① 云云。启超于康师之切责，并未回应，第每念及君父忧危，家国患难，万里亡人更何心再作喁喁之语，故于此段情缘，始发乎情，终止于礼而已。若夫稍涉后话，略谓：民国初年，启超任司法总长，何女竟自美洲赴北京过晤，启超延之于司法总长会客室，政务倥偬，时事相迫，而蕙珍知其私德无逾，亦唯揖退而已。

---

① 夏晓虹编：《追忆梁启超》，中国广播电视出版社1997年版，第203页。

十五 1900 年·极目

初，启超以为，今日非有朱虚、敬业之人，兴兵奋怒诛夷逆暴，即无从救圣主、救同胞，而今日之朱虚、敬业，舍唐才常则无他，乃与唐才常、林圭、秦鼎彝①、吴禄贞②等人，决议谋划长江沿岸各省，运动会党及防军，先袭取武汉，再指戈幽燕。

唐才常，少有改革大志，与同邑谭嗣同、长沙毕永年③相善。戊戌政变，谭嗣同死之，唐愤极，决计以七尺微躯酬故友，溅一腔热血于荒丘，遂萌举兵除贼之想。

当其时，毕永年已赴东瀛，并与兴中会首领孙中山订交，唐才常

----

① 秦力山（1877—1906），原名鼎彝，也名邮，字力山，别号遁公、巩黄，湖南善化（今属长沙）人。1897 年进长沙时务学堂，次年加入南学会。戊戌政变后流亡日本，任《清议报》主笔。1900 年至武汉与唐才常组织自立军，任前军统领。事败再次亡命日本。1901 年创办《国民报》，为留日学界一份宣传革命之报纸。1902 年与章太炎等发起支那亡国纪念会，同年又在上海创办作新社，旋创刊《大陆》月刊，竭力驳斥康、梁保皇言论。1905 年入云南从事反清活动，积劳成疾，次年病逝。

② 吴禄贞（1880—1911），字绶卿，湖北云梦人。1898 年，被张之洞推荐入日本士官学校学习陆军，在校结识张绍曾、蓝天蔚，三人学习成绩突出，志趣不凡，被称为"士官三杰"。先后参加兴中会和华兴会，以革命排满为己任，参加大通自立军前军起义。1911 年任新军第六镇统制，密谋举兵反清，赴滦州以张绍曾所部新军为第一军，奉天蓝天蔚所部为第二军，新屯卢永祥所部为第三军，会师丰台，直捣北京。因叛徒告密，运兵失败，急往石家庄与山西革命军联系，策划起义，11 月 6 日被刺于石家庄车站。

③ 毕永年（1869—1902），字松甫、松琥，化名安永松彦，法名悟玄，湖南长沙人。少读王船山遗书，萌反清之志，与谭嗣同、唐才常交善，参与维新变法，暗中结交会党。1898 年 8 月赴京，康有为欲委其领兵围颐和园杀西太后。政变后剪辫，以示脱离清朝统治。赴日本，谒孙中山，与保皇派绝交，加入兴中会。

以毕谒中山，筹商长江各省与闽粤合举义兵事。然虽经戊戌一役之失败，康、梁党势甚张，绝非兴中会所可比拟，唐来东之意，尽在于谋会康、梁，欲利用保皇会所筹款以资起事之需，故尔与兴中会联络意兴阑珊，乃由毕永年、平山周多方斡旋，始订殊途同归之约。

一切办理妥当，唐才常乃约林圭、秦力山等人拟归，次第有所布置。出发之日，梁启超、沈翔云①、戢翼翚②等在红叶馆设筵祖饯，孙中山、陈少白、平山周、宫崎寅藏皆与焉。诸君子举杯以祝，大有风萧萧兮荆轲一去之概。

唐、林至上海，旋即发起正气会，既而易名为自立会，唐手定章程，并序之曰："当此楚氛甚恶，越甲常鸣，讵知酣寝积薪之上，孤立岩墙之下，长蛇荐食，骑虎势成。将军何以得故宠，彼收用其私人；有粟岂得而食诸，无家何以为归矣。束手待毙，噬脐何及？所愿咸捐故态，同登正觉，卓荦为绝，发愤为雄，一鼓作气，喝然响风，上切不共戴天之仇，下存何以为家之思。庶竭一手一足之能，冀收群策群力之效。"③

继则成立自立军，以大通为前军，秦力山统之；安庆为后军，田邦璿统之；常德为左军，陈犹龙统之；新堤为右军，沈荩统之；汉口为中军，林圭统之。另置总会亲军及先锋军，总为七军，唐才常为诸军督办。

---

① 沈翔云（1888—1913），浙江吴兴人。1899年留学日本，与秦力山在东京创办《国民报》。1911年11月上海都督府成立，出任参谋，南北和议告成后回乡。"二次革命"失败后迁居上海，因致电袁世凯，劝其退位，于1913被杀害。

② 戢翼翚（1878—1908），湖北房县人。清末进士，鄂省最早留日学生，兴中会会员。主持创办《译书汇编》《国民报》《大陆》月刊，为民主共和呐喊。1905年任外务部主事，借机改革法律、荐用党人，后被指"交通革命党，危害朝廷"，革职押解回籍。1908年逝于武昌。

③ 冯自由：《中华民国开国前革命史》，广西师范大学出版社2011年版，第44—45页。

露布腾传，人心为之振蹈，凡募入兵勇者有数十营之多，其势力上达四川之宜宾，下至湖北之武穴，南界荆湘，北抵襄随，而哥老会各路头目，亦多受唐、林部勒。诸事粗定，唯军资尚虞不足，自立军各路均派代表驻汉、沪两地催款。唐才常乃屡电海外，疾促康有为、梁启超汇款接济。

维庚子自立军勤王运动，乃自戊戌政变以降，保皇会所从事之最大事件。康有为、梁启超于此不可谓非用力至勤至苦，康有为坐星洲主持一切，梁启超驻檀岛负责筹款，并联络各事。期间，启超发往各地信札凡逾数百件，件件有若星火之急。其致南海书言及澳门保皇会总局办事不力，已可见其仓惶愤激之情态："弟子来此七十余日，寄澳门书六七封，而彼中无一字之答，诚为可恨，不知其无心于大局之事耶，抑以弟子为不足以语耶？港、澳近日布置，弟子丝毫不能与闻，教我如何着手？弟子每一念及南中之事，时时惶惑屏营，不知所措。今海外之人，皆以此大事望我辈，信我辈之必成，而岂知按其实际，曾无一毫把握，将来何以谢天下哉。"①

启超忧心之甚者，更在于筹款用款。"今筹款未必能多得几何矣……然彼出此款者，其数虽微，然其望则甚厚，我若做事不成，犹有词以谢彼，我若无事可做，更何面目复见江东父老乎？数既已微，而事又不得不办，则当节省之，尽归此事之用，不可以分诸于他事矣。"② 时康有为亦发公函于保皇会各埠曰："诚以大举在即，万事交迫，饷械二事，尤为浩繁。无饷不可以用人，无械不足以应敌。百函百电，日来催迫，既已叹大局之危亡，又深恐机缘之先丧，徘徊终夕，

---

① 光绪二十六年二月十三日《与夫子大人书》，丁文江、赵丰田编《梁启超年谱长编》，上海人民出版社 2009 年版，第 130—131 页。

② 同上书，第 131 页。

首疾为加，唯诸君慷慨忧国，义愤填膺，痛此时艰，种族不续，必能相应以成大举。……今请伸明前义，务祈加捐；所捐有得，务祈即时电汇。"①

若夫檀岛，启超大倡勤王图存，闻者向风，侨商欲捐款者济济，粗计可得十万金。不意清领事多方阻难，致令实际收款迟迟不能落实，是为启超所深恨。爰报书才常商议展期举事，曰："尊处若可待，则待至七月最幸"②。然世虽有万全之谋，而事机迫蹙，一日千变，此又岂人力所可逆料，尔乃再报书才常："我辈与贼党今日既已成短兵相接之势，想亦已待无可待。速发之议弟亦附和。弟所图大欲，本属豚蹄簝车之祝，断无因待此而将此全局搁起之理。大事既动，非期月可了，豚蹄若有灵，留为后劲可耳。"③

属北方拳乱变起，列强兵临畿疆，磨刀霍霍，兆民愤于薄海，五内震骇。清政府轻于一掷，同时向英、美等十一国宣战，诏书既下，两广总督李鸿章复电朝廷：此为矫诏乱命，粤不奉诏。长江流域诸疆寄若刘坤一④、张之洞者，咸谓乱民不可用、邪术不可信、兵衅不可开，乃与列强定约，无论北方情形如何，交战诸国请勿进兵长江流域与各省内地；各国人民生命财产，凡在辖区范围，决依条约保护，云云。是之谓东南互保。

《孟子》有云："虽有智慧，不如乘势；虽有镃基，不如待时。"

---

① 冯自由：《中华民国开国前革命史》，广西师范大学出版社2011年版，第54页。

② 光绪二十六年三月十三日《致忠雅两兄书》（忠即唐才常，雅为狄楚青），丁文江、赵丰田编《梁启超年谱长编》，上海人民出版社2009年版，第145页。

③ 同上书，第146页。

④ 刘坤一（183—1902），字岘庄，湖南新宁人。廪生出身，1855年参加湘军楚勇与太平军作战，累擢直隶州知州，赏戴花翎；1862年，升广西布政使；1864年任江西巡抚；1874年，调署两江总督，1875年，授两广总督；1879年任两江总督，兼南洋通商大臣，达二十年之久；1900年参与东南互保，次年与张之洞联衔上"江楚会奏三折"。有《刘忠诚公遗集》见世。

而天与不取，反受其咎，时至不行，反受其殃。无论兴中会人，亦或保皇党人，虽逡巡于边徼，瞻眄于海国，却无时无刻不霜钟自鸣，伺机而动。

尔乃有康有为与李鸿章书曰："公以百战之宿将，第一之元勋，耆硕威名，震于海内，而两粤富腴之地、繁殖之民，卒械既多，海陆并达。以公之才，抚而用之，将倡救皇上之义，以率国人；大发讨拳贼之名，以谢国外。纠合各省，传檄远近，以公之望，人必乐附。……先订和约以保南疆，次率劲旅以讨北贼。公为盟主，领袖群帅，以平内贼，以订外交，以救圣主于幽囚，以拯中国于将坠。功德巍巍，峻极于天矣。"①

又驰书刘坤一，不烦拳拳之语："公三朝勋旧，为国元臣，受上厚恩，拥旄江左，麾下精兵十余万矣。若扶义而北，传檄天下，举国之义士，皆将荷戈蹑履，奔走景从；各省大藩，必有为公执殳先驱者。……于以清君侧之奸谗，复圣主之权位，安那拉于别宫，订友邦之和约，维新庶政，大救中国，岂徒今日社稷之勋，实千秋参天之业，桓、文何足称焉。"②

维于汉口，自立军中军统帅林圭，以北方拳变、外敌交侵为天与之时会，急请唐才常赴汉口相机发难。才常久滞沪上，既待款之不至，则函电启超火速归国指挥起义。

时启超方欲入美借款，冀行一大欲。乃者，启超闻美国有一大富翁，贷款三千万予古巴民党，用于独立战争。受此故事启沃，启超亦欲躬试，即使得一千万，于起事之用，亦可长袖善舞，庶几有济哉。

---

① 康有为：《康有为致李鸿章》，张荣华编校《康有为往来书信集》，中国人民大学出版社 2012 年版，第 187 页。
② 康有为：《康有为与刘坤一》，张荣华编校《康有为往来书信集》，中国人民大学出版社 2012 年版，第 139 页。

乃与檀岛美籍名鲁云者商定，一道去纽约访谒所谓大富翁。讵知鲁云其人不甚诚实，雅不可恃，启超自知有失，既而又另觅一商人赫钦，在北京合肥座中曾有一面之谋。此人为当地商家之有名望者，与党人多所往还，常义形于色。启超函告康师曰："昨数日前始商之，彼发大心，肯偕往纽约，谓若弟子往见各富豪，肯签名许以非常利益，事之成可望八九。弟子决于下月偕往，唯彼在檀，薪工甚昂，与之同行，六月，须万金（美国纸）乃能偿其利益。既与檀中同志共商，皆谓此人可信，孤注一掷亦无妨。现决意以本会所收得美金万余充此事之用。"①

不意，檀岛疫症未祛，海关只许白人搭船，亚洲人概为禁止，此去美国计划受阻。然赫钦所要求之误工补偿，总计二万之多已付，且一去杳如黄鹤。启超求成心切，复受诳骗，如此巨款之虚掷，着使其痛不欲生。

恰此时频闻内地消息，风声鹤唳，一日百变，心已惶迫，再得才常飞羽书以召，遂回马首而西，时为庚子年六月兼旬，启超满怀悲愤与惆怅：

> 极目中原暮色深，蹉跎负尽百年心。
>
> 那将涕泪三千斛，换得头颅十万金。
>
> 鹃拜故林魂寂寞，鹤归华表气萧森。
>
> 恩仇稠叠盈怀抱，抚髀空吟梁父吟。②

戊戌以降，启超万里投荒，郁郁不得其志，实深有壮志难尝、岁

---

① 一九零零年三月二十日《梁启超致康有为》，张荣华编校《康有为往来书信集》，中国人民大学出版社 2012 年版，第 579 页。

② 诗题为"东归感怀"，汪松涛编注、梁鉴江审订《梁启超诗词全注》，广东高等教育出版社 1998 年版，第 59 页。

月蹉跎之慨，兹归旧邦，正适以洒热血、酬故友，以功补过，虽泉台之赴，亦万死而不辞：

> 磨刀复磨刀，去去不暂留！
> 上有天与日，鉴我即我谋。
> 我行为公义，亦复为私仇。
> 脚蹴旧山河，手提贼人头。①

比及日本，得报北京失守，帝后仓惶西狩。而粤督李鸿章，及闻帝后出亡无恙，君臣之分犹存，又以清廷数电促其赴京，与各国议和，乃决计北上。南方各省督抚固有雄谋者，从此亦馁其志，瞻风而观望。

斯时也，唐才常以北京无政府为辞，借日本人通殷勤于鄂督香帅，婉喻自立军愿拥之挈两湖宣布独立。张犹疑莫定。唐又恃两湖书院师生之谊，数数促张自决，张虚与委蛇，终无明示。事已至此，才常所期主张者断难行之，"乃扬言于外人曰：倘张之洞奉清廷之命以排外，吾必先杀之，以自任保护外人之事。张闻而恨之"②。所谓"外人"者孰云？英、法等国人也。英人固于维新党意有所属，然北方媾和之时，雅不欲南方再兴新衅，遂由英领事致公文于鄂督曰："南方有所谓大刀会、哥老会、维新党诸种，皆与北方拳匪相仿佛，有为乱者，即速擒捕，敝国决不保护。"③

张之洞侦知唐才常等人所为，将布告各国领事：据武昌独立，此虽与己相合于前，然时事变幻，毋乃又悖逆于后，乃决计先发制人，

① 《留别梁任南汉挪路卢》（四首）摘选，汪松涛编注、梁鉴江审订《梁启超诗词全注》，广东高等教育出版社1998年版，第57页。
② 冯自由：《中华民国开国前革命史》，广西师范大学出版社2011年版，第51页。
③ 孙宝瑄：《日益斋日记》，丁文江、赵丰田编《梁启超年谱长编》，上海人民出版社2009年版，第161页。

将党人一网打尽，以绝祸根。

庚子七月二十七日，适有汉口泉隆巷某剃发匠，察见同街唐姓者形迹可疑，遽向都司陈士恒告变。陈都司旋即跟踪，并拿获党人四名，始悉将有大事于不日。张之洞得闻，速照会各国领事，即派兵勇于二十八日晨围搜英租界李顺德堂、宝顺里自立军机关、轮船码头等处，唐才常、林圭、李炳寰、田邦璿、瞿河清、傅慈祥等二十余人先后及捕。才常于司道府县会讯时，慷慨陈词：中国时事日坏，故效日本覆幕举动，以图皇上之复权，以扶大厦之将倾，今既不成，有死而已！同日夜二更，乃于武昌大朝街紫阳湖畔罹难，其延颈就戮者共十一人。呜呼哀哉！天之不佑勇毅者如是！

启超抵沪翌日，得闻汉口噩耗，心如刀绞，悲愤交集，痛英雄赍志以没，恨皮贼如此残虐，乃借东汉末年荆州牧刘表之情状，讥斥张之洞之败行劣迹：

> 二千年后刘荆州，雄镇江黄最上游。
>
> 笔下高文蠹鱼矢，帐前飞将烂羊头。
>
> 忍将国难供谈柄，敢与民权有夙仇。
>
> 闻说魏公加九锡，似君词赋更无俦。①

而张之洞大兴党狱，湖北杀人殆无虚日。康有为愤极于天，径驰书怒斥："乃者唐才常哀恸中国，思救圣主，以日本覆幕之举，出于义士胁迫强藩之为，乃欲以此望之执事。此其事不可谓不义，其意不可谓不厚矣。而执事怙恃威力，屠戮忠良，先杀者三十余人，后诛者千余众。逮捕帝党，弥围海上，凡少有言维新者，皆将加诛焉。惨酷之

---

① 诗题为"刘荆州"，方志钦、刘斯奋编注《梁启超诗文选》，广东人民出版社 1983 年版，第 543 页。

毒，比之戊戌之淫威，殆有过之。……执事上不顾君，中不顾国，下不顾民，唯知媚那拉后而保己身，恐分裂之祸即在今日，而追原罪魁，皆执事附和贼党之故。千秋万世，安能逃责？"①

自立军起义，败于弯弓待发之时。然史乘所载，"楚虽三户，亡秦必楚"，诸君子之流血，未始不为清王朝奄奄欲死之序曲，迨辛亥年烈士殉难处义旗再举，老大帝国，轰然倾圮而成尘。

① 康有为：《康有为与张之洞》，张荣华编校《康有为往来书信集》，中国人民大学出版社 2012 年版，第 316—318 页。

十六　1901年·危矣

汉口自立军起事败露，长江中下游各地缉拿自立军要犯，露布满街，缇骑蹀突乎南北，恐怖气氛庶几摧城。

启超蛰居上海虹口丰阳馆十日，日以射雁斧冰充饥止渴。然寝之焉能安枕，食之何于味求，汉阳之树历历若在眼前，楚客之魂轰轰若鸣脑际。而凄凉后死者，又奚将诉于天阍！

勤王事败，究其因，通说有三，一为唐才常与张香帅矛盾激化，二为英人之背信，三为起义所需款项稽延不至。前两者操之在人，姑勿论，唯第三者操之在我，启超始终耿耿不能释怀。

是役也，新加坡邱菽园先生独捐二十万，共檀岛、美洲、澳洲和南洋各处所捐，计约百万之数。然斯款之用，并不尽敷施于长江军事，如徐勤致南海先生书曰："汉口之役所费三十万。政闻之开所费亦十二万，其余更不必论。"[1] 兵燹一起，倾其所有义款，料亦不敷急需，况分用于他途，勤王大举终致迁延溃败，保皇会难辞其咎，康、梁其责亦决不可贷。启超每念及此，辄愤悱不可任，甚乃有披发入山之言，其伤痛之深可窥一管。

爰赴新加坡，欲就捐款支用一事，与乃师有所辩白。

---

[1]　宣三民元间《徐君勉与南海夫子书》，丁文江、赵丰田编《梁启超年谱长编》，上海人民出版社 2009 年版，第 161 页。

自清廷十万赏银缉捕康、梁谕旨下后，康有为避居星洲，借英国总督府之翼护，蓬转之身，始得安憩。旋接大弟子梁启超过存，始之以喜，喜天涯沦落人，犹有相逢时；继之以怒，怒启超一则与孙中山暗通款曲，二则赴檀岛公事让于私情，三则筹划起义布置失当。南海先生气之盛，言之厉，令启超一时语塞，本欲有所诘问，终之为忍气吞声而已，殆泥于师生之义也。

曩者，启超常徘徊于保皇与革命之间，"息影林泉"之说已让乃师错愕震愤，再得檀岛来书《致南海夫子大人》，更怒不可遏。康师于自由之义，深恶而痛绝，而启超乃孜孜以求之："以为于天地之公理与中国之时势，皆非发明此义不为功也"，且谓曰："弟子之言自由者非对于压力而言之，对于奴隶性而言之，压力属于施者，奴隶性属于受者。（施者不足责亦不屑教诲，唯责教受者耳。）中国数千年之腐败，其祸极于今日，推其大原，皆必自奴隶性来，不除此性，中国万不能立于世界万国之间。而自由云者，正使人自知其本性，而不受钳制于他人。今日非施此药，万不能愈此病。"[1] 康师以为，今日中国，但当言开民智，不当言兴民权，而启超驳诘少无回护："弟子见此二语，不禁讶其与张之洞之言，甚相类也。夫不兴民权则民智乌可得开哉。"[2] 南海先生阅书后，连呼叛逆，又想及梁、孙尔来趋跄勤王之途，情志日相交孚，更是怒火中烧，乃痛诋启超骄谬专横已极。

顷者，南海先生不唯对勤王计划竟自摇惑其志，甚乃直欲与启超绝交。[3] 然每一念及圣主幽废，薄海愤心，则遽感救主保皇之责至重且艰，效顰周公吐哺、刘季倒屣之不及，又何遑拒人于外，即暗咏皎

---

① 光绪二十六年四月一日梁启超《致南海夫子大人书》，丁文江、赵丰田编《梁启超年谱长编》，上海人民出版社 2009 年版，第 153 页。

② 同上书，第 154 页。

③ 参见《康有为与保皇会》，上海人民出版社 1982 年版，第 132 页。

皎白驹，絷之维之，以永今朝罢了。

尔乃相与缓颊转圜，重修故好。

启超由汤觉顿陪同，游览槟榔屿风光，一洗满腹幽怨。既而，南海命澳洲雪梨（今悉尼）保皇会函邀，曲迂而请启超即赴澳大利亚发展保皇会及募款，并派女婿罗昌为超之随身书记兼英文翻译。

澳洲风物美富，自十八世纪二十年代发现金矿后，中国粤、闽等地居民蜂拥而至。一八五九年，百万澳民中即有四万余华侨，掘金利益多入华人囊中。泊澳联邦政府成立，其议会通过"白澳政策"①，禁止亚洲及有色人种入境，华人备受欺凌侮慢，爱思父母之邦，欲引为奥援。适以戊戌变法，诏书所被，普天振蹈，万国景仰，凡华人饮水处，无不誉光绪为彼得，戴明主以尧舜，祖国富强加威四海，庶几有望哉！而康、梁党人，感国事之危迫，痛民生之多艰，舍身犯难，助圣主之维新，其名若誉，亦播扬海外经年。以故，雪梨保皇会报纸《东华新报》，一旦刊布启超访澳消息，侨胞倍深欣忭，莫不拥篲。

光绪二十六年庚子九月十四，启超携罗昌，于澳大利亚西部弗里曼特尔登陆，次第访问佩斯、杰腊尔顿、阿德雷特、墨尔本、巴勒拉特、雪梨、格冷伊尼斯等二十余城，所到之处，华侨翘首而迎，盛情相接，仅以罗昌所撰《续梁卓如先生澳洲游记》一窥之，亦班班可见："（1900 年 11 月）14 日，上午十点钟，先生到域多利省美利畔埠（墨尔本）。阖埠名望绅商五十余人迎于车站，中西人士观者如堵墙焉。遂同乘马车到所寓之大酒楼，置酒为先生寿。"② 又三日，去冈州会馆演说。冈州为新会古地名，有客来思，来于桑梓，其乐不知其纪

---

① 白澳政策（White Australia Policy）是澳大利亚联邦反亚洲移民政策之通称，在此政策下，大部分华人忍受不了欺压，被迫离开澳大利亚。1972 年，澳大利亚工党政府取消了这一种族主义歧视政策。

② 夏晓虹：《梁启超：在政治与学术之间》，东方出版社 2014 年版，第 330 页。

极，其情若巴山秋夜雨，一时与听者竟达千余人之多。

启超至各处演讲，综核其要，殆皆为甲午战后之民族危机、公车上书及百日维新等。演讲之末，辄叹喟：若使新政既行，变法自强，我同胞宁必离父母妻子而远游蛮貊之邦！叹喟之不足，又以诗自鸣：

> 危矣前年事，尧台一发悬。
>
> 攀髯回浩劫，沥血赖群贤。
>
> 岂谓黄巾祸，更移白帝权。
>
> 天津桥畔路，肠断听啼鹃。[①]

《东华新报》记述启超行谊，颇为生动。其时，启超参加一牧师名梅灵者晚宴，"茶酒既罢，则梅公子二位、小姐三位奏乐歌以为庆。一梅小姐奏洋琴，一梅公子奏中国琴，合口同声为歌一曲，名曰《家庭乐》。唱毕，复奏中国音调二曲，大有响遏行云、珠落玉盘之概。奏毕，同人鼓掌赞善。梁君起而言曰：'自政变以迄于今，皆以国事为念，久不闻鼓乐之音。今到猇利滨埠，已蒙各乡亲踊跃抒诚，爱戴皇上，创成保皇会。今夕又得如此兴闹，弟窃顾而乐之。更望中国早日维新，将有普天同庆，比于今夕之乐，应有万倍焉。'于是笑语一堂，彼此款洽，遂尽欢而罢云"[②]。是为宴享之乐，忽而转成维新动员，其切切之心，拳拳在念于国事者，每饭不忘。

澳洲各埠散若晨星，相距动辄数百英里，启超奔走其间，无远弗届。居澳半载，演讲、创会、募捐，日无暇晷。然则其效不彰，乃师

---

① 《留别澳洲诸同志六首》之一，汪松涛编注、梁鉴江审订《梁启超诗词全注》，广东高等教育出版社1998年版，第79页。

② 夏晓虹：《梁启超：在政治与学术之间》，东方出版社2014年版，第333页。

康有为曾疑弟子假募款自肥。无妄之诬，实所难忍，奈何，启超致书辩冤曰："今日千言万语，皆以款为归宿，而此间款竭情状，前已屡书具陈。……初来时，睹外貌情形，以为最少亦当得五万左右，不意美利伴（墨尔本）自弟子行后，即以风流云散。盖美利伴人之热闹，非为中国也，乃为乡谊（皆四邑人，即新会、台山、开平、恩平四县合而言之）耳。……而雪梨已加捐至五六次，人心倦极矣。"① 又说："孝高来书乃疑弟子有不实不尽之言。弟子之事先生，何等恩义（何等名分）而敢以权术施诸长者之前耶?"② 推原其因，乃在于勤王之前，侨胞已捐款甚巨，自立军溃败，一腔热血付诸东流，而再行义捐，虽未始囊中羞涩，但亦无强仁之愿。

捧读康师来书，愁怨、愤郁若海潮汹涌。夙有澄清天下之志，负风能作万里之翥，然零雨数年，几度闻鸡，摩挲逖鞭，而终难一逞所愿，每念及此，辄彷徨终夜，泪之承睫：

铁血无灵龙苦战，钧天如梦帝沉酣。

故人新鬼北邙北，万里一身南斗南。

汉月有情来绝域，楚歌何意到江潭。

凭高著望中原气，昨夜西风已不堪。③

惆怅复惆怅，转眄间启超又将辞别澳洲，岁次辛丑二月。华侨皆依依难舍，纷纷赠别。雪梨保皇会总理吴济川作诗相媵，赞启超才高德崇，缵续圣贤，一身力任匡时责，砥柱于中流，合当留名万载。启

---

① 光绪廿七年二月廿九日《与南海夫子大人书》，丁文江、赵丰田编《梁启超年谱长编》，上海人民出版社 2009 年版，第 170 页。

② 同上书，第 171 页。

③ 诗题为"铁血"，汪松涛编注、梁鉴江审订《梁启超诗词全注》，广东高等教育出版社 1998 年版，第 70 页。

超亦以诗相和曰：

> 合群救国仗群贤，四亿同胞共一肩。
>
> 为有横磨十万剑，终教人力可回天。

> 一曲骊歌带别色，归软时节近清明。
>
> 胸中落落无穷事，爱国原来不为名。①

　　启超不遑各致别意，乃登报曰："兹弟于本月十四日由雪梨埠乘轮东旋，复蒙各埠同志多赠赆仪各物，拜领之下，感激万分。然同志之所以眷注小弟，厚礼深情者，实推忠君爱国之心以及于弟者也。弟以王事靡盬，行色匆匆，弗克遍与各埠同志握别，特刊数语于报端，以布恭词而表谢忱。"②迄舟发日，骊歌幽咽，别色苍苍，启超、罗昌于雪梨登轮启碇，群朋自崖而返，拍拍鸥鸟继之相送，珊瑚湾港夕阳摇曳。启超伫立船尾，眺远波恰似里湖之水，望列岛繁于初夜之星，蓦然挥手间，此别忽如一帘幽梦，诗情并与涛生："荡胸海风和露吸，洗心天水带涛声。此游也算人间福，敢道潮平意未平。"③

　　舟行大洋，月衔天海，瞻伫前路，其修以远兮！

---

　　① 《和吴济川赠行即用其韵》四首之后两首，转引自董方奎《旷世奇才梁启超》，武汉出版社1997年版，第83页。

　　② 载于1901年5月8日澳洲悉尼《东华新报》，夏晓虹辑《饮冰室合集·集外文》（上册），北京大学出版社2005年版，第71页。

　　③ 《澳亚归舟杂兴》选句，汪松涛编注、梁鉴江审订《梁启超诗词全注》，广东高等教育出版社1998年版，第86页。

十七　1902年·梦乘

　　启超离开澳洲，阅月余，舟抵日本，而距家愈近，心情愈惶急，恰如陶渊明之归去来，问前路，恨晨光之熹微；瞻衡宇，载欣载奔。

　　蕙仙将雏，迓于门。启超携妻挈入室，亦暂得壶觞自酌、庭柯怡颜之乐。女儿令娴抱弟侍前，蕙仙欢抃而告启超曰：儿子出世已期月，正待父亲悬弧。启超沉吟良久，心绪梦梦，既喜得子之福庆，又惭岁月之蹉跌，而悟已往之不能谏，或知来者之可追，乃取名"思成"①。继尔，又躬自反省，"笔舌生涯已催我中年矣。此后所以报国民之恩者，未知何如？"②

　　陶东菊归来可常享亲戚之情话，可时抚琴书以消忧，而启超仅数天休憩，便有事于"西畴"。

　　昔者，启超离日赴檀，麦孟华承康有为意旨接办《清议报》，凡革命、自由、独立、自主等名词，一律禁止刊登，《饮冰室自由书》概莫能外。迨启超归来，重掌《清议报》，乃续刊《饮冰室自由书》，"介绍《俄人之自由思想》，说明'凡国民之自由思想，必借压抑之势

---

　　① 梁思成（1901—1972），建筑历史学家、建筑教育家，毕生致力于中国古代建筑研究与保护。曾任中央研究院院士（1948）、中国科学院哲学社会科学学部委员，参与设计人民英雄纪念碑、中华人民共和国国徽等作品。
　　② 《饮冰室合集·文集》之十一，第十九页；中华书局2015年版，第993页。

力而后勃兴"。又连续发表《中国积弱溯源论》①，反对"奴性"，号召国人，不做世俗之奴隶，不做境遇之奴隶。

人或言，舌下无英雄，笔底无奇士，然启超亦决计以文字立功，曰："自审我之才力，及我今日之地位，舍此更无术可以尽国民责任于万一。"② 而一言兴邦，一言亦可丧邦，兹事体大，启超乃誓言："献身甘作万矢的，著论求为百世师。誓起民权移旧俗，更研哲理牖新知。十年以后当思我，举国犹狂欲语谁？世界无穷愿无尽，海天寥廓立多时。"③ 及此，《清议报》开辟"万国近事""外论汇译""时论译录""地球大事记"等栏目，陈宇内之大事，唤东方之顽梦，讽太后之玩权，斥奸佞之殃民。

天道恢恢，岂不大哉，而谈言微中，闻者足兴。《清议》成一时之盛。

辛丑（1901）十一月十一日，值《清议报》出版100册，启超特于报馆举行隆重庆典，且祝之曰："《清议报》，事业之至小者也，其责任止在于文字，其目的仅注于一国，其位置僻处于海外，加以其组织未完备，其体例未精详，其言论思想未能有所大补助于国民。况当今日，天子蒙尘，宗国岌岌之顷，有何可祝，更何忍祝？虽然葑菲不弃，敝帚自珍，哓舌瘏口亦已三年，言念前劳，不欲泯没。且以中国向来无此风气，从而导之，请自隗始。"④

启超欲借一百册庆典，庶几以纪念既往，而奖励将来，岂料翌日，

---

① 董方奎：《旷世奇才梁启超》，武汉出版社1997年版，第86页。
② 《饮冰室合集·文集》之十一，第十九页；中华书局2015年版，第993页。
③ 梁启超《自励二首》之一，汪松涛编注、梁鉴江审订《梁启超诗词全注》，广东高等教育出版社1998年版，第91页。
④ 梁启超：《清议报一百册祝辞并论报馆之责任及本馆之经历》，丁文江、赵丰田编《梁启超年谱长编》，上海人民出版社2009年版，第173页。

报馆即遭火噬，启超愤激不可纪极，直叹志未酬，志未酬，顾其未始气馁，更抒风物放眼之情："吁嗟乎！男儿志兮天下事，但有进兮不有止。言志已酬便无志。"①

光绪二十八年壬寅正月初一，当诸夏后裔燃爆挂桃，沉浸于献岁发春佳节时，又一张报纸，若新生婴儿呱呱坠地：启超卵育经月，推出《新民丛报》。

《新民丛报》取《大学》新民之意，以为欲维新一国，当先维新一国之国民；世未有国民公德缺乏，智慧不开，而冀望秉钧持轴而国政不致者。故将以教育为主，务欲养吾国人国家思想，祛吾国人奴隶意识。

启超新民思想雅有所源，一以贯之，其在《举国皆我敌》中即指出：积千年旧脑习惯之民众，谤阐哲理者为"非圣"，诋倡民权者曰"畔道"，天下滔滔而众安混乱。启超决以舍我其谁之勇气，以苏格拉底瘐死、基督钉架自媲，牺牲一身觉天下。是以继《清议报》后创《新民丛报》。

嘉应黄公度为启超忘年交，于视《新民丛报》后，蹀躞振厉，额手为庆，并惓惓致书曰："以无智不学之民，愿公教导之，诱掖之，劝勉之……天祚中国，或六五年，或四三年，民智渐开，民气渐倡，民力渐壮……分民以权，授民以事，以养成地方自治之精神。"② 言民智既开，民权之行，罕有不孚于天时者也。

《新民丛报》之开，启超独立任之，每日属文以五千言为率，《新民说》之《论新民为中国今日第一急务》《释新民之义》《就优胜劣败之理以证新民之结果而论及取法之所宜》《论公德》《论自由》《论自

---

① 梁启超：《志未酬》，汪松涛编注、梁鉴江审订《梁启超诗词全注》，广东高等教育出版社1998年版，第90页。
② 张朋园：《梁启超与清季革命》，吉林出版集团有限责任公司2007年版，第121页。

治》等篇什,如雨后山泉,汩汩喷涌。其写作风格,则别开生面:"启超夙不喜桐城派古文,幼年为文,学晚汉魏晋,颇尚矜炼,至是自解放,务为平易畅达,时杂以俚语韵语及外国语法,纵笔所至不检束,学者竞效之,号新文体。老辈则痛恨,诋为野狐。然其条理明晰,笔锋常带情感,对于读者,别有一种魔力焉。"①

丛报每一册出,内地翻刻本辄十数,销场之旺,大出创办者逆料,国人竞喜读之,清廷虽欲严禁而不能遏。其言论影响力之巨,实不可以道里计。黄遵宪评价曰:"《清议报》胜《时务报》远矣,今之《新民丛报》又胜《清议报》百倍矣。惊心动魄,一字千金,人人笔下所无,却为人人意中所有,虽铁石人亦应感动,从古至今文字之力之大,无过于此者。"②

唯丛报收功,却并未消释启超岁月沧桑之感、百事蹉跌之慨。

壬寅正月,当节意犹存,寒气盘桓时,启超"独居塔泽环翠楼者月余,日忽晨起,则玉屑满庭,狂喜若逢故人。遂成两绝句"③。

> 梦乘飞船寻北极,层凌压天天为窄。
> 羽衣仙人拍我肩,起视千山万山白。④

> 三年越鸟逐南枝,汗渍尘巾鬓有丝。
> 今日缁衣忽化素,溪桥风雪立多时。⑤

---

① 梁启超:《清代学术概论》,上海古籍出版社1998年版,第85—86页。
② 黄遵宪:光绪二十八年四月《致饮冰主人书》,丁文江、赵丰田编《梁启超年谱长编》,上海人民出版社2009年版,第181页。
③ 梁启超:《饮冰室诗话》,人民文学出版社1959年版,第32页。
④ 同上。
⑤ 同上。

启超自况三年越鸟,洵不为虚语也,初由己亥冬游檀香山,迄于返上海、走香港、访槟榔屿、道锡兰,遍游澳洲全境,所到之处非热带,即伏暑,乃不见雪者盖三年矣!

正月二十六日,为启超三十初度。而立之年,回溯经年汲汲于途之情形,不胜唏嘘。斯日,会启超于东海道汽车中,欲作一长古而不能成,仅得四语云:

风云入世多,日月掷人急。

如何一少年,忽忽已三十。①

虽然,启超绝非泥滞于博物细故、耽涵于快意恩仇之人,岂有以执六洲牛耳自许、以百轴麟图不世才傲称者,沾沾于私情小谅?正月未过,启超即发表《保教非所以尊孔论》,主张教不必保,也不可保,自今以往所当努力者,唯保国而已。其于《论保教之说束缚国民思想》一节中谓曰:"我中国学界之光明,人物之伟大,莫盛于战国,盖思想自由之明效也。及秦始皇焚百家之语,坑方术之士,而思想一窒。及汉武帝表章六艺,罢黜百家,凡不在六艺之科者,绝勿进,而思想又一窒。自汉以来,号称行孔子教二千余年于兹矣,而皆持所谓表彰某某,罢黜某某,以为一贯之精神。"② 孔教之范围日缩日小,思想之束缚局镭愈固。而居今日世界,学术日进思潮日新之时代,却犹以保教为遒铎,斯亦不可以已乎!

此说与作者数年前持论正相反对,启超率然自解,谓我操我矛以伐我者,实为心心所念之思想进步而不敢自默。而此说一出,一石激起千层浪,反对者有之,赞成者有之,唯康有为大倡设孔教会、定国

---

① 丁文江、赵丰田编:《梁启超年谱长编》,上海人民出版社2009年版,第181页。
② 夏晓虹编:《梁启超文选》(上),中国广播电视出版社1992年版,第470—471页。

教、祀天配孔诸议，启超屡与其师凿枘不合，违命之疚既不能却，违心之言亦断难宣明，乃致书南海先生，略作辩解云："弟子以为欲救今日之中国，莫急于以新学说变其思想（欧洲之兴全在此），然初时不可不有所破坏。孔子之不适于新世界者多矣，而更提倡保之，是北行南辕也。"①

启超诋孔教已为乃师所侧目，更唱革命论，尤为南海所不容。

早在时务学堂时，启超即宣传反满；戊戌喋血，天涯亡命，革命一词即播种于脑际；庚子勤王，义士就戮，启超当哭："人歌人哭兴亡感，潮涨潮平日夜声。大愿未酬时已逝，抚膺危坐涕纵横。"② 虽英雄失路覆车，但终不灰其志，且大声疾呼同志，切勿毒蛇在手而惮断腕，豺狼当道而问狐狸，革命、破坏，乃今日救中国独一无二之法门。迨辛丑和议成，举国知耻而望治，毋乃慈禧还銮北京，且以息肩颐和，复能临朝为得计；荣禄以拳匪罪魁，幸八国未请褫杀，且受其愚弄为得计；各疆臣以金瓯无缺，仍可剥蚀民膏、稳坐高位为得计；各宗室之英、从龙之裔，无不以祚命无恙，富贵可长为得计，庚子之惨祸仅在瞬目之前，竟尔举朝酣嬉，故态旋萌。际此，天下复嚣然愤然，即保皇会会员中亦有多人，见清廷了无变法诚意与决心，乃纷纷主张革命、自立。若康门忠悫如徐勤、欧榘甲诸人，"满贼""清贼"之言，盈篇溢纸。启超为提倡革命破坏最力之人，耳目所接，手口所出皆为敌忾，不特丛报之论调日趋激烈，且又告之康师曰："唤起民族精神者，势不得不攻满洲。弟子所见，谓无以易此矣。满廷之无可望久矣，今日日望归政，望复辟，夫何可得？即得矣，满朝皆仇敌，百事腐败

① 梁启超：光绪二十八年四月《与夫子大人书》，丁文江、赵丰田编《梁启超年谱长编》，上海人民出版社2009年版，第183页。
② 《澳亚归舟杂兴》四首，汪松涛编注、梁鉴江审订《梁启超诗词全注》，广东高等教育出版社1998年版，第87页。

已久，虽召吾党归用之，而亦决不能行其志也。"①

康有为惊闻此论，深不以为然，爰书其事，一为《复美洲华侨论中国只可行君主立宪不可行革命书》，一为《与同学诸子梁启超等论印度亡国由于各省自立书》，其言曰："皇上以救民变法，不幸被废，事竟不行。然以寻常言之，人以救我而至大祸，我乃不能救之，于报施之理已为不公；况因恩人不幸在祸，被缚于贼之时，而反戈攻之，曰革命，曰扑满，是以怨报德也。吾国人岂可出此！"②

启超日倡革命排满共和，而其师数数责备之，又继以婉劝，两年间函札累数万言。"启超亦不慊于当时革命家之所为，惩羹而吹齑，持论稍变矣。然其保守性与进取性常交战于胸中，随感情而发，所执往往前后相矛盾。常自言曰：'不惜以今日之我，难昔日之我'。"③ 苦闷、彷徨、踌躇，望西窗，枯柳摇风欲与谁语，闻柴门，似有东吴万里客喧，不禁思绪翩翩，愁上心头：

> 却横西海望中原，黄雾沉沉白日昏。
>
> 万蛰豕蛇谁是主，千山魑魅阒无人。
>
> 青年心死秋梧悴，老国魂归蜀道难。
>
> 道是天亡天不管，揭来予亦欲无言。④

然则虽有秋梧憔悴，岂其果有青年心死。经过一番痛彻思索，启超将自己之政治理想及未来之望，托诸小说《新中国未来记》而宣诸世。

---

① 梁启超：光绪二十八年四月《与夫子大人书》，丁文江、赵丰田编《梁启超年谱长编》，上海人民出版社2009年版，第189页。
② 张荣华编校：《康有为往来书信集》，中国人民大学出版社2012年版，第873页。
③ 梁启超：《清代学术概论》，上海古籍出版社1998年版，第86页。
④ 自题"新中国未来记"二首之一，汪松涛编注、梁鉴江审订《梁启超诗词全注》，广东高等教育出版社1998年版，第102页。

《新中国未来记》发表于同年十月创刊之《新小说》。

启超记述道："余欲著此书五年于兹矣，顾卒不能成一字，况年来身兼数役，日无寸暇，更安能以余力及此？顾确信此类之书，于中国前途，大有裨助，夙夜志此不衰。既念欲俟全书卒业，始公诸世，恐更阅数年，杀青无日，不如限以报章，用自鞭策，得寸得尺，聊胜于无。《新小说》之出，其发愿专为此编也。"①

启超独垂小说，乃在于兹之为体，"浅而易解""乐而多趣""易入人""易感人""有不可思议之力支配人道"，② 甚而至于为国民之魂，且"今日欲改良群治，必自小说界革命始；欲新民必自新小说始"③。

唯启超初为小说，其功力已了得，黄遵宪捧阅之后，即致书启超曰："《新小说报》初八日已见之，果然大佳，其感人处，竟越《新民报》而上之矣。仆所最贵者，为公之关系群治论及世界末日记，读至'爱之花尚开'一语，如闻海上琴声，叹先生之移我情也。"④

小说预设之理想国为大中华民主国，开国纪元于1912年，第一代大总统名曰罗在田，即逊位之光绪帝，第二代大总统名曰黄克强，取黄帝子孙能自立自强之意。虽启超殷殷告读者曰，兹编之作，不过臆见所偶及，仅为区区一人之私言，非信其必可行也，然则阅十年，竟有诸多事实与之相应，甚乃与革命伟人黄兴姓字暗合，若符谶然，异哉！异哉！

---

① 《饮冰室合集·专集》之八十九，第一页；中华书局2015年版，第9671页。
② 参见梁启超《论小说与群治之关系》，李华兴、吴嘉勋编《梁启超选集》，上海人民出版社1984年版。
③ 夏晓虹：《阅读梁启超》，三联书店2006年版，第133页。
④ 黄公度：光绪二十八年十一月十一日《与饮冰室主人书》，丁文江、赵丰田编《梁启超年谱长编》，上海人民出版社2009年版，第197页。

十八　1903 年 · 十年

光绪二十九年癸卯正月二十三，启超应美洲保皇会邀请，首途横滨，将游历美洲。

曩者，启超作《二十世纪太平洋歌》，誓将适彼世界共和政体之祖国，至是既蓄志游美者四年矣，今则果能成行，所愿可偿。

舟横太平洋，阅三日，恰逢启超三十一初度。回顾往昔，频年奔走海内外，未尝淹留一地三年者，每年今日，必更其地，殆十年来，无所重复，姑作胪列：甲午此日在黄海舟中，乙未此日在京师，丙申此日在上海，丁酉此日在武昌，戊戌此日在洞庭湖舟中，己亥此日在日本东京，庚子此日在夏威夷，辛丑此日在澳洲雪梨，壬寅此日在日本东海道汽车中，目前即在太平洋，启超不由得感慨唏嘘：

> 十年十处度初度，颇感劳生未有涯。
>
> 日月苦随公碌碌，人天容得某栖栖。
>
> 庄严地岳来何暮，刍狗年华住且佳。
>
> 一事未成已中岁，海云凝望转低迷。①

辗转漂蓬，重以流亡之苦，天若有情天亦恻恻。虽然，启超存养

---

① 梁启超：《新大陆游记》，商务印书馆 2014 年版，第 8 页。

之间，尽在以奔走国事为念，又何暇絷维于私情？即今次远游美洲，其目的之大略者有三：一谓在美洲各地开办或扩大保皇分会，二谓考察新大陆之政俗，三谓筹款。

二月初六日午后一点钟，舟抵域多利（今维多利亚），当地维新会同志及温哥华（俗称咸水埠）、纽威士绵士打（俗称二埠）两地保皇会员数十人，恭迎于码头。晚间锚泊温哥华，同人复百余相迓。

域多利、温哥华、二埠，相去不远，华商华工多集聚于此。华人爱国心重，自康南海于己亥年创中国维新会（保皇会）以降，会事日隆，域多利华人凡五千余，殆有过半者入会，温哥华华人凡四千余，入会者十之六七，二埠华人千数，几无一人不入会。顷者起讫两洋之铁路贯通美洲大陆，又开"中国皇后""日本皇后""印度皇后"号来往于日本、中国，铁路、码头皆以温哥华为终点，致令此地速成区域中枢。启超至，适逢三埠维新会大叙集，并鸠资数万金拟建维新会总会所于温哥华，启超记其事曰："三月二十六日为维新会总会所兴工建筑之期。西例凡有公家建筑，必请一有声望之人，先置一石，且献祝词，名曰树础之典。诸同志以余适至，因固留数日，使行斯礼。当时中西人士，观者如堵。余置石献祝词后，演说一次，鼓掌之声雷动，此亦中国前此未有之举也。"①

启超于域、温、纽三埠盘桓两阅月，当地华人崇之以礼，隆之以情，接之以义，有同志额手称颂曰：任公忠爱，人皆共仰，其躬临此地，增光一切，人心亦大为之踊跃。故而其为同志留宴，连绵不已，竟至未暇他行。

海外华人热心会事，以食我场苗之皎皎白驹相款待，直令启超深

---

① 梁启超：《新大陆游记》，商务印书馆2014年版，第15页。

受鼓舞，益觉非轰轰烈烈再做一场，将后来此身真无颜立于天地间。

四月初三日，启超携同人乘火车东行，经渥太华、蒙特利尔等地，于十六日抵纽约，华人多停工停市来迎，冀以一睹启超风采为幸事。

纽约当美国独立时，人口不过二万余，至十九世纪中叶，骤增为七十余万，迄二十世纪初更进至三百五十余万，为全世界第二大都会（伦敦第一）。启超游览目睹其街市之庞大壮丽，所谓目眩于视察，耳疲于听闻，口吃于演述，手穷于摹写。然则天下最繁盛者兴或宜莫如纽约，而天下最黑暗者毋亦莫如纽约，怡情悦性之处既多，而刿心怵目之事亦在在皆有：僦屋以居者，暗无天日；马车不至者，堪比鬼域；衣服褴褛者，街为之塞。征之杜陵诗句：朱门酒肉，路有冻死，殆无所出入也。启超感喟曰："此等现象，凡各文明国罔不如是，而大都会为尤甚。纽约、伦敦，其最著者也。财产分配之不均，至于此极。吾观于纽约之贫民窟，而深叹社会主义之万不可以已也！"①

启超居纽约凡两月余，其间适波士顿，适华盛顿，适哈佛，适费城等地，参观游览，演说宣传。颇须记述者曰波士顿。

波士顿为美国第五大都会，人口五十六万余，华人约三千，美国东部中国维新会之开，以斯市为最早。其重要者尤在于，波士顿为美国共和政治发祥地。启超梦想游此境者有年，今得亲履其地，详抚其遗迹，一何欣慰！

新大陆向为英国殖民统治，一七七四年，当英商贸迁茶叶至波士顿，当地居民闻之哗然，群起夺茶箱而尽投诸海，此实揭开美国独立战争之序幕也。启超往观一百二十余年前，土民抛掷英茶处，不禁浮想联翩：斯事之与林文忠焚毁英人鸦片何其相似，而美国以此役得十

---

① 梁启超：《新大陆游记》，商务印书馆2014年版，第47页。

三省之独立，吾中国则以彼役签城下之盟，启五口通商。得毋事有幸与不幸耶？启超徘徊良久，沉吟低回：

> 雀舌入海鹰起陆，铜表摩挲一美谈。
>
> 猛忆故乡百年恨，鸦烟烟满白鹅潭。①

同日又游奔勾山。一七七五年四月，马萨诸塞民兵围困波士顿，与英军初交绥，即在此地。启超凭吊古迹，不能自已，诗影横斜而出："昔游东台冈，今上奔勾丘。渺兹一黄土，长留万人讴。生命固所爱，不以易自由。国殇鬼亦雄，奴颜生逾羞。当其奋起时，磊落宁他求？公义之所在，赴之无夷犹。"②

钩稽历史，考察政俗，过存耆硕，宣慰侨胞，筹募会款，接受采访，数月来，殆无虚日，启超倍感身心劳瘁，渐染微恙，恰此时经行落基山半麓，驰目而望，木欣欣以向荣，泉涓涓而长流，同人相劝聊且浴于此地温泉，庶几可以瘳疾。乃驻车三日，盘桓幽绝，时而登东皋以舒啸，又或临清流而赋诗，得句云：

> 名山穆穆日如年，独步长歌复醉眠。
>
> 亦是兹游一奇绝，落机深处浴温泉。③

启超羡飞湍奔泻之恣肆，慕片云栖壑之自闲，猛忆过去无限事，阅二十年，行九万里，仅得如今三日闲，安能不想往，若是风尘弃我，年年携酒看青山！三日而行，灵台忽现肤寸清明，不能不借问：胡为

---

① 诗题为"游波士顿居民抛弃英茶处，口占一绝"，汪松涛编注、梁鉴江审订《梁启超诗词全注》，广东高等教育出版社1998年版，第112页。

② 《奔勾山战场怀古》选片，汪松涛编注、梁鉴江审订《梁启超诗词全注》，广东高等教育出版社1998年版，第113页。

③ 梁启超：《新大陆游记》，商务印书馆2014年版，第118页。"落机"即落基山。

遑遑欲何之？

往往，事有一体两面，窈窕寻壑看似轻妙，崎岖经丘一若忻忻，而实则，启超心中苦闷彷徨，难以为外人道也。

返日未几，当于九月三十日，启超即致书康师，详及运动会事种种情状，更述及个人心路历程："弟子等在此间日日下气，柔声怡色，以敷衍种种社会之人，真有所谓公共之奴隶者。然问其有益于办内地实事者几何，又有益于该本埠之社会改良者几何？清夜自思，真觉不值，厌倦久矣。徒以既来此地，岂能舍去，而既做焉，又不能不用狮子搏兔之全力，穷精敝神于此间，至可痛，亦可怜也。"①

畴昔，启超羁游钵仑（波特兰），偶读旧金山华文报，知有我领事馆一随员谭某，无端为美警吏辱殴，愤极而自戕，我公使据理义向美政府交涉，竟莫能伸，邦人多哀之叹之，无可如何。启超沉痛国体，为绝句挽之："国权堕落嗟何及，来日方长亦可哀。变到沙虫已天幸，惊心还有劫余灰。"② 每念及祖邦羸弱，国耻日深，辄叹维新之路修远其辽辽兮，国运掀转之机漫漫其无时，启超致书乃师，一吐惆怅曰："先生之非坐待复辟，弟子等宁不知之，特此亦不过偶尔有激而言耳。然尝细思之，即那拉死矣，苟非有兵力，亦安所得行其志？而今日求得兵力又如此其难，外国侵压之祸又如此其亟，国内种种社会又如此其腐败，静言思之，觉中国万无不亡之理。每一读新闻纸，则厌世之念，自不觉油然而生，真欲瞑目不复视之也。"③

尤令启超心中郁结块垒之事曰筹款。凡筹款总须师出有名，然其

① 光绪二十九年九月三十日《与夫子大人书》，丁文江、赵丰田编《梁启超年谱长编》，上海人民出版社 2009 年版，第 217 页。
② 梁启超：《新大陆游记》，商务印书馆 2014 年版，第 126 页。
③ 光绪二十九年九月三十日《与夫子大人书》，丁文江、赵丰田编《梁启超年谱长编》，上海人民出版社 2009 年版，第 218 页。

名云何?

时保救光绪无望，党人突生躁进之想，即行荆、聂刺杀计划。如启超于致澳门何廷光穗田书曰："荣贼①之去，诚足使吾党一吐气；及今谋去皮逆②，自是正办"③，又言："去皮逆之事，日本同志中亦有谋之者，其决往与否，尚未定，若往，则亦不过数百金足耳。容弟归时乃商之。"④ 当其时，保皇会于京、沪、陕一带遍置刺客，仅派驻上海一地即有百余人。京畿之茶楼酒肆，凡为两广人所开者，十有八九乃刺客托身处。刺杀对象，首列慈禧若荣禄。其他乃如张之洞、李莲英⑤、李鸿章、刘学询⑥、董福祥⑦等人。

然则秘密之事，又岂可尽人而语焉，故每于开会演说，人或问其捐款何用时，启超多以"革命"抑或"兴学"相搪塞。革命之言既多，康师大不慊于心，以至侵染重疴，危于旦夕，启超等弟子闻讯惶恐之极，皆表悔改。第实问诸本心，能率然而改乎? 况舍是，一行人日日在外劝捐，将以何名目?

果不能昌言革义，"则不得不言和平，言和平又安得不言教育? 故

---

① 指荣禄卒。

② 指张之洞。

③ 光绪二十九年七月十日梁启超由纽柯连《与穗田二兄书》，丁文江、赵丰田编《梁启超年谱长编》，上海人民出版社 2009 年版，第 212—213 页。

④ 同上。

⑤ 李莲英（1848—1911），原名李进喜，慈禧太后赐名连英，俗作莲英，清王朝慈禧时期总管太监，陪伴慈禧太后近五十三年。

⑥ 刘学询（1855—1935），李鸿章幕僚。1900 年，康梁计划在国内发动勤王起义，策源地选在两广，刘学询被视为发动起义之障碍，也因此被列为康梁刺杀计划之对象。

⑦ 董福祥（1840—1908），字星五，甘肃环县（当时属宁夏固原）人。清末将领，官至太子少保、甘肃提督、随扈大臣，赐号阿尔杭阿巴图鲁。1900 年，董福祥部士兵纷纷加入义和团，杀死日本驻华使馆书记官杉山彬，并参与围攻东交民巷使馆。八国联军侵占北京时，董福祥率军护卫慈禧太后和光绪帝西逃。清政府与八国联军议和过程中，外国侵略者要求处死董福祥，清廷不允，旋被解职，禁锢家中。1908 年病死于甘肃金积堡（今属宁夏吴忠）。

不得不提倡公学，且欲为将来地步，亦非此不可也"①。故"欲在广东办一大学堂，如此乃足以恢复本会之声名，免使外人谓我一事不办，谤为棍骗也"②。非直启超在美洲募款多以办教育为名，即如康南海在南洋各处运动，亦唯以兴学校创报馆为说辞，而所得有限，绩效不彰。自戊戌喋血庚子蹉跌以来，党人大伤元气，海外华人热力耗致，资财疲弊，囊之所出自亦羞涩。当此戈戈之资既明分于教育，又暗用于荆聂，捉襟之窘，将何大事之能成？以故，启超叹喟于其师曰："办事之难，万方同慨。先生前来书，以南洋人易摇动不可恃，谓弟子好运气，处处得意。孰知其中之曲折，固一辙耶。以表面言，则先生之受欢迎，或尚过于弟子，至其内情甘苦，此间殆亦不让南中也。即如款项一事，弟子等方指望尊处可大得手，而岂意尊处反日待此区区之款，为荆、聂计耶。"③

毋宁唯是，劝捐不易，而所得款项多用于秘密事，党人不明就里，辄窃窃私议，谓若某某吞噬会款，日以吸国民之血，吮国民之膏为能事。启超虽自问无愧，然三人为虎，众口铄金，曾何不恤人言，唯汲汲于保皇之路，又实未能蒇事，以杜悠悠之口，则指目所怨，安得不直受之！每清夜自思，时或有速求一死，用雪此耻之心。

揭来康有为养侠行荆聂事，所费不赀，所成甚微，是为启超一直不能苟同者，亦成为党累，其在致何穗田书中云："弟窃思此等事，必非可以用钱买者，由其人之热心肯自奋身前往而已。何也？此等事必

①　光绪二十九年九月三十日《与夫子大人书》，丁文江、赵丰田编《梁启超年谱长编》，上海人民出版社 2009 年版，第 218 页。
②　光绪二十九年七月十日梁启超由纽柯连《与穗田二兄书》，丁文江、赵丰田编《梁启超年谱长编》，上海人民出版社 2009 年版，第 212—213 页。
③　光绪二十九年九月三十日《与夫子大人书》，丁文江、赵丰田编《梁启超年谱长编》，上海人民出版社 2009 年版，第 217 页。

拼定一死乃可去，其人而计较酬金者，必其惜此一命，而万不肯死者也，尚何能成事耶？吾党数年来为谋此事，去数万金矣，而卒毫无影响。"① 启超之于乃师更闾闾而言曰："数年来供养豪杰之苦况，岂犹未尝透耶？日日下气柔声，若孝子之事父母，稍拂其意，立刻可以反面无情。故弟子常与勉、云②等言，今之供养豪杰，若狎客之奉承妓女然，数年之山盟海誓，一旦床头金尽，又抱琵琶过别船矣。故用钱以购人之死力，此最险、最拙之谋也。"③ 筹款之难，用款之巨，仰赖非人，终不能填溪壑之饱，虚掷而未曾葳事，此启超期期以为不可者也。

---

① 光绪二十九年七月十日梁启超由纽柯连《与穗田二兄书》，丁文江、赵丰田编《梁启超年谱长编》，上海人民出版社2009年版，第212—213页。

② 即徐君勉、欧榘甲。

③ 光绪二十九年九月三十日《与夫子大人书》，丁文江、赵丰田编《梁启超年谱长编》，上海人民出版社2009年版，第217—218页。

十九　1904 年·皞皞

新大陆游历八阅月，启超遂于癸卯九月初五日首途旧金山返日本。

初拟乘"高丽"轮经行檀香山，以稍晤聚当地华人华侨，答谢其慷慨解囊甚至毁家纾难支持党人维新及保皇事业，亦聊以慰解年来睽违之思，不意高丽船彼时开罪于檀岛华人，同胞翕然与之断交通，以示抵制，启超亦不便泥执己意，爰改"中国皇后"号，径返日本。事后乃知檀岛人延颈企踵，望之久矣，果不能把酒临风重话巴山，此适足以令启超平添几分愧色。临行日，启超接美洲各地送行电报九十六通，更有百余人簇拥于车站码头，爆声巾影，绵亘一时余，离情依依，直越桃花潭水千尺之深。

二十三日舟抵横滨，诸同志开欢迎会于大同学校，为启超洗尘。归去来兮，虽有万事蹉跎之慨，却亦为亲情友义所调摄，差可慰藉寸心。

蒋智由观云①，为启超最所依凭者之一。

启超识观云之才始于庚子年。时启超羁游檀岛，见《清议报》中因明子稿者，心大醉之，初以为夏穗卿所作，盖其理想气魄，酷肖夏

---

① 蒋智由（1865—1929），字观云、星侪、心斋，号因明子、愿云，浙江诸暨人。曾协助梁启超从事《新民丛报》编撰工作，任"政论"主编，后又与蔡元培等在上海创设中国教育会及爱国学社。他与黄遵宪、夏曾佑，被梁启超称为"近代诗界三杰"。

穗卿故也。之后，启超愈加之意，屡读因明诗，更直断此因明即彼穗卿。尔乃于澳洲作《广诗中八贤歌》，首颂因明，而下注穗卿。及返日后始知有误，却因此乞交因明之心益切。迨光绪二十八年壬寅春，启超贻观云一影像，并媵一绝句云："是我相是众生相，无明有爱难名状，施波罗蜜证与君，拈花笑指灵山上。"① 观云回报启超一影像，亦媵一偈云："分明有眼耳鼻舌，一文不值何消说。如我自看犹自厌，暂留蜕壳在人间。"② 两人从此以诗书文字交，抒情怀，论国事，托之鱼雁不辍。光绪二十九年夏秋间，蒋君浮海至东瀛，始得与启超识面，并协助编辑《新民丛报》。启超亦倚之如臂膀，曾于考察新大陆期间，拳拳恳托蒋君维持丛报局面，曰："客中既无寸暇，《丛报》文竟不成一字，此局看看将倒塌，望公必垂怜，有以拯之，无任感盼。"③ 又于另书曰："弟决须闰五月秒乃能遄返，若能支此三月，则弟归来可无虑矣。先生为大局计，想见怜耶。……其应若何乞稿之处，一唯先生命。"④ 丽泽朋簪，兰蕙交孚，可窥一管。

自新大陆考察归来不及两月，各地噩耗纷至沓来，又重之以数日寒疾之恙，启超内心梦乱，感慨万端，漫漫愁绪，唯寄楮墨于观云："计弟外游三次，每次归来，其失意事皆重沓，心绪竟日突跳，意不能自制，公何以教我耶？念前此亲近浏阳、碎佛（指谭嗣同、夏穗卿）时，心境迥非今比。呜呼不学道益殆矣。"⑤ 继之又曰："不如意事，

---

① 梁启超：《饮冰室诗话》，人民文学出版社1959年版，第35页。

② 同上书，第35—36页。

③ 光绪二十九年二月二十五日《致蒋观云先生书》，丁文江、赵丰田编《梁启超年谱长编》，上海人民出版社2009年版，第204页。

④ 光绪二十九年三月十六日《致蒋观云先生书》，丁文江、赵丰田编《梁启超年谱长编》，上海人民出版社2009年版，第204—205页。

⑤ 光绪二十九年十二月十八日《致蒋观云先生书》，丁文江、赵丰田编《梁启超年谱长编》，上海人民出版社2009年版，第219页。

纷沓并接，心如辘轳，并文字亦不能成一称意者。治心之学真荒落，奈何奈何！"①

启超焦苦落魄之状，毋乃预示其心路之迂曲转折耶欤？

光绪三十年甲辰正月，启超赴香港参加保皇大会，从横滨返国，将经神户，见晨光云影随波俯仰，遂不能自已，属诗一首：

> 皥皥朝曦浴万山，泠泠风磬下人间。
>
> 倏倏云影随明翳，落落渔讴自往还。
>
> 点点白鸥没浩荡，峰峰神女啸空顽。
>
> 此中多少天机在，却是劳人不得闲。②

启超曾自谦，此诗意味浅薄，姑以塞纸，然一句"劳人不得闲"，又岂是冬烘腐儒所能想见！

香港保皇大会原定癸卯年九十月间举行，因赶办不及，故延宕至今，与会者除南海及弟子梁启超、徐君勉外，各地保皇分会代表褆至而辐辏。同志不远千里联翩萃聚，乃专以商会为事，汇集各地商股银，用拓保皇事业。启超虽躬与保皇大会，然对于筹款以行荆聂，心志渐趋索然，更若暴动之举，所望几绝。唯于办报促进民知民智，仍一如既往兴味盎然。乃于二月末，衔南海之命，由港秘密赴沪，拟与狄楚青③、罗

---

① 光绪二十九年《致蒋观云先生书》，丁文江、赵丰田编《梁启超年谱长编》，上海人民出版社 2009 年版，第 220 页。

② 诗题为"七律"，汪松涛编注、梁鉴江审订《梁启超诗词全注》，广东高等教育出版社 1998 年版，第 127 页。

③ 狄楚青（1873—1941），初名葆贤，又名狄平子，别署平等阁主、慈石、楚卿、狄平、雅、高平子、六根清静人，江苏溧阳人。早年中举人，后留学日本，为康有为唯一江南弟子。庚子年参加唐才常张园国会活动，勤王之役、担任募款及购置军火工作，事败遁逃日本。工诗能文，信仰佛学，在《清议报》《新民丛报》发表诗词多首。光绪三十年（1904）夏，由康有为、梁启超集资，在沪创办《时报》，锐意革新报纸业务，成就一代著名报人。

孝高筹办以保皇为宗旨之《时报》。

将至上海，驰目遥望，扬子江滔滔入海，气象恢宏，隐然昭示国虽敝，然何尝失意态之雄杰，不禁慨然属言曰：

> 未至吴淞三百里，海波已作江波色。
> 我生航海半天下，气象无如此雄特。①

若办报一事，黄君公度先生闻之，极表赞同，曰："往日《时务报》盛行以后，仆即欲以编辑大业，责成于公，而辗转未获所愿。今日仍愿公专精于此事，其收效实远且大也。"②

时启超仍籍名捕拿之列，不便曝露头角，爰改姓名，匿居虹口日本旅馆"虎之家"楼上，日夕与狄、罗二人筹商，报名、体例、发刊辞，一由启超撰定。其于《时报缘起》一文曰："不及于时者蹉跎荏苒，日即腐败，而国遂不可救；过于时者，叫嚣狂掷，终无一成，或缘是以生他种难局，而国亦遂不可救。要之亡国之咎，两者均之。若夫明达沈毅之士，有志于执两用中，为国民谋秩序之进步者，亦有焉矣。"③ 是谓时报宗旨，亦可谓启超自比况者。

启超曾热衷民权、革命，考察新大陆之初志，亦意欲学习民主共和，然则望之以苗瓜，得之以薕黍，美式政治制度恰如淮南之橘，过江而艺，尚幸为枳，不幸则萎落以亡。《新大陆游记》之钞，缕析美国政治，比较中美社会，启超深以为，美国承英国近代文明之绪，民

---

① 诗题为"句"，汪松涛编注、梁鉴江审订《梁启超诗词全注》，广东高等教育出版社 1998 年版，第 128 页。
② 黄遵宪：光绪三十年七月四日《与饮冰主人书》，丁文江、赵丰田编《梁启超年谱长编》，上海人民出版社 2009 年版，第 223 页。
③ 夏晓虹辑：《〈饮冰室合集〉集外文》（上册），北京大学出版社 2005 年版，第 153 页。

众涵泳于自治风尚既久，早已养成民主能力，实行共和不可谓非水到渠成，而中国人有族民资格而无市民资格，有村落思想而无国家思想，专制习以成俗而不识自由真义，以故"中国无革命则已，苟其有之，则必百数十之革命军同并起，原野厌肉，川谷阗血，全国糜烂，靡有孑遗"① 有感于革命党群体之棼乱与腐败，启超致书蒋观云更悲夫：中国之亡，容或不亡于顽固，殆亡于新党耶已矣！总而言之，狐貉固煖，诚不适以衣之度暑；绵葛绮丽，雅不适以衣之御寒，与夫时运习俗不相应，未有不敝者也。

而原其理论兴味之变迁，盖亦有迹可察。

初，启超极推崇卢梭之民约思想，颂其说精义入神，盛水不露，倘若在中国实行联邦民主政治，其国势之强盛，民族之自由，人民之幸福，必楷式于后世万国。迨考察新大陆后，幡然改途，转觅德国国家主义学说门径而入之，并速即发表《政治学大家伯伦知理之学说》，深入介绍伯伦知理②君主立宪论，认为共和政体其善节彰彰者在焉，然则革命绝不可轻言，诚如法国大革命，以卢梭学说为仪轨，倡自由民主，建共和政体，斯之为唱，美哉轮焉美哉奂矣，但革命前，法国社会长期实行封建专制制度，向无自治习惯之农民与夫散漫成性之小资产阶级，宿夕之间而走向共和，不啻移南海之鱼置于北极之冰。征其实，革命后，法国社会长期内战，动荡不安，此岂其为世人所想见！而另一位学者波伦哈克亦认为，因于习惯而得共和政体者常安，因于革命而得共和政体者常危，此又无异于木铎之警世者。故而启超深叹曰："吾心醉共和政体也有年……今读伯、波两博士之所论，不禁凉水

---

① 梁启超：《中国历史上革命之研究》，《新民丛报》第46—48期合刊，李喜所、元青《梁启超传》，人民出版社2010年版，第182页。

② 伯伦知理（1808—1881），柏林大学教授，著有《国家论》，主张君主立宪，反对卢梭共和政体论，认为共和政体之建立基于一定条件。

浇背，一旦尽失其所据，惶惶然不知何途之从而可也。……呜呼！共和共和！吾不忍再污玷汝之美名，使后之论政体者，复添一左证焉以诅咒汝，吾与汝长别矣！"①

启超新大陆归来，前后言论之迥绝殊异，令同学师友及政见相异者错愕之至。有仇怨者，若革命党人，恃《中国日报》《世界公益报》为垒，极尽抨击媒蘖之言辞，启超唯属辨妄广告以应之；有诤言者，若康师若畏友，屡以"流质多变"相规，启超亦自承不讳，平生坐是之短，曾不能抗希古人；有蠡测者，谓揭橥破坏主义为好名，反对破坏主义亦为好名，启超谨答之曰：吾行吾心之所安，凡自认真理者，则舍己以从，凡自认谬误者，则不远而复，如是而已。

物议纷沓，启超接连发表《敬告我国民》《论俄罗斯虚无党》《答飞生》《答和事人》等文，一则曰，革命无必要，吾辈所当努力者在于陶冶国人享受民权之资格，而勿徒艳羡民权。二则曰，当清季国势不振，列强环伺，瓜分之声如蛙鸣噪耳之时，一旦革命破坏而致内乱于先，彼其乘机于后，攻城略地，欲国之不亡，其难乎哉！故尔启超宣言，今后就此论说，更将大有所发表焉，并矢之曰："吾所谓与舆论挑战者，自今以往，有以主义相辩难者，苟持之有故，言之成理，吾乐相与赏之析之；若夫轧轹谩骂之言，吾固断不以加诸人，其有加诸我者，亦直受之而已。"②

启超霍然自见其非，率尔摒弃破坏主义与革命排满，转趋保皇守旧，看似关山可取，轻舟直下，然启超转帆易辙，相伴而生之空虚、失落感，抑亦引起忘年友好黄遵宪极大关切。

---

① 转引自宾长初《离异与回归：戊戌变法后，梁启超两次思想转变》，《求是学刊》1995 年第 5 期，第 88 页。

② 梁启超：《答和事人》，《饮冰室合集·文集》之十一，第四十七页；中华书局2015 年版，第 1021 页。

时遵宪自惊蛰至立夏，肺疾滋重，日坐愁城，几不能隐几弄砚，忽得启超上海所递书，循环捧读十数次，乃力疾操觚染翰，曰："往时见公函每惊喜踊跃，如杜陵手提骷髅之诗可以愈疯，而此次转增我愁闷，盖以公失意之事多，忏悔之心切，亦使我怅惘而不知所措也。"①

黄君公度亦曾经历政治信仰之转捩。畴昔初见卢梭、孟德斯鸠，辄心醉其说，以为盛世气象必出于民主国度无疑也。既留美三载，乃知共和政体绝非放之四海而皆准，制度文明谓若积渐而至则可，躐等而进则危。爰持渐进主义，以立宪为归宿，守死善道。公度亦自幸无启超之才识文笔，否则，热爱卢、孟，即宣布政治理想于当世，毋亦如启超今日之悔！若夫启超归自美利坚而作俄罗斯之梦，思想上与己合辙共辕，本可额手称喜，却忧从中来。启超才名过高，弊在出言轻而视事易，常以今日之我难昨日之我，"然往往逞口舌之锋，造极端之论，使一时风靡而不可收拾"②。不特如此，启超悔功利之说、破坏之说误国，一意守旧，甚乃谓保国粹即能保国本，此又非公度所能苟同者，乃径劝曰："言屡易端，难于见信，人苟不信，曷贵多言。仆为公熟思而审处之，诚不如编教科书之为愈也。于修身伦理，多采先秦诸子书，而益以爱国、合群、自治、尚武诸条，以及理、化、实业各科，以制时宜，以定趋向。"③

恰此时，又闻噩耗，启超心中有若枯叶落地再染秋霜。

有友者名罗璞士，与启超交十年，曾赴日本学爆物及催眠术，学成归，方将行秘密事，不意于粤间通联广西时，为吏所诇知及逮赴难，

---

① 黄遵宪：光绪三十年七月四日《与饮冰主人书》，丁文江、赵丰田编《梁启超年谱长编》，上海人民出版社 2009 年版，第 222 页。

② 同上。

③ 同上书，第 223 页。

启超苦痛不可言状。忆往昔，维新、革命、破坏，事业未及成，诸义烈相率继两浏阳①而去，彼苍之虐，一何其甚耶！

每念及此，公度先生谆谆之言，犹萦于耳，启超谨戒惕厉，执新说之坚，迥非昔比。

---

① 指谭嗣同、唐才常。

二十　1905 年·电灯

光绪三十一年乙巳二月二十三日，嘉应黄公度遵宪以肺疾卒。

启超轸悼不已。

黄君公度序齿长启超二十四年，却于学问识见惺惺相惜，于政治理想鼓舞规谏，成忘年谊。

初，两人始交于《时务报》，公度激赏启超编辑中外公报所用文体，颇合于报章宣传，遽延聘之。迨《变法通议》出，又大叹其才华天纵。时务学堂不羁之言论，更使公度折服，甚乃许以中国玛志尼之誉。际此，两人交谊日深。戊戌政变，启超九死一生，托庇异邦，公度称病得免不死，爰回桑梓故土，采薇而食。两人天各一方，杳如黄鹤，直至壬寅年，公度得汕头洋务局专人飞递，收读《新民丛报》，如晤故人，才复联络。

相交十年，虽促膝日少，然鱼雁传书累十余万言，其影响于两人者，在在皆是。公度曾谓启超："仆之于公，亦犹耶之保罗，释之迦叶，回之士丹而已。（公之所言）皆吾腹中之所欲言；舌底笔下之所不能言。"[1] 启超则报之曰："某以弱龄，得侍先生，唯道唯义，以诲以

---

① 　张朋园：《梁启超与清季革命》，吉林出版集团有限责任公司 2007 年版，第 121 页。

教，获罪而后，交亲相弃，亦唯先生，咻噢振厉，拳拳恳恳，有同畴昔。"①

公度善为诗，然曾不以诗人自居，自云"四十以前所作诗多随手散佚。庚辛之交，随使欧洲，愤时势之不可为，感身世之不遇，乃始荟萃成编，藉以自娱。"② 夫贤者之谦执亦如此，而启超却不以其说为然，乃为评："公度之诗，独辟境界，卓然自立于二十世纪诗界中，群推为大家，公论不容诬也。"③ 其生平所属诗计约数千首，赠启超者有二，其一曰《己亥岁暮怀梁任甫》，云："风雨鸡鸣守一庐，两年未得故人书。鸿离鱼网惊相避，无信凭谁寄与渠。"④ 风雨如晦，鸡鸣不已。不见君子，云胡不忧！其二曰《甲辰冬病中纪梦述寄梁任甫三章》，云："我惭加富尔，子慕玛志尼；与子平生愿，终难偿所期。何时睡君榻，同话梦境奇。即今不识路，梦亦徒相思。"⑤ 所职志者虽殊，而高伟之境界一也，香草美人慕蔺之意，栩栩生于笔端。

启超受公度影响者尤多，而公度辄欲询启超音讯，如望天端云霓，即在公度御鹤前一月，时次腊不尽三日，爆竹阗巷，屠苏流香，忽得启超书，公度无任欢喜，所谓半年岑寂，豁然释矣；抑亦有忧，见附照中，启超杂坐于秉三、晳子⑥之间，形容瘦悴，意兴萧索，实不忍于中心；终又不忘论及将来大局，曰："今日当道实既绝望，吾辈终不

---

① 梁启超：《嘉应黄先生墓志铭》，《饮冰室合集·文集》之四十四（上），第六页；中华书局2015年版，第4258页。
② 梁启超：《饮冰室诗话》，人民文学出版社1959年版，第24页。
③ 同上。
④ 同上书，第106页。
⑤ 同上书，第107页。
⑥ 即杨度（1875—1932），原名承瓒，字晳子，后改名度，别号虎公、虎禅，又号虎禅师、虎头陀、释虎，湖南省湘潭县姜畲石塘村人。从清末到民初，始则反对共和革命，继则拥护袁世凯称帝，后投孙中山赞成联俄联共扶助农工三大政策。五四运动以后，长期与李大钊等共产党人接触，世界观有了根本转变。1929年秋，在白色恐怖中，他申请加入中国共产党，成为秘密党员。

能视死不救，吾以为当逃其名而行其实。其宗旨曰阴谋，曰柔道；其方法曰潜移，曰缓进，曰蚕食；其权术曰得寸得寸，曰辟首击尾，曰远交近攻。今之府县官所图者，一己之黜陟耳，一家之温饱耳；吾饵之饲之，牢之笼之，羁縻之，左右之，务使彼无内顾之忧，无长官之责。彼等偷安无事，受代而去，必无有沮吾事者，继任者必沿袭为例，拱手以事权让人矣。其尤不肖者，搜索其劣迹以要挟之，控诉于大吏以摘去之。总之，二百余年朝廷所以驭官之法，官长上图保位，下图省事之习，吾承其弊，采其隐迎其机而利用之。一二年间，吾人羽翼既成，彼地方官必受吾指挥，而唯命是听矣。"①

其时，公度已病入膏肓，然其慨然自诺，但如一息尚存，即当负不虚生之责，而谆谆者言如斯，不啻做最后之政治交代。启超及立宪党人嗣后之行动方略，大抵亦不出此轨辙。

公度逝世前，有一事适足令启超幡然喜忧。

曩者，启超执教时务学堂，与才常交，才常赠菊花砚一方，谭嗣同为铭，江建霞捉刀刻之，启超视之若拱璧。及政变起，启超落荒而去，不特群籍散落，菊花砚亦随之亡佚，启超疚心若捣。庚子年，才常死难，启超每诵往事，辄耿耿于怀。公度闻此，于光绪二十八年冬特致书启超，云菊花砚已找到，且于砚上另刻一道铭文曰："杀汝之璧，况此片石，衔石补天，后死之责，还君明珠，为汝泪滴，石到磨穿，花终得实。"②启超得此讯，欣喜若狂，夜不能寐。及砚至，启超愕然，此砚非彼砚，乃为公度补赠者，当时颇失望。不意天妒英才，公度易箦，其所赠端砚，抑又为启超所宝重。而自是人间有两菊花砚焉。

---

① 黄遵宪：光绪三十一年一月十八日《与饮冰室主人书》，丁文江、赵丰田编《梁启超年谱长编》，上海人民出版社2009年版，第228页。
② 张朋园：《梁启超与清季革命》，吉林出版集团有限责任公司2007年版，第121页。

斯人已去，启超抚砚，伤之悲之："呜呼痛哉！今日时局，遽失斯人，普天同恨，非特鄙人私痛云尔。吾友某君，尝论先生云：'有加富尔之才，乃仅于诗界辟一新国土。天乎？人乎？'深知先生者，必能信此言之非阿好也。"①

又申之曰："先生治事，文理密察之才，以吾所见国人多矣，未有一能比也。天祸中国，蹉跌之数十年，抑亦甚矣；乃更于其存亡绝续之顷，遽夺斯人，呜呼！何一酷至此极耶？"②

"平生风谊兼师友，不敢同君哭寝门"，公度长逝，启超无任私痛，更为国忧。滔滔者天下皆是也，而谁以易之。如今正逢国势迍邅，不见斯人，将谁与当之？

而恰于此时，俄国革命爆发。启超承失友之巨痛，又踵以革命之惊骇。

戊戌变法虽遭弹压，然改革呼声日滋渐长，清廷迫于内忧外患，于光绪二十七年辛丑至三十一年乙巳，聊且推出系列改革法令，若废科举、兴新学、建新军，公派留学，奖劝工商等。虽新政之诏颁，盖为避祸全生，徒以媚外人愚黎元。然则，毕竟，一批新式知识分子以此为壤为阶，蔚成推动社会改革之新生力量。

启超又以熠火助日掬水益河之力，发表《敬告当道者》，警之以克伦威尔之振臂、路易十六之断头，清政府恨之入骨。而立宪之呼声亦愈张。

光绪三十年甲辰，日俄战争爆发，沙皇本欲求战胜之威，眩惑国民，转移专制之怨望，未逆料与日本相持一年，既竭蹶于征调，又疲弊于经济，海军覆没，陆军却北，俄人责政府之非计，若以万弩并发

---

① 梁启超：《饮冰室诗话》，人民文学出版社 1959 年版，第 104 页。
② 同上书，第 105 页。

百川齐决，汹汹然而莫之能御也。

消息传至国内，舆论亦普遍认为，此乃君主立宪战胜集权专制之明证，立宪活动日滋活跃。时清廷派驻海外使臣孙宝琦、胡维德、张德彝，直隶总督袁世凯、两江总督魏光焘、云贵总督丁振铎、两广总督岑春煊等人，亦纷纷奏请朝廷实行立宪。际此，立宪风潮起于青萍，而激飚熛怒于江湖以远焉。

俄人签城下之盟，直接导致俄国革命之爆发。启超速即描绘其场景曰：

> 电灯灭，瓦斯竭，船坞停，铁局彻，电线斫，铁道掘，军厂焚，报馆歇，匕首现，炸弹裂，君后逃，辇毂塞，警察骚，兵士集，日无光，野盈血，飞电刿目，全球拃舌。於戏俄罗斯革命！於戏全地球唯一之专制国，遂不免于大革命！①

场面不可谓不震悚，语言不可谓不锋利，心情不可谓不迫蹙，其意若在惊醒睡梦人。

俄之革命虽惊心动魄骇人听闻，然则启超日引颈而望，以祈彼奏凯。所以然者云何？殆所谓革命风炽，而立宪之说借以起，或谓藉他人三年之艾，治己七年之痒也。

俄罗斯革命酿之有年，今辱于俄日交绥败绩，恰成导火之机。而启超实于三年前即逆料："十年之内，俄国于革命立宪二者，必居一焉，吾敢知之"②，又儆告当世："夫使俄国或迫于革命而立宪乎，或求立宪不得而卒收功于革命乎，则自今以往，地球上完全专制之大国，

① 梁启超：《俄罗斯革命之影响》，《饮冰室合集·文集》之十九，第九十三页；中华书局 2015 年版，第 1799 页。
② 梁启超：《革命！俄罗斯革命！》，1902 年 6 月《新民丛报》9 号，夏晓虹辑《〈饮冰室合集〉集外文》（上册），北京大学出版社 2005 年版，第 107 页。

唯余一支那矣。"①

　　清廷痿痹，其曰专制，实根柢脆弱，乃其沾沾者自美，恍若有强俄为之毗连比拟，方且谓何渠不如汉，岂必效他国之君民同治者始足以立于天地。讵料俄日一役，专制与自由，高低立见，集权与分权，优劣迥绝。其尤者，若夫俄国革命成，以赫赫积威之俄廷，尚且不得已屈从于民，则弱清百官之顽然不动者，亦当反视，有所鉴焉。而率土之滨，人民从风，则更无论矣。

　　每静夜思之，辄不能寐，黄君遵宪所言，犹萦于耳："二十世纪之中国，必改而为立宪政体，今日有识之士，敢断然决之无疑义也。"②启超心潮澎湃，不禁吟咏客春为人所题老骥图绝句：

　　　　曾作中原万里行，前尘回首一悲鸣。

　　　　那堪枥牖凄凉夜，更听邻槽出塞声。③

　　启超决计以公度之说为己说，尊君权、导民权，蹈厉奋发，拯中国于危急。

　　受日俄战争影响，又刺激于俄国革命，再为启超、张謇等立宪派所聒，清朝亲贵中多人开始附会风气，标榜维新，若铁良④、徐世昌

　　① 梁启超：《革命! 俄罗斯革命!》，1902 年 6 月《新民丛报》9 号，夏晓虹辑《〈饮冰室合集〉集外文》（上册），北京大学出版社 2005 年版，第 107 页。
　　② 黄遵宪：光绪二十八年十一月《致新民师函丈书》，丁文江、赵丰田编《梁启超年谱长编》，上海人民出版社 2009 年版，第 199 页。
　　③ 梁启超：《俄罗斯革命之影响》，《饮冰室合集·文集》之十九，第一百零五页；中华书局 2015 年版，第 1811 页。
　　④ 铁良（1863—1938），字宝臣，穆尔察氏，满洲镶白旗人。以"知兵"自称，曾为荣禄幕僚，后任户部、兵部侍郎。1903 年赴日本考察军事，回国后任练兵大臣，协助袁世凯创设北洋六镇新军。继任军机大臣。1906 年任陆军部尚书，与袁世凯争夺北洋新军统帅权。1910 年调任江宁将军。辛亥武昌首义后，防守南京，与革命军作战，并与善耆等皇族成员组织宗社党，反对清帝退位。民国创建，以遗老身份在青岛、大连、天津等地积极参与清帝复辟活动。

辈，于宪法亦粗有讨论，而端方①召对时，亦反复言之，载振②又为之助，慈禧意颇觉悟，乃于乙巳八月遣五大臣出洋考察宪政。

是时也，革命之说亦甚盛，事变屡起。二十六日，正值使团于北京正阳门车站待发，遭革命党人吴樾③炸弹袭击，伤毙星使及送行者十余人。既而盛宣怀④倡异议，袁世凯觇候风色不决，以故又延宕三月之久，至十一月新遴五人，为镇国公载泽、湖南巡抚端方、户部侍郎戴鸿慈、山东布政使尚其亨、顺天府丞李盛铎⑤。随员颇众，皆心地纯正识见宏博足任其事者，若内阁中书陆宗舆、翰林院庶吉士熊希龄、外省补用道袁克定、南昌知府沈曾植、候补知府施肇基、直隶州知州夏曾佑等。临行，帝、后连日召见，敕命五大臣，务须随事咨询，悉心体察，用备甄采，毋负委任。

五大臣分两路出发，先后去美、德、俄、英、丹麦、瑞典、挪威、匈牙利、奥地利、荷兰、比利时、意大利等十余国家，考察议院、工

---

① 托忒克·端方（1861—1911），字午桥，号陶斋，满洲正白旗人。官至直隶总督、北洋大臣。宣统三年起为川汉、粤汉铁路督办，入川镇压保路运动，为起义新军所杀，谥忠敏。著有《陶斋吉金录》《端忠敏公奏稿》等。

② 爱新觉罗·载振（1876—1947），字育周，满洲镶黄旗人。末代庆亲王，奕劻长子，乾隆帝四世孙，庆僖亲王永璘曾孙。晚清时历封镇国公、贝子头衔。1903年赴日本考察第五届劝业博览会，回国后积极参与新政，奏请成立商部，任尚书。1906年，清政府机构改革，成立农工商部，任大臣。

③ 吴樾（1878—1905），字孟侠，又字梦霞，桐城人，光复会会员。五大臣出洋考察，他深恨清政府预备立宪骗局，在北京车站谋炸，事败死。孙中山有"爱有吴君，奋力一掷"，为其铭。

④ 盛宣怀（1844—1916），字杏荪，又字幼勖、荇生、杏生、号次沂，又号补楼，别署愚斋，晚年自号止叟，祖籍江阴，出生于常州，死后归葬江阴。清末官员，秀才出身，官办商人、买办，洋务派代表人物，著名政治家、企业家和慈善家，被誉为"中国实业之父"和"中国商父"。

⑤ 李盛铎（1859—1934），字义樵，又字椒微，号木斋，别号师子庵旧主人，师庵居士等，晚号麐嘉居士，江西省德化县（今九江市）人。历任清朝翰林院编修、国史馆协修、江南道监察御史、内阁侍读大学生、京都大学堂京办、顺天府丞、太常寺卿、出使各国政治考察大臣、山西布政司、陕西巡抚等职。民国后，曾担任大总统顾问、参政院参政、农商总长、参政院议长、国政商榷会会长等职。

厂、学校、军事诸项。期间，端方频以书杞往还于启超，并特派与启超关系密切之熊希龄，自旅欧途中折返日本，密商启超、杨度二人，望其代拟五大臣考察报告诸文件。

启超于清廷此举固多之，又重以老友相托，略无推辞，乃潜入海上二十余日，代草考察宪政、奏请立宪、赦免党人、请定国是诸奏折，计二十余万言。若夫《代五大臣考察政治报告》，启超为拟将来之政体大抵若是：一，实行两院制，上议院议员，部分由皇帝直接任命皇族、功臣、耆硕之人，部分由各省选举两名商贾或士绅，下议院议员根据各省人数多寡按比例决定；二，实行司法独立，使立法、行政、司法三权分立，以定国基；三，实行责任内阁，一切国家行政由内阁大臣负责，皇帝发布谕旨，须经内阁总理及有关大臣副署，方且有效；四，实行地方自治，各自设立议会；五，宪法由君主及两院共同制定，修法须两院议员总数三分之二列席乃得开议，列席者三分之二以上赞成，方可通过。

启超负暄献芹，五大臣视之若连城，且多所采择。

翌年六月，五大臣分两批先后返京复命。载泽上《奏请宣布立宪密折》，曰：唯立宪，皇位得永固、外患渐以轻、内乱可弭平。端方呈《请定国是以安大计折》，曰：东西洋各国所以强盛者，实以采用立宪政体之故也。清廷重臣传观五大臣奏折，并加以讨论，赞成者以为，中国欲国富兵强，除采取立宪政体外，盖无他术；反对者以为载泽、端方、戴鸿慈等，或受蛊毒，居心叵测。七月初十，慈禧太后与光绪帝召见诸大臣，决定预备立宪。阅三日，清廷正式颁布"仿行立宪"上谕，谓曰：

　　时处今日，唯有及时详晰甄核，仿行宪政，大权统于朝廷，庶政公诸舆论，以立国家万年有道之基。但目前规制未备，民智未开，若操切从事，徒饰空文，何以对国民，而昭大信？故廓清积弊，明定责成，必从官制入手，亟应先将官制分别议定，次第更张，并将各项法律详慎厘订，而又广兴教育，清理财政，整顿武备，普设巡警，使绅民明悉国政，以预备立宪基础。①

明诏既颁，启超以为，自此以往，政治革命问题，可已焉，而将来所当研究者，乃在于预备立宪之过渡时代，且欲如何应对。

---

① 光绪三十二年七月十五日《申报》二版《电传上谕》，丁文江、赵丰田编《梁启超年谱长编》，上海人民出版社 2009 年版，第 240 页。

二十一 1906年·楚兰

中山先生自庚子年惠州举义失败后，时往来于欧美南洋各地，向侨商及留学生鼓吹民族主义，培养革命种子。迄乙巳夏，成立新革命团体于德、法、比、英等国，旋即东渡扶桑。留日学生闻之，莫不欣喜若狂。

前此，各省殆皆有革命团体，若广东独立协会、支那亡国纪念会、青年会、中国教育会、军国民教育会、爱国学社、保滇会、日知会、华兴会、同仇会、光复会等，然各自为战，未能集中力量，合组一大团体，造成声势，多或为清廷所摧挫，其首领则走避日本，以图远猷。

时各省党人孚人望者，以华兴会领袖黄兴为最，中山先生未之识，藉日本友人宫崎寅藏绍介，始交黄及宋教仁、陈天华等数人。黄等对中山先生倾慕备至，即愿率华兴会全体会员与中山先生合组一新革命团体，中山额之。乃于六月下旬，假座东京赤坂区桧町黑龙会会所，成立中国同盟会，定纲领为：驱除鞑虏，恢复中华，创立民国，平均地权。

莅会六十余人，随中山先生对天盟誓，并受密语，如问何处人，即答为汉人，问何物，答中国物，问何事，答为天下事等。之后，中山先生与会员一一握手，欣然道喜曰："为君等庆贺，自今日起，君等已非清朝人矣!"① 语毕,忽闻裂帛声,原为房后木板猝然坍塌,中山先生谑之曰,得毋谓清廷颠覆之预兆耳!众金欢呼鼓掌。

同盟会成立,由是,革命力量益涨、革命形势日进,国内各省及海外各埠机关林立,人心归附,如水之就下,莫可能御。

斯之于革命党人,无不额手相称,而于立宪党人抑亦若石破天惊,惶惶然其情不克自掩。

启超谓其师曰:"革党现在东京占极大之势力,万余学生从之者过半。前此预备立宪诏下,其机稍息。及改革官制有名无实,其势益张,近且举国若狂矣。东京各省人皆有,彼播种于此间,而蔓延于内地,真腹心之大患,万不能轻视者也。"②

恰其时,革命党人见机而作,点烽烟于江西、湖南、山东、直隶等地,愈令立宪派有气衰志馁,荆天棘地之感。

启超乃复言之曰:"今日局面,革命党鸱张蔓延,殆遍全国。我今日必须竭全力与之争,大举以谋进取,不然将无吾党立足之地。"③

两党之争一则为地盘攘夺,即所谓占得一县即有一县之势力,占得一府即有一府之力量;一则为舆论攻难,稽古今史实,引中外理论,陈国情世运,各期收服人心。同盟会爰创《民报》,所谓起征胡之铙吹,流大汉之天声,启超据《新民丛报》为地,只臂以当之。双方相驳诘,以光绪三十二年丙午为最烈。

《民报》发刊即有挑战舆论之词:"近时杂志之作者亦夥矣,姱词以为美,嚣听而无所终,摛埴索涂,不获则反复其词而自惑,求其斠

---

① 冯自由:《革命逸史》(上),新星出版社 2009 年版,第 285 页。
② 光绪三十二年十一月《与夫子大人书》,张荣华编校《康有为往来书信集》,中国人民大学出版社 2012 年版,第 602 页。
③ 同上书,第 601 页。

时敝以立言，如古人所谓对症发药者，已不可见，而况夫孤怀宏议，远瞩将来者乎。"① 中山先生始倡三民主义为救国之不二法门，启超奋然所应者，殆亦集中于民族问题、民权问题、民生问题。革命党人鼓吹排满，提倡建立民族国家，辄视满族为外国，以故竭力强调民族主义。而启超绝不以为有狭义之民族问题，且自省曰："若就感情方面论之，鄙人虽无似，仰亦一多血多泪之人也。每读《扬州十日记》《嘉定屠城记略》，未尝不热血溢涌，故数年前主张排满论，虽师友督责日至，曾不肯自变其说。即至今日，而此种思想，蟠结胸中，每当酒酣耳热，犹时或间发而不能自制。苟使有道焉可以救国，而并可以复仇者，鄙人虽木石，宁能无歆焉。"② 然以民族同气相类六大要素（同血系、同语言、同住所、同习惯、同宗教、同精神体质）而论之，满人实已同化于汉人久矣，且以国家定义而言，我中国现有之领土，乃黄帝以来继长增高之领土，现在之国民则黄帝以来不断吸纳之国民，我国家之主权洵为黄帝以来更迭递嬗之主权，爱新觉罗氏自应是我固有人民之一分子，清之代明，亦我悠悠历史朝代更替之一例而已，满族入关中国灭亡之逻辑，断断然谬也明矣。

又进而论之："中国今日，苟君主不欲立宪则已耳，君主诚欲之，则断非满洲人所能阻也。夫阻之者，固非无人矣，然其人岂必为满洲人。吾见夫今日汉人之阻立宪者，且多于满洲人，而其阻力亦大于满洲人也。由此观之，谓君主以其为君主之地位，而认立宪为不利于其身及其子孙，而因以不肯立宪焉，则深文之言，非笃论也。即君主以外而有阻立宪之人，亦不过其人各为其私人之地位，恐缘立宪而损其

---

① 孙中山《民报》发刊词，冯自由《革命逸史》（上），新星出版社2009年版，第287页。
② 梁启超：《申论种族革命与政治革命之得失》，《饮冰室合集·文集》之十九，第四十三页；中华书局2015年，第1749页。

权力，是以阻之，而决非由种族之意见梗其间也。使其出于种族之意见也，则必凡汉人尽赞焉，凡满人尽梗焉，然后可。然今者汉人中或赞或梗，满人中亦或赞或梗，吾是以知其赞也梗也，皆于种族上毫无关系者也。"① 故有政治革命之必须而决无种族革命之必要。不特如此，种族革命必招致国家分裂，外敌入侵，各族自危，则又不俟言矣。

若夫政治革命，启超为定义曰："政治革命者，革专制而成立宪之谓也，无论为君主立宪，为共和立宪，皆谓之政治革命。"② 革命党人以共和立宪为鹄的，启超揭君主立宪尸祝之。革命党人欲达成最终之革命目的，必且循军政、训政而至宪政之路径，其始也，必以暴力颠覆误我生民二百余年之清政权。是深为启超所不然者。"暴动事业，无论在何国，无论在何时，其必出于啸聚，必为无机的群众，至章章也。就令革命军主动之内部团体若干人，稍为有机的组织，而其他多数之景从者，固不能不出于啸聚。若夫响应于四方者，更无论矣。以十八省之大，苟并时云扰，合此大多数之无机的群众，向于激动爆发以进行，其混乱状态之所极，谁能测之？而谓一二人之力，能左右此大众，使一丝不紊，为规律的行动，此真书生之见，架空之理想也。"③ 暴力手段流无数国民之血，立宪二字未之至，却先生无数荼民之祸，而况就共和立宪言之，"最高主权在国民之政治，决非久困专制骤获自由之民，所能运用而无弊也。准是以谈，则虽当革命后新建共和政府之时，

① 梁启超：《申论种族革命与政治革命之得失》，《饮冰室合集·文集》之十九，第二十八页至第二十九页；中华书局 2015 年，第 1734—1735 页。
② 梁启超：《申论种族革命与政治革命之得失》，《饮冰室合集·文集》之十九，第四页；中华书局 2015 年，第 1710 页。
③ 梁启超：《暴动与外国干涉》，方志钦、刘斯奋编注《梁启超诗文选》，广东人民出版社 1983 年版，第 171 页。

幸免于循环反动以取灭亡，而此政体终无术以持久，断断然矣。不持久奈何，其终必复返于专制，然则其去政治革命以救国之目的，不亦远乎！"①

与其如此则不若行君主立宪，外则有英、日成功先例，内则顺千年统序，分民以权而不致国乱，盍为之哉！而行君主立宪又不若行开明专制，其所以然者，乃在于中国施政机关尚未整备，人民政治素养尚未合资格。所谓开明专制，即专制之实施，一切利益以民众为依归，基于此，若经行有年，拾级而升，终必得立宪而后已者可也。

至若社会革命，是为启超所最欲激烈反对者。

中山先生于《民报》发刊词即唱之曰："世界开化，人智益蒸，物质发舒，百年锐于千载，经济问题继政治问题之后，则民生主义跃跃然动。二十世纪不得不为民生主义之擅扬时代也。"② 又进而发抒曰："今者中国以千年专制之毒而不解，异种残之，外邦逼之，民族主义民权主义殆不可以须臾缓。而民生主义欧美所虑积重难返者，中国独受病未深而去之易。是故或于人为既往之陈迹，或于我为将来之大患，要为缮我群所有事，则不可不并时而弛张之。"③ 弛张之办法即为地权之平均与土地国有，以防复蹈欧美覆辙，而杜革命再起。

启超驳诘之：所谓民生主义，无非摭拾蒲鲁东、圣西门、马克思等人理想之唾余，夺富人以均诸贫民罢耶哉，口号之休姱眩惑，适足"利用此以博一般下等社会之同情，冀赌徒、光棍、大盗、小偷、乞

---

① 梁启超：《申论种族革命与政治革命之得失》，转引自李喜所、元青《梁启超传》，人民出版社2010年版，第191页。
② 孙中山《民报》发刊词，冯自由《革命逸史》（上），新星出版社2009年版，第287页。
③ 同上书，第288页。

丐、流氓、狱囚之悉为我用，惧赤眉黄巾之不滋蔓，而复从而煽之，其必无成而徒荼毒一方，固无论也"①。启超固以为，所谓社会革命云云，乃挹资本家之水，注劳动者之瓿，实现分配均衡。斯之于欧美诸国不啻一剂良药，然其施诸今日中国，殆其利不足偿其病，云何？中国问题至危极险者，外之于帝国主义经济侵略，而决非内之于资本积累。徇其情，"唯有奖励资本家，使举其所贮蓄者，结合焉，而采百余年来西人所发明之新生产方法以从事于生产，国家则珍惜而保护之，使其事业可以发达以与外抗，使他之资本家闻其风，羡其利，而相率以图结集，从各方面以抵当外竞之潮流，庶或有济"②。

诘之若此，启超乃咒誓曰："虽以匕首揿吾胸，吾犹必大声疾呼曰：敢有言以社会革命（即土地国有制）与他种革命同时并行者，其人即黄帝之逆子，中国之罪人，虽与四万万人共诛之可也！"③

自乙巳迄于丁未，《新民丛报》对峙于《民报》，启超驳难于孙党，双方论战文字总百余万言，其针锋相对，壁垒森严，前所未见。

唯革命党人精锐尽出，轮番登场，尽张其锋芒，若胡汉民④、汪

---

① 梁启超：《开明专制论》，《饮冰室合集·文集》之十七，第七十四页；中华书局2015年版，第1564页。

② 梁启超：《杂答某报》，李兴华、吴嘉勋编《梁启超选集》，上海人民出版社1984年版，第507页。

③ 梁启超：《开明专制论》，《饮冰室合集·文集》之十七，第七十四页；中华书局2015年版，第1564页。

④ 胡汉民（1879—1936），幼名胡衍鹤，后改名胡衍鸿，字展堂，晚号不匮室主，"汉民"是其于《民报》上发表文章时所用笔名，广东番禺人，祖籍江西吉安。中国同盟会评议部议员，资产阶级革命家，国民党早期主要领导人之一，也是国民党前期右派代表人物之一。

精卫①、朱执信②、陈天华③、汪旭初④、章太炎⑤、黄侃⑥、刘师培⑦等。而汪精卫，辞色不稍假贷，殆有由也。畴昔，汪氏甫抵日本，曾慕启超盛名，再四过存横滨《新民丛报》，几于程门立雪之诚，而竟不获一面。固因启超或以著述，习以深夜或向曙始睡，过午乃起，或以作方城之戏，往往亘两昼夜不休，休则竟日沉睡，阍者恂恂焉多以

---

① 汪精卫（1883—1944），名兆铭，字季新，"精卫"为其于《民报》撰文时所用笔名，祖籍浙江山阴（原绍兴县），生于广东三水。中国同盟会评议部长，曾谋刺清摄政王载沣未遂被捕，留下"引刀成一快，不负少年头"名句。袁世凯统治时期赴法国留学。1921年孙文在广州就任非常大总统，汪精卫任广东省教育会长、广东政府顾问。1924年任中央宣传部长。后期思想明显退变，于抗日战争期间投靠日本，在南京成立伪国民政府。

② 朱执信（1885—1920），原名大符，字执信，祖籍浙江萧山，生于广东番禺（现广州市越秀区豪贤街）。1904年官费留学日本，结识孙中山、廖仲恺等革命党人。中国同盟会评议部议员兼书记，先后担任过《民报》《建设》等刊物编辑，从事资产阶级革命理论宣传工作。1920年9月21日，在虎门被桂系军阀杀害。

③ 陈天华（1875—1905），原名显宿，字星台，亦字过庭，别号思黄，湖南新化县人。1903年留学日本，参与组织"拒俄义勇队"和"军国民教育会"，次年回国参与组织"华兴会"，筹备发动长沙起义。1905年，在东京与宋教仁创办《二十世纪支那》杂志；辅佐孙中山筹组同盟会，起草《革命方略》。为抗议日本政府颁布《清国留学生取缔规则》，在日本东京大森海湾愤而投海殉国，时年三十一岁。所著《猛回头》《警世钟》成为当时宣传革命最有力之号角和警钟。

④ 汪旭初（1890—1963），原名东宝，后改名东，字旭初，号寄庵，别号寄生、梦秋，江苏吴县人。追随孙中山，从事反对帝制、宣传民主革命活动。曾任《大共和日报》总编辑、中央大学文学院院长等职。著名语言文字学家、词学家。

⑤ 章太炎（1869—1936），原名学乘，字枚叔（以纪念汉代辞赋家枚乘），后易名为炳麟，又因慕顾绛（顾炎武）为人行事又改名为绛，号太炎，世人常称之为太炎先生，早年又号膏兰室主人、刘子骏私淑弟子等，后自认民国遗民，浙江余杭人。曾任《时务报》撰述，《民报》主编。民国二年宋教仁被刺后参加讨袁，为袁禁锢。民国六年脱离孙中山改组后之国民党，在苏州设章氏国学讲习会，以讲学为业。

⑥ 黄侃（1886—1935），初名乔鼐，后更名乔馨，又改为侃，字季刚，又字季子，晚年自号量守居士，湖北蕲春人。1905年留学日本，在东京师事章太炎，受小学、经学，为章氏门下大弟子。曾在北京大学、中央大学、金陵大学等任教授。人称他与章太炎、刘师培为国学大师，称他与章太炎为乾嘉以来小学之集大成者。

⑦ 刘师培（1884—1919），又名刘光汉，字申叔，号左盦（庵），江苏仪征人。著有《左盦集》八卷、《左盦外集》二十卷、《左盦诗录》四卷、《词录》一卷，及论经学、史学、文学专著七十四种。《民报》时期所撰论满洲非中国种族之文字颇多。1907年底作《上端方书》，献弭乱之策十条，组织齐民社，举办世界语讲习所，与章太炎关系破裂。1911年随端方南下四川，镇压保路运动，在资州被革命军拘捕。辛亥革命胜利后，由孙中山保释。1915年8月，与杨度等发起成立筹安会，作《君政复古论》《联邦驳议》，为袁世凯称帝鼓吹。

此拒来客。戚属病之，亦无如何，忤客之事，在所难免。而精卫愤甚，转投中山先生，洎两造笔战日酣之际，宁不有私恨杂遝其间？

立宪派唯启超苦撑危局，虽骋辩有若炙輠，然力或有所不逮，乃示意徐佛苏①倡议《民报》与《新民丛报》停止论争。宋教仁②《宋渔父日记》于斯之倡有较详尽记载："四时，至徐应奎寓，坐良久。谈及梁卓如。应奎言：'梁卓如于《民报》上见君文，欲一见君，且向与《民报》辩驳之事，亦出于不得已。苟可以调和，则愿不如是也。《民报》动则斥其保皇，实则卓如已改变方针，其保皇会已改为国民宪政会矣。君可与《民报》社相商，以后和平发言，不互相攻击可也。'余答以将与民报社诸人商之，改日将有复也。……余遂至孙逸仙寓，与逸仙及胡展堂言之，则皆不以为然，余遂已。"③

调停不果，和解终成泡影，启超亦不得不强为应敌之师，且战且退。顾令启超意想不到者，斯之谓世纪大论战，自兹以往，革命党主张似若因其顺乎世界潮流，合乎人群需要，遽翻而占据上风。革命思想仿若洪流，充满学界，且灌输内地，风潮所及，至于贩夫走卒，莫不口谈革命，而身行破坏，立宪党人则气为所摄，而口为所箝。

辛亥志士张难先于《湖北革命知之录》中记曰："鄂人因庚子汉口之大流血，如梦方醒；嗣经壬癸海内外笔舌之战，结果，革命说为全国公认之救国途径。于是热烈之士，时时有一中山先生印象，盘旋

---

① 徐佛苏（1879—1916），字运奎，一作应奎，号佛公，笔名心斋、文福兴等，湖南善化（今长沙）人。1904 年参加华兴会，因万福华枪击广西巡抚王之春案被捕。不久获释，东渡日本，转投保皇会，任《新民丛报》撰述。民国后历任总统府顾问、南北议和代表、币制局总裁、北平民国大学代理校长等职。

② 宋教仁（1882—1913），字钝初，号渔父，湖南桃源人。有中国宪政之父之誉，与孙中山、黄兴并称，主持第一次改组国民党。任中华民国临时政府唐绍仪内阁农林部总长。1913 年被暗杀于上海火车站。

③ 丁文江、赵丰田编：《梁启超年谱长编》，上海人民出版社 2009 年版，第 239 页。

牢结于脑海,几欲破浪走海外从之。"① 此又论战结果之侧证也。

乃者,启超视君主立宪为救中国之缓进办法,而革命共和则为救中国之急进手段,两者虽为殊途,然则相反相成,相呴以湿,致同归而可期。不意终抵于仇雠,迥若秦越,势成水火,是为启超所深恻怆者也。恰此,清宗室长福,恒引立宪为同调,时任大清驻神户领事,正欲返国复命,启超即赋诗送别,顺浇心中块垒:

> 楚兰渺渺思公子,汉月依依送使君。
>
> 空谷天寒仍翠袖,长安西望有浮云。
>
> 谁令嫠妇忧王室,稍喜闲官似广文。
>
> 此去素衣好珍重,帝城尘影正纷纷。②

然则深文言之,事恒为一体两面,革命党力量日滋壮大,甚乃武装暴动洊叠而兴,迫使清政府向立宪派让步,加快预备立宪步伐,启超亦暂息痡口,转投组党及请愿国会诸活动。

---

① 章开沅主编,严昌洪、张铭玉、傅蟾珍编:《张难先文集》,华中师范大学出版社2005年版,第114页。

② 诗题为"送长绶卿归国",汪松涛编注、梁鉴江审订《梁启超诗词全注》,广东高等教育出版社1998年版,第138页。

二十二　1907年·隐几

　　年来，革命之风益炽，而立宪之说愈起，殊以预备立宪诏下，立宪党人无不踌躇满志，额手诵之，曰伟哉此举。启超甚而至于悬想，两党世纪论战虽致萎败，而诏之下，又方且收挫敌锋镝之效，其有言谓曰："革命党之势力，在东京既已销声匿迹，民报社各人互相噬啮，团体全散，至于并报而不能出，全学界人亦无复为彼所蛊惑者。盖自去年《新民丛报》与彼血战，前后殆将百万言，复有《中国新报》（晳子所办）、《大同报》（旗人所办）助我张目，故其势全熄。孙文亦被逐出境，今巢穴已破，吾党全收肃清克复之功，自今以往，决不复能为患矣。吾党今后但以全力对待政府，不必复有后顾之忧，武侯所谓欲为北征而先入南也。"①

　　际此，启超更视开明专制论若敝屣而自弃，疾倡立宪，速开国会。斯之为准的，所由之道，其或在于组党。乃联杨度、熊希龄等人筹创宪政会，所谋者有三，一曰聚散成合，立全国性政党，匡政府之不逮，赞当道之改革；一曰壮大康、梁派系力量，期必能驰骤党意，转移风潮；一曰张结党势，以与革党相争竞。

　　杨度其于东京留学生，颇有众岳以拱衡山百川而汇洞庭之势，

　　① 光绪三十三年六月八日《与夫子大人书》，丁文江、赵丰田编《梁启超年谱长编》，上海人民出版社2009年版，第267—268页。

居之固使党势得登高疾呼之效。渠之告于启超曰："欲党成而有势力，则必社会上结党之观念大盛而后可，今则唯少数人有此意，余众尚未尽然者，非以政党为不必要，乃不知政党之起欲何所行动，何所经营，疑惧而不敢发也。夫政党之事万端，其中条理非可尽人而喻，必有一简单之事物以号召之，使人一听而知，则其心反易于摇动而可与言结党共谋。"① 度之所谓简单事，莫开国会若也，并吁请《新民丛报》及《时报》，臂助《中国新报》，合力专言开国会事，造成舆论，使人人心中有此一物，然后吾人起而乘之以结党，则必得事半功倍之效也。

开国会孰与结党先，超、度划然两分。初观之，则可率尔称其为结党步骤之争，继视之，则究可曰立宪派主导权之竞，启超愤激不及择言："某君（指杨度）欲以其所支配之一部分人为主体，而吾辈皆为客体而已。吾辈固非不能下人者，苟有一真能救国之党魁，则投集其旗下为一小卒，固所不辞，但某君果为适当之人物否，能以彼之故而碍党势之扩张否，则不可不熟审耳。"② 又进而忧之："今当结集之始，势力无一毫之可见，而先有种种意见，不能相下，将来能无破裂以贻外人笑乎？"③

超、度势成阋墙，"宪政会"招牌终未能树焉，而两人分道扬镳，在所不免。杨度自组宪政公会（亦谓宪政讲习会），启超则与蒋观云、徐佛苏等人组政闻社。徐佛苏记之曰："前清乙巳丙午年间，吾国留日学生达二千余人，对于祖国救亡之主义，分'种族革命'

---

① 杨度：光绪三十三年《致卓如我兄足下书》，丁文江、赵丰田编《梁启超年谱长编》，上海人民出版社2009年版，第260页。
② 梁启超：光绪三十三年《致蒋观云书》，丁文江、赵丰田编《梁启超年谱长编》，上海人民出版社2009年版，第256—257页。
③ 同上书，第257页。

与'政治革命'两派。所谓种族革命者，欲以激烈手段推翻清廷君主也。所谓政治革命者，欲以和平手段运动政府实行宪政也。梁先生者，久在日本横滨主办《新民丛报》，鼓吹革命者也。此时见留日学生界主张立宪之人渐多，又动心于国内历次革命牺牲爱国志士过多，而仍未能实行革命，乃亦偏重政治革命之说，发挥立宪可以救国之理，于是于丙午（应作丁未）年间与马良、徐佛苏、麦孟华、蒋智由、张嘉森及留日学界三百余人创设政治团体于日京，名为政闻社。"① 其社约略为："一、确立立宪政治，使国人皆有参与国政之权。二、对于内政外交，指陈其利害得失，以尽国民对于国家之责任心。三、唤起国人政治之热心，及增长其政治上之智识与道德。"②

光绪三十三年丁未九月十一日，政闻社开成立大会于东京神田区锦辉馆，参加者约一千五百人，均系留日学生。亦并邀日本维新元勋大隈重信、板垣退助两伯爵，及犬养毅、矢野文雄诸人为之光宠。同盟会人张继③、陶成章④等亦往视之。启超自横滨，不俟驾而行，莅会作《政治上之监督机关》演说，畅论权力之渊源、监督之重要及政党政治之先例。当语至"今朝廷下诏刻期立宪，诸君子宜欢喜踊跃"

---

① 张朋园：《梁启超与清季革命》，吉林出版集团有限责任公司2007年版，第123页。
② 1907年10月《政论》1号，夏晓虹辑《〈饮冰室合集〉集外文》（上册），北京大学出版社2005年版，第511—512页。
③ 张继（1882—1947），原名溥，后改名继，字溥泉，别署博泉、自然生，河北沧县人。1904年任长沙明德学堂历史教习，与黄兴、宋教仁等创立华兴会。不久因广西巡抚王之春遇刺未遂案牵连被捕。出狱后赴日本，在东京参加同盟会，并任机关报《民报》发行人与编辑。历任国会第一届参议院议长、广东军政府顾问、中国国民党宣传部长、国民党中央政治会议委员、司法院副院长、中央监察委员、国史馆馆长等职。
④ 陶成章（1878—1912），字焕卿，号陶耳山人，浙江绍兴人。少有志向，以反清复汉为己任，先后两次赴京刺杀慈禧太后未果，后只身东渡日本学习陆军。1906年在东京加入同盟会，任留日会员浙江分会会长，兼《民报》编辑。1910年，在东京建立光复会总部，举章太炎为会长，陶成章副之。1912年被暗杀于上海广慈医院。

时，张继等厉声叱骂，并直扑讲台。"启超跳，自曲楼旋转而坠，或以草履掷之，中颊。"① 日警以维持结社集会自由为由，驱离肇事者，并现场调查实情，以便决定是否诉诸法律。"当时梁先生深恐吾国人因政见不同之细故，致烦外国官厅之传讯，乃派会友向日警力白会中之稍稍纷扰，纯系本会中人偶起争论之故，既非他党来袭，亦未毁物殴人，请贵厅勿介意此事。日警唯唯而退。后来日本名流及报纸颇赞美梁先生之有'政治德量'云。"②

政闻社甫成，社员即纷纷归国活动，广联商贾、士绅、学生各阶层，开会演说，通电请愿，足迹辙印交于南北，立宪之声殷于天地。而水泮发蛰，百草权舆，胥矣众立宪团体，如雨后春笋日滋日长，若湖南之宪政公会、湖北之宪政筹备会、广东之自治会等。

立宪运动如火如荼，而国内情势殊非寻常，麦孺博特致书启超为告："日来政府大有变动，北洋入军机之说已确，道路且有立储之谣。唯现在江、鄂、直三督，苏、浙二抚，均告病假。观此形势，则朝廷必有非常举动无疑。"③ 征之于实，则政府布文网、查邮件、诬留学，何莫而非杜川防火为！立宪，非于中央施以动力，则决难转圆易行。

麦君孺博所虞，实立宪党人多或忧心忡惓者，遂有立宪缓进与急进之争，师友中劝谏启超者不乏其人，若南海先生即言："政府虽极顽愚，然推之即动，激之即行，故立宪之事，但患其速，不患其迟也。以其本无主宰而深畏民嚣，故本原虽可笑已极，而实效则已著，及夫

---

① 李喜所、元青：《梁启超传》，人民出版社2010年版，第211页。
② 徐佛苏：《记梁任公先生逸事》，丁文江、赵丰田编《梁启超年谱长编》，上海人民出版社2009年版，第273页。
③ 麦孺博：《致梁任公书》光绪三十三年七月五日，丁文江、赵丰田编《梁启超年谱长编》，上海人民出版社2009年版，第271页。

高山之顶，巨石已摇动而下矣。则磨雷日轰，必至麓趾乃止，此不待智者可指日计之也。"①

启超岂其略无顾忌，第职志既定，踵以形势所迫，速开国会推动政党政治，此意决难摇动：

> 隐几可能吾丧我，陟隍方叹国无人。
>
> 相将濡沫愁师友，忽复哀吟动鬼神。
>
> 苍莽鸡声发深省，腾拿龙性未全驯。
>
> 不辞见卵求时夜，日日循墙视虱轮。②

此为酬答孺博，抑亦自明心志，虽曰求时夜若鸮炙，初无辞焉。

朝廷预备立宪诏下，其设施布置种种，以改革官制为嚆矢，亦差强慰天下人心者。讵知当道明挂羊头阴卖狗肉，不唯未导权于民，翻更集权于中央，不唯未孚民望，翻更激起民间连串反清起义。立宪党主急进者以为，骑此波涛汹涌之势，不进，则掷为余沫且不俟言，又何期于立宪昌明天下耶！

顷者，超之与度衔镳，顾于速开国会用抗革命排满，两人若合符契，乃自媲絷囚之鸟，拟度为绝天之翔，"两鸟互省愆，何用取钳钛！形滞或帝命，神接其我奈。风雨满天地，遥夜各翔唠。万江不能阻，千山不能害。一鸣地维竦，再鸣海尘汰。还当三千秋，相酬不为

---

① 1907年11月4日《康有为复梁启超等》，张荣华编校《康有为往来书信集》，中国人民大学出版社2012年版，第606页。

② 梁启超：《次韵酬蜕庵见寄》二首之一，汪松涛编注、梁鉴江审订《梁启超诗词全注》，广东高等教育出版社1998年版，第146页。

泰。"① 启超以诗喻义，期望消弭分歧，共图大业，其用心良为苦矣哉！乃鼓吹之煽动之，社会上迅即掀起速开国会热潮。

翌年初，政闻社联络各立宪团体，共同成立国会期成会，发动请愿签名运动。未几，十余省代表接踵至京，递交请愿书，要求立即召开国会。六月，政闻社以全体社员名义，致宪政编查馆一电，云："国会一事，天下观瞻所系，即中国存亡所关，非宣布最近年限，无以消弭祸乱，维系人心。且事必实行，则改良易，空言预备，则成功难，凡事如斯，岂唯国会。近闻有主张十年二十年者，灰爱国者之心，长揭竿者之气，需将贼事，时不我留，乞速宣布年限，期以三年召集国会，宗社幸甚，生灵幸甚！"②

呼吁之不足，又联疆臣，结士绅，问实业，通亲贵，但凡有助于劝迫清廷俯就民意者，无不吸纳之。又谋创报立学，期以握舆论之中枢，蓄立宪之通才。其所筹划者，尤属意汉口。

汉口仿佛世外桃源，不若北京、上海之时疑风鹤，而诸事草昧，先入为辟者，必可成将来之主人翁，斯之为诸立宪团体所觑破，固无疑耳。

政闻社见机而作，岂甘后人！

启超致熊希龄书，殷殷言曰："武汉为天下之中，畴昔兵家在所必争，政党为平和的战争，其计划亦当与用兵无异，故欲以全力首置基础于武汉，而其下手之法，一曰设一大日报，名曰《江汉公报》（引者注：一名曰《大江日报》），二曰设一法政大学，名曰江汉公学。"③

---

① 《效昌黎〈双鸟〉诗，赠杨皙子》选片，汪松涛编注、梁鉴江审订《梁启超诗词全注》，广东高等教育出版社 1998 年版，第 156 页。

② 《政闻社为国会期限致宪政馆电》，载于光绪三十四年六月五日《申报》，转引自张朋园《梁启超与清季革命》，吉林出版集团有限责任公司出版社 2007 年版，第 126 页。

③ 光绪三十三年十二月二十九日《致熊秉三先生书》，丁文江、赵丰田编《梁启超年谱长编》，上海人民出版社 2009 年版，第 284 页。

拟由侯延爽①主持实施。然劳劳有日，却竭蹶难行。爽初任其事，勇猛精进，俟其驻汉既久，了解益深，殊觉处处碍于经济，难以展布，尤恐若孟浪开办，却无后继来款接济，虽曰出版，却速转成冲风之衰、鲁缟之末，毋亦贻笑于人？乃生退意。社中多人亦深忧之。侯君婉辞曰："爽自维庸懦，实不足以当此重任，而老亲弱息，饥饿都门，债台已增百级，更无颜托钵向人。爽行将他谋，以给菽水耳。然无论至何处，皆不忘扩充吾政闻社，是敢矢死于诸公者也。"② 言之若斯，天亦当为之解。所筹划诸事，终因支绌，无疾而终。启超曾深叹谓，拿破仑战胜之具云何？一曰金，二曰金，三曰金，噫欤哉，益信之！

　　维清政府固无立宪诚意，迨立宪运动呈燎原之势，朝廷深为忧惧，重以康有为更联欧、亚、美、澳各洲二百余华埠团体，上书请愿吁请撤垂帘、颁宪法、开国会、裁阉宦、改国号、营新都等，当道益忌之。适法部主事、政闻社社员陈景仁电奏朝廷，请定三年内开国会，并革于式枚以谢天下。于氏乃考察宪政大臣、吏部侍郎，守旧愚顽，辄视国会为雠仇，立宪党人恨之既久。慈宫见陈电初不甚以为意，洎袁慰亭面奏政闻社系康、梁等人所发起，怒不能遏。项城与维新党人有夙嫌，顷者闻道路谣传政闻社排袁之说，愈衔恨以潜。而衮衮诸臣以为，于氏者卿贰大员，岂该主事等所擅行请革？若夫开议院、仿立宪，自为必办之事，但头绪纷繁，所需预备之期限，朝廷自须详慎斟酌权衡至当，何须主事哓哓耳。

　　尔乃先降罪于陈景仁："政闻社内诸人良莠不齐，且多曾犯重案之

────────────

　　① 侯延爽（1871—1942），字雪舫，山东东平县人。幼年读私塾，后随东平教谕傅旭安（著名学者傅斯年之父）求学。1903年中进士，任清廷刑部主事。曾作为第一批留学生赴日本学习政法。民国初，历任临时参议院议员、第一届众议院议员。

　　② 侯延爽：光绪三十四年二月十三日《致佛苏我兄书》，丁文江、赵丰田编《梁启超年谱长编》，上海人民出版社2009年版，第298页。

人。陈景仁身为职官，竟敢附和比暱，倡率生事，初不甚怒，洎袁世凯面奏政闻社，殊属谬妄，若不量予惩处，恐诪张为幻。必致扰乱大局，妨害治安。法部主事陈景仁著即行革职，由所在地方官查传管束，以示薄惩。"① 继之，张南皮惧留日学生哄腾立宪，恐为康、梁煽惑，乃奏请查禁政闻社，通缉首犯。七月十七日，清廷谕令即下："近闻沿江沿海暨南北各省设有政闻社名目，内多悖逆要犯，广敛资财，纠结党羽，托名研究时务，阴图煽乱扰害治安，若不严行查禁，恐后败坏大局，著民政部各省督抚步军统领顺天府严密查访，认真禁止，遇有此项社夥，即行严拿惩办，勿稍疏纵，致酿巨患。"②

道路皆知，政闻社起于东京，兴于各省，其目的乃在于协助政府调查各国立宪制度，俾中央政府得以创立国会，实行宪政。不谓，一旦禁止谕令下，雷厉风行，闻者莫不错愕。而政学绅商之阍閣者，幡然噤若寒蝉，无有敢再言立宪二字，即如江苏、江西、安徽、广东、浙江等省入京之请愿代表，亦均束装回省。

同人或有怨愤者，启超为之缓颊，谓陈氏固其鲁莽可恨，第其热诚可嘉，其不近情理亦可谅，其不解事机亦可恕，视之为教训，亦其宜也，唯于政党初萌，未经训练，些些偾动乱脉所不能免，责之无谓，徒失人心耳。

虽然，春华突遇秋霜，遭愍若斯，忿懑何已！"泪眼看云又一年，倚楼何事不凄然。独无兄弟将谁恕？长负君亲只自怜。天远一身成老大，酒醒满目是山川。伤离念远何时已？捧土区区塞逝川！"③ 时次戊申岁腊将尽，忽风雨满天地，独对寒窗，回想儿时事，不禁恻然而悲，

———
① 张朋园：《梁启超与清季革命》，吉林出版集团有限责任公司 2007 年版，第 129 页。
② 同上。
③ 诗题为"腊不尽二日感怀"，汪松涛编注、梁鉴江审订《梁启超诗词全注》，广东高等教育出版社 1998 年版，第 176 页。

戚然而痛："三十年前心上事，为谁千转入中肠？学裁春胜同依姊，泥
索年糕各唤娘。此时天涯空涕泪，他年夜雨莫思量。却缘诗梦翻无寐，
送我何由致汝旁？"①

---

① 诗题为"其夕大风雨，彻旦不寐，重有感"，汪松涛编注、梁鉴江审订《梁启超
诗词全注》，广东高等教育出版社 1998 年版，第 177 页。

二十三　1908 年·一出

政闻社查禁，启超所祗恨者，唯袁世凯。

戊戌政变，康梁党人认定袁氏卖主求荣，自此以往两不相能，訾诟之言如缕不绝。然康、梁等人虽瞻望天阍，思服宸旒，奈何万里投荒，多少雄心壮志，徒与长天对叹。而袁世凯步步青云，由直隶按察使擢拔直隶总督兼北洋大臣，继又调任军机大臣兼外务部尚书，恩遇之隆，于汉族大臣中仅以曾、胡、左、李所可比拟。迨政闻社甫立，启超等人自弭嫌隙，一度希望得到张之洞、袁世凯、端方、赵尔巽①等朝廷重臣支持与提携，渠其有维新思想有势力，一旦颔首辅拂，政闻社之发展，必如奋翮。启超甚至还专谋到沪，欲与袁氏晤谈，终不果。

求袁而不得，两厢衔恨益深，且势不两立。

袁世凯曾谋罗致政闻社重要成员，急欲借此刺探政闻社消息以摧折之。康梁党人直视袁世凯为庆父，庆父不死，宁得鲁难之已？今先其大者，将以倒劲②为先，而"彼虽谋探宏多，若从宗室，满人下手，

---

① 赵尔巽（1844—1927），字公镶，号次珊，又名次山，又号无补，祖籍襄平（今辽宁省辽阳市）。清代同治年间进士，授翰林院编修。历任安徽、陕西各省按察使，又任甘肃、新疆、山西布政使，后任湖南巡抚、户部尚书、盛京将军、湖广总督、四川总督等职。宣统三年（1911）任东三省总督。1914 年任清史馆总裁，主编《清史稿》。

② 劲即袁世凯。

攻之亦不难，彼实在嫌疑之地。老妪①阅事多矣，极少信心，中之至
易，是在所布置之人才耳"②。是时，善耆③、良弼④等人受袁排挤，亲
近立宪派，是故启超有联善耆、良弼、岑春煊⑤等人打击袁世凯之议。
乃派汤觉顿赴肃邸居间联络。善耆纯为帝党，自戊戌以降，宗旨坚定，
虽经千曲百折，曾不少变者，见觉顿来，待之极诚，且告以宫中事，
一切布置妥帖，一旦那拉告殂，袁氏纵有大力，必不致累及圣躬。

　　然则袁世凯何许人也，其险僻诡谲之名，又岂虚饰。爰于慈禧面
前一番媒蘗，政闻社立溃。

　　一败再败，启超何堪其情，光绪三十四年戊申初度命骚所作，仿
若谶言，摽之而不去：

> 一出修门巳十秋，黄华见惯也应羞。
>
> 无穷心事频看镜，如此江山独倚楼。
>
> 何处平芜下秋隼，却怜沧海着沙鸥。
>
> 尊前百感君休问，哀乐中年未易收。⑥

---

　　① 指慈禧。
　　② 康有为：光绪三十四年《与任博二子书》，丁文江、赵丰田编《梁启超年谱长
编》，上海人民出版社 2009 年版，第 294 页。
　　③ 爱新觉罗·善耆（1866—1922），字艾堂，号偶遂亭主人。晚清贵族重臣，历任
乾清门头等侍卫、副都统、统领、民政部尚书、民政大臣、理藩大臣。谥肃忠亲王。善耆
在清末赞成立宪运动，并免除汪兆铭刺杀监国之死刑。
　　④ 爱新觉罗·良弼（1877—1912），字赉臣，以知兵自诩，参与清廷改年制，练新
军，立军学，尤注意延揽军事人才，与铁良等被称为清季干将。坚决主张镇压武昌起义，
反对起用袁世凯。1912 年 1 月，与溥伟、铁良等皇族成员组织"宗社党"，被推为首领，
反对与革命军议和，反对清帝退位。
　　⑤ 岑春煊（1861—1933），字云阶，号炯堂老人，曾用名云霭、春泽，广西西林人。
1898 年因力主变法维新而得光绪帝青睐，提拔为广东布政使。庚子年，岑春煊率军"勤
王"，护送慈禧、光绪至西安，因功擢陕西巡抚，后署理四川总督，署理两广总督。1907
年入京任邮传部尚书。
　　⑥ 诗题为"戊申初度"二首之一，汪松涛编注、梁鉴江审订《梁启超诗词全注》，
广东高等教育出版社 1998 年版，第 160 页。

虽然，启超对于政治事业并未馁其志："政治生活，此时固无从下手，然谓竟抛弃之，则非唯于义有所不安，即于势亦有所不可。十年来，以虚誉忝负一部分人民之望，社会之恩我不为不厚，此身唯有奉献之于政治界耳。若外界之阻力，则纡曲其途以达之可，时机之未熟，再养晦以待之可也。若夫舍此不治，则此外更有何道以为吾报国之地耶？"①

诚哉，养晦待时。果不其然，距查禁政闻社谕令祇十余日，即八月初一，宪政编查馆王大臣奕劻②、溥伦③等奏谕《钦定宪法大纲》即行颁布，限九年筹备完成。

《钦定宪法大纲》共四十条，其荦荦大者，规定君主乃国家元首，法律由议院议决、皇帝批准公布；确定立法、司法、行政三权分立体制；规定臣民在法律范围内享有言论、著作、集会、结社自由等权利；公民人身、财产受法律保护。

而九年预备期则次第完成：各省设立咨议局；各州县乡镇实行地方自治；中央成立资政院、审计院、行政审判院；发展教育，使全国识字人数达到总人数之二十分之一；省以下成立各级审判厅；1916 年颁布宪法、议院法、选举法；举行上下议院选举，开始实行宪政；制定民律、商律及刑律等法律条文。

---

① 光绪三十四年《致佛公书》，丁文江、赵丰田编《梁启超年谱长编》，上海人民出版社 2009 年版，第 309 页。

② 爱新觉罗·奕劻（1838—1917），初封辅国将军，后晋爵贝子、贝勒，同治十一年（1872）九月，加郡王衔，任御前大臣。光绪十年（1884），担任总理各国事务衙门大臣，进庆郡王。光绪二十年，被慈禧封为庆亲王。光绪二十六年，八国联军侵华，他受命与李鸿章于次年代表清政府签订《辛丑条约》。光绪二十九年，为首席军机大臣，仍总理外务部。宣统三年（1911），裁撤军机处，改设内阁，奕劻任内阁总理大臣。辛亥革命爆发后袁世凯复出，奕劻改任弼德院总裁。

③ 爱新觉罗·溥伦（1874—1927），字彝庵，袭封"贝子"爵位，时称"伦贝子"。1904 年 3 月 4 日，贝子溥伦率清帝国代表团离京出席美国圣路易斯世界博览会，回国后受到重用，任资政院总裁、农工商大臣，是宣统年间皇族内阁重要成员之一。

《钦定宪法大纲》及九年预备立宪方案，其宏旨与框架，大抵不出《代五大臣考察政治报告》所草拟之内容，确立君主立宪体制明矣，际此，政闻社虽云渐灭，而其汲汲以求者，亦终得酬报，斯之为启超所深慰者也。

讵知，迨预备实施宪政谕令颁布未三月，光绪、慈禧于十月十一日、十二日先后崩逝，时人无不震骇。其尤者，光绪大行，疑窦丛生，或谓被毒弑，几无异辞，而逞其谋者，多指目西后、隆裕①、袁世凯三人。立宪党人则认定巨憝非袁世凯者无他人，旧恨又添新仇，除袁在所必行。

帝、后崩逝，依遗诏，溥仪继位，年号宣统，以其年幼冲，由生父醇亲王载沣②摄政监国。而除袁拥袁与宫廷权斗相纠葛，一时气氛诡谲。载沣乾纲独揽，而"其人深沉而有远略，所布置者颇多，现在不遽发者，徒以在大丧中虑失国体，大约百日服满后，必有异动"③。传闻，光绪帝临终托方寸于载沣，书"杀袁世凯"四字朱谕。此虽不为确言，而诛袁以报兄仇，则诚有其事。顾军机大臣奕劻等人一番话，令载沣稍逊其志，其言谓曰，杀袁世凯不难，奈北洋军造反若何？既乃隆裕太后用张之洞建议，以足疾令袁项城开缺回籍养疴。

---

① 隆裕（1868—1913），叶赫那拉氏，满洲镶黄旗人，名静芬，小名喜子，慈禧之弟副都统叶赫那拉·桂祥之女。光绪十四年（1888）被慈禧太后钦点与光绪帝成婚，次年立为皇后。

② 爱新觉罗·载沣（1883—1951），字"伯涵"，号"静云"，晚年自号"书癖"，改名"载静云"，清宣宗道光帝之孙，光绪帝载湉异母弟。光绪十六年（1890）袭王爵，成为第二代醇亲王。因义和团运动中德国公使克林德在北京被杀，于 1901 年被委派充任头等专使大臣赴德国道歉谢罪，拒绝德皇跪拜要求，坚持大义。光绪三十四年任军机大臣，次年代理陆海军大元帅。宣统三年八月（1911 年 10 月），辛亥革命爆发，被迫辞去摄政王职，闭门家居，次年他被迫同意儿子溥仪退位。1928 年，迁往天津幽居，后又去东北，拒绝日本人劝降，并怒斥其子溥仪投靠日本，之后返回关内居住。

③ 梁启超：光绪三十四年十一月《致蒋观云先生书》，丁文江、赵丰田编《梁启超年谱长编》，上海人民出版社 2009 年版，第 310 页。

"元凶之必去，绥卿（引者注：即长福）屡次来函述泽萧（引者注：即载泽、肃王善耆）二公之言，谓必无中变，坚嘱无虑，但其发之如是其速，即彼辈亦始愿不及。"①

然则如此处置，康师南海先生实大不以为然，"北中不欲正名，极不欲认弑事，此义最宜商以春秋之义正之耶？抑岂彼等隐忍了事耶？在彼等或以此事无据，不必发大难，以失国体，且摄枢皆有难处，故以萧、铁②诸人乃并亦欲掩盖之矣"③。更谓曰："今贼已落，应再鼓各埠迫请杀之乎，抑听其作何办理乎？"④

而启超以为，此贼当外交之冲既久，与列强交通深广，值兹两宫升遐未及百日，即行厘剔，必欲彰其恶于天下，斯能杜外人干涉之口，绝将来反噬之计。而袁氏罪行，实以擢发，仅举其显恶者则有：一为甲午战祸，袁世凯堪当元恶。时袁氏驻朝煽乱东学党，既而求出兵以剿之，不谓日本依《天津条约》亦出兵朝鲜，中日战端即起，遂有马关之巨耻。一为戊戌之役，无端捏造帝党谋围颐和园，致两宫之间介介然不相能。"德宗皇帝十年来未尝有一日开颜，谗人罔极，交乱四国，莫此为甚。"⑤ 一为袁贼抚山东，拳匪起，而固知其必不能成事，既不肯显然助之，又惮于公开剿灭，树敌而自蚀，乃驱团匪，以畿辅为邻壑，致使铜驼落泪，乘舆播迁，酿赔款山积之祸。

唯宫廷权斗激烈，以袁世凯之倾险邪僻，狼狈沆瀣，际此适足引

---

① 梁启超：光绪三十四年十二月二十一日《致蒋观云先生书》，丁文江、赵丰田编《梁启超年谱长编》，上海人民出版社 2009 年版，第 311 页。

② 萧指肃王善耆，铁指铁良。

③ 康有为：光绪三十四年十二月十五日《与任弟书》，丁文江、赵丰田编《梁启超年谱长编》，上海人民出版社 2009 年版，第 314 页。

④ 同上。

⑤ 梁启超：《致肃王书》，丁文江、赵丰田编《梁启超年谱长编》，上海人民出版社 2009 年版，第 312 页。

以为奥援。乃安然披蓑，垂钓洹上。无如之何，启超寄望于监国，妥实推进宪政改革。爰书万言上摄政王，沥陈一得之愚：其一曰召开地方长官会议，整齐施政方针，寝假以举中央集权；其二曰设立调查国务司，尽搜土地、户口、生产、风俗等国情，备为一切新政之基；其三曰妥速制定颁布实施地方自治制度，以养成国民参政习惯。

而宪政预备过程之根本乃在于养人才、正人心。

若夫英、美、德、日、法、意、奥、俄，南美、中美诸邦，波斯、土耳其各国，无不为立宪国也，然其政治之举废，国势之强弱，则又有霄壤之别，所以然者云何？固在于执政之人。苟非其人，虽有良法，将安所丽焉！而欲致人才，又必将先正人心。启超不惮烦渎，痛陈曰："十年以来，形式上之变法亦多端矣，而变一法则多辟一舞弊之窦，增一官则多开一奔竞之门。最近数年间，益复政以贿成。苟苴之举，妾妇之容，士大夫明目张胆，公然行之不以为怪。廉耻道丧，衣冠涂地。其留学于外，自命为有新知识者，一入宦途，奄然同化，抑更甚焉。"① 以如此人心风俗，所谓变法，所谓立宪，一经不肖者之手，何莫而非藏污纳垢之所！

噫吁兮！披肝沥胆，一何其痛，杜鹃啼血，一何其伤。其行若斯，其言如是，原于启超对立宪政治有望，对载沣监国有期，职此，启超甚而至于一改政闻时期躁进之姿态，对实施宪政转趋理性稳健："立宪之真精神，不过曰，予国民以参政权而已。然参政权非可以骤予者。非有所靳之，苟人民无政治上之知识，无政治上之能力，则予之乃所以害之也。"② 又曰："比者新学小生，狂醉于国会之论，几欲朝倡之

---

① 梁启超：《上摄政王书》，李兴华、吴嘉勋编《梁启超选集》，上海人民出版社1984年版，第549页。

② 同上书，第554页。

而夕行之，其为可晒，固不待言。"①

西后归西，光绪晏驾，醇王摄政，项城褫削，人事既变，其所主张又奚可不从其变？要言之，启超于秉钧持轴者寄予良厚："今国之大蠹既已去矣，不肖之徒，当有所慑。而监国摄政王复以恭俭廉正之懿德表率之，苟更得二三大臣同心戮力，誓矫弊风，则风行草偃，更新之象，亦岂谓难？"②

时启超信心满满，诚谓以己之蓄积，只待德音下达，即可效铅刀之一割。立宪党人亦咸谓，康、梁乃天下仰望之人，如能返国，得瞻九阍，趋跄于宸跸之侧，则国家之至幸也。杨度更上奏摄政王说："启超爱国之心，久而愈挚，忠君之念，在远不渝"，"倘蒙朝廷赦用，必能肝脑涂地，以报再生之恩"，"倘启超被赦之后，或有不利于国之行为，唯乞皇上诛臣"。③

然则赦用梁启超之议，旋遭首席军机大臣、外务部总理奕劻等人坚决反对，载沣亦以启超得罪先朝，碍难赦用，仍将其拒诸异邦。

启超闻此，直如遇大厦之倾圮，山川之崩溃，所谓欢欣譬若朝露，所谓冀愿譬若昙花。曾几何时，负扆之业，多少党人延颈仡望；依界之意，薄海戾滨若春潮涌，而迄于今，金付于空，呜呼哉！天若有知天亦矜之。

落泊人自有落泊语，此时此刻，启超倍觉亲情珍贵。时二弟仲策羁游美国，读哥伦比亚大学经济学，启超寄怀曰：

人生七十已过半，心事百千无一成。

---

① 梁启超：《上摄政王书》，李兴华、吴嘉勋编《梁启超选集》，上海人民出版社1984年版，第554页。
② 同上书，第550页。
③ 董方奎：《旷世奇才梁启超》，武汉出版社1997年版，第130页。

急雨暮潮回短棹，故园丛菊负初英。

我惭搏兔虚输力，君学屠龙莫近名。

来年蓬瀛春事早，倘堪携手绕花行。①

到处湖山淹断望眼，多少风雨愁断衷肠，只可叹，力虽有却不能施，志固坚却不能伸，侘傺失意，郁愤不知其极！唯自我珍摄，敝帚以自珍，葑菲而不弃。

---

① 诗题为"寄怀仲策弟美洲"二首之一，汪松涛编注、梁鉴江审订《梁启超诗词全注》，广东高等教育出版社 1998 年版，第 165 页。

二十四 1909年·入春

　　光绪三十四年秋，启超卜居日本兵库县须磨村麦氏别庄。此地青松白沙，背山面海，松林应海水而吟啸，海水借松风而喧腾，蔚为奇观，故又得"怡和山庄""双涛园"美名。寄身于兹，大有翛然尘外之感，故尔有诗以自我写照，云："秋风忽已佳，我书亦可读。欣然展青缃，古色媚幽独。山空蝉自语，雨过松如沐。一往怀古情，惝荡不可掬。执卷就萤照，相将入深竹。"①

　　年来，政治迭遭，鼎湖龙去，经济拮据，启超措置不知其宜，方寸间，恰如落叶别树，飘零随风，虽百事丛脞，却意态萧索。而时令正值献岁发春之际，元日放晴，二日风雨，三日阴霾，天气阴晴不定反复无常，独如人何！启超于流亡之初曾矢世人，平生最恶牢骚语，而光阴荏苒，百无一成，亦不能不令人唏嘘：

　　　　入春三日觉春深，隔日春如判古今。

　　　　容我懒腾行坐卧，从渠翻覆雨阴晴。

　　　　拥炉永夕成微醉，袖手看云得短吟。

---

　　① 梁启超：《双涛园读书》六首之一，汪松涛编注、梁鉴江审订《梁启超诗词全注》，广东高等教育出版社1998年版，第238页。

落尽檐花无一语，百年谁识此人心？①

宣统元年己酉（1909）入春以降，启超于党事诚不欲问，而国事亦无从着手，乃专务养晦，国内交通殆于断绝。唯同党好友徐佛苏，振厉精神，欲筹创立宪言论机关，并将有都门之行。启超先致书曰："国事每况愈下，中央政局既无以异于前，而其尤可痛者，在人心风俗之一落千丈，欲求两三年前之气象，渺乎不可复得。"②继又书曰：我国万事不见进步，而独防民之术却超迈他国，可不痛哉，而佛苏毅心不减畴昔，则又敬佩奚如，乃"都中可介绍相见之人，竟不得一，大约其人非久于京路者，则无势力，见之无益；若既久者，则素衣化缁，更何堪共语耶"③。愤懑失望之情与无力感，溢于字里行间。

自载沣摄政监国后，时局殆无殊变，清廷因应党禁之议起，屡开复翁同龢、陈宝箴原官了事，渠因戊戌事件牵连，受惩戒金罢职，后相继离世。而六君子之抚恤，康、梁之赦免则皆无涉及。此深为立宪党人所失望者也。若夫革命党人，抛头颅洒热血，而屡举屡挫，亦似偃旗息鼓。要言之，宣统开元，仿若必欲迎来异常平静之年。启超念及此，尝瞠乎穷于下手之方，无如何，唯含饴弄儿，读书著作。

时启超家庭生活亦殊非昔比。

光绪二十八年冬，李蕙仙陪嫁姑娘王桂荃满二十二岁。王氏入梁家，媵侍夫人先生十余年，辗转漂泊奔走内外，苦家人所苦，忧家人所忧，乐家人所乐，倏然已届婚嫁。而梁家万里投荒，举目无着，将

---

① 诗题为"元日放晴，二日雨，三日阴霾"，汪松涛编注、梁鉴江审订《梁启超诗词全注》，广东高等教育出版社 1998 年版，第 178 页。

② 八月十一日《致佛苏我兄书》，丁文江、赵丰田编《梁启超年谱长编》，上海人民出版社 2009 年版，第 321 页。

③ 宣统元年八月十二日《致佛苏我兄书》，丁文江、赵丰田编《梁启超年谱长编》，上海人民出版社 2009 年版，第 322 页。

孰与相攸？考虑再三，蕙仙拟作一重大决定。

梁夫人蕙仙出身名门显宦，既循三妻四妾之常轨，更视为夫君纳妾为贤德，适桂荃与己不啻结姐妹情义，又见丈夫时溢缱绻之意，何不顺水推舟，成全诸美。启超曩者提倡一夫一妻制，乃自设藩篱，重以主仆身份之限，曾不敢越雷池半步。闻妻言，实有出逆料之外者，既喜且忧。喜则喜夫人贤淑通达，忧则忧曾经一诺今自食。然不有古语云，言信行果硁硁然小人哉，庶几有以自解！启超与王氏终结连理。

光绪三十年秋，王氏生子思永，阅三年又生子思忠，翌年蕙仙生女思庄。此时启超亦可谓妻孥满屋，家大口阔，生活日臻困窘竭蹶，无如卖文以求自活，然涸辙残水，终不能依以济用，乃纡尊求纾于师友。时南海先生在墨西哥经营电车公司并购置少量土地，然书生营商，岂异于投羊于豺狼虎豹，屡试屡亏，且被人骗去十六万元，直呼人心崄巇。顾骆驼虽瘦，尚不辞锱铢之负，尾闾泄之，犹不靳蠡勺之酌，既乃月寄三百元，指定用于梁家子女学费、生活用度。而徐君佛苏时已北上，屡得启超书迭嘱筹凑小款济急。徐君略无异词，曰："余虽系至贫之人，然以平日安贫仗义之血忱，当能见信于朋友。故余旋京仅数月，幸能迭次借款汇东。"①

恒居，虽贫寒彻骨，狼狈情形不可言状，第生活之逸兴曾不稍辍，适思庄满周岁，启超即赋诗以记之，曰："阿庄始生今周晬，蕙质已与常儿殊。调舌渐闻莺恰恰，扶床更见蟹趺趺。惯能合十呼郎罢，贪上秋千昵女须。却埽闭关弄孺子，敬通真欲老江湖。"② 虽隐然有厌倦政治扫辙息驾之颓废，却更形耽于涵淹覆育之欢忭。其告于仲策弟曰：

---

① 徐佛苏：《梁任公先生逸事》，丁文江、赵丰田编《梁启超年谱长编》，上海人民出版社 2009 年版，第 326 页。

② 诗题为"阿庄"，汪松涛编注、梁鉴江审订《梁启超诗词全注》，广东高等教育出版社 1998 年版，第 181 页。

"此数月间，兄大从事于著述以疗饥，且与觉顿、娴儿①同学德文，每日有一定功课，亦翛然有以自乐也。"② 觉顿年来从康、梁磨砺于政治时事，日益老练勇猛，为立宪党后出之奇英，时亦东来，与启超望衡而居，晨夕相过从。启超曾为其赋诗曰："有友汤夫子，好学乃过我。华声渐刊落，抱一志已果。析理穷微茫，陈义辄印可。昨夜携酒来，松梢一月堕。不知霜露深，借草三更坐。"③ 人生落寞，但有一金石交可与促膝，不亦苦中之大幸哉！

而父女绩学，亦堪可传为佳话。启超借令娴初度，作诗示之曰："君子不教子，诵诗愧胎厥。自从哭鼎湖，世事愈觍詙。悬知连城宝，永受迷邦刖。戢彼南图翼，理我西狩笔。稍从铅椠余，示汝学津筏。颇复雕文心，渐亦解诗律。论史慕膺谤，读左友侨肸。杞记日数条，课卷旬一帙。向拓颜欧书，昔昔劼不聿。有时曼声吟，啾唧若秋蟀。程功尚无忒，行此六阅月。堂奥虽未窥，所进已奔轶。"④

令娴为梁家长女，启超深爱之，且恃之承欢，其忘忧若怞怞。避居双涛园期间，启超屏绝百务，于披阅东籍、学习德语之外，又以身为教，凡能浚牖其智，熏染其德者，不唯不以其为烦，似亦乐之不及。若启超或与人和诗，令娴讶其数典之奇，即更属韵以示之，例有："荒村烟水自为邻，稍喜逢迎寡俗尘。儿慧倘能传绝学，妇愁端不为长贫。

---

① 即梁启超大女儿梁思顺（1893—1966），字令娴，生于广东新会，毕业于日本女子师范学校，有《艺蘅馆词选》五卷。

② 宣统元年五月二十五日《与仲弟书》，丁文江、赵丰田编《梁启超年谱长编》，上海人民出版社 2009 年版，第 320 页。

③ 梁启超：《双涛园读书》六首之一，汪松涛编注、梁鉴江审订《梁启超诗词全注》，广东高等教育出版社 1998 年版，第 239 页。

④ 诗题为《娴儿生日，作诗示之》，汪松涛编注、梁鉴江审订《梁启超诗词全注》，广东高等教育出版社 1998 年版，第 221 页。

山河宰割成人彘，述作焦劳剧鬼薪。莫道而翁好颜色，二毛已见似安仁"① 等。又令娴读《曲逆侯传》，作札记，启超读之，乃漫题其后曰："陈平心计生阴祸，太息方来昌后难。要识箕裘驯所习，固宜钳网反相干。自禁转转亲炎火，善没番番堕断滩。省却机心无一事，沧波终古白鸥闲。"② 寓教于诗，借诗抒情，诗以言志，梁氏父女于受授薪传之际，其神益何可量哉！其时，启超将妻携雏，日有常课，精神端地愈用愈出，心境之泰然，实出于畴昔。然终究为饥所驱，不得不搏节家费，停德文教习，辍令娴校学，而日间常课亦不得不随之重新调整，为临帖一点钟，读佛经一点钟，读日文书一点半钟，教令娴功课一点钟。此外，为生计所迫，劬力于射利之书，而裒辑文史施诸中学国文教育，无意中又反使令娴大受其益，诚所谓博洽之士，无处不学问耳！

旋有令娴《艺衡馆日记》出，启超题诗，借以鞭策并自剖："古人于为学，终身与之俱。日记虽不足，月计必有余。业终及行成，匪系聪与愚。偶锁旋复舍，不能摧朽株。盈科进无息，溟涬成尾闾。程功固要终，辨志良在初。汝于百家学，乃今涉其涂。日记肇庚戌，借用知所无。卒岁得千纸，占毕亦云劬。吾唯爱汝深，，责难与凡殊。文章所固有，相期在道腴。简编我手答，戢戢蝇头书。发蒙通德艺，陈义杂精粗。当学岂只此，为汝举一隅。吾学病爱博，是用浅且芜。尤病在无恒，有获旋失诸。凡百可效我，此二毋我如。灯火自亲人，岁岁忽已除。言念圣路遐，益感日月徂。作诗诰小子，敬哉志弗渝。"③

① 诗题为"娴儿读吾和邹厓'薪'字韵诗，若讶其数典之奇者，乃更为叠韵八章示之，并写寄邹厓"，此处为选章。汪松涛编注、梁鉴江审订《梁启超诗词全注》，广东高等教育出版社1998年版，第269页。

② 诗题为"观娴儿《读'曲逆侯传'札记》有感，漫题其后"，汪松涛编注、梁鉴江审订《梁启超诗词全注》，广东高等教育出版社1998年版，第273页。

③ 诗题为"题艺衡馆日记第一编"，《饮冰室合集·文集》之四十五（下），第五十一页至第五十二页；中华书局2015年版，第4559—4560页。

康有为评骘此诗云:"可作论学一则,比昌黎《符城南读书》诗谨勖势利过之远矣。"①

此其时,外间风波亦稍静,启超名山石室之念起而滋烈,乃涵泳典籍,驰骤中外,殆无虚日。启超坚信,今日中国虽举国相弃,然终必有投艰遗大于己躬之一日,唯困学勉行以待将来之用耳,爰有诗记之曰:"时俗幸相弃,得与古人亲。委怀千载上,缅焉发清新。冥思杂微吟,所向如有神。道丧亦已久,吾衰难重陈。忽若有所会,遥遥望白云。"② 一旦执志学术,启超心中陡增无限惭悚,何者?此前诸学滔滔者皆浮滥无用,其躬自省曰:"我生大不幸,弱冠窃时名。诸学涉其樊,至竟无一成。说食安得饱,酌蠡宁穷溟?乃知求己学,千圣夙所程。惊顾忽中岁,永夜起屏营。"③

乃著《管子传》。

以中国之博大,历史之久远,其倜傥瑰玮、异方殊类,充仞乎东西南北者,且不可胜计,夐非他国所能望其颈项。启超以为,"前此之读书论世者,或持偏至之论,挟主奴之见,引绳批根,而非常之人,非常之业,泯没于谬悠之口者,不可胜数也。若古代之管子、商君,若中世之荆公,吾盖遍征西史,欲求其匹俦而不可得"④。所述三人,时人或则狃于陈见,屡所诟病,或则毁誉参半,即称之者,亦非能传其真。启超向所饮憾于斯,乃起而为古人洗冤,既喜有顺德麦君梦华作商君传,亦亲自搦翰为王荆公传,今又继作《管子》,旬又六日成,

---

① 《梁任公诗稿手迹》,转引自方志钦、刘斯奋编注《梁启超诗文选》,广东人民出版社 1983 年版,第 589 页。

② 梁启超:《双涛园读书》六首之一,汪松涛编注、梁鉴江审订《梁启超诗词全注》,广东高等教育出版社 1998 年版,第 238 页。

③ 同上书,第 239 页。

④ 梁启超:《管子传》自序,丁文江、赵丰田编《梁启超年谱长编》,上海人民出版社 2009 年版,第 317 页。

计六万余言，可为后来者得一管之窥。

无何，又著《财政原论》，拟属百万言，博征历史，详审时情，策励将来。论之所及，皆数年来萦于怀抱者，略为组织租税系统私案诸种，租税法私案及公债政策论、地方财政论等。启超深信，此著经反复研索，呕心而成，虽未始能为当道者见用，然视之若疗国秘方，起宗邦于久衰，拯生民于涂炭，殆不为虚言耶！启超曾谓其弟仲策曰："兄前此诸学，悉泛滥涉猎，无一专精，故终无所得，今虽不尽除好博之病，然稍稍定所归向，大约国法与生计二学，为我巢穴矣。"① 而尤重财政学，端在于，纵使天欲亡中国，"其速亡之显因，则必以国民经济问题"②。启超决然为言："此问题能挽救与否，即决于此十年中，过此以往，永沉九渊耳。"③ 时清廷命军机大臣载涛④赴日考察陆军，启超即上书，殷殷以儆之："试观唐、宋、元、明之末叶，何一非由财政紊乱酿成巨变，以至于宗社为墟耶？试观英国、法国百年前之革命，何一非由赋税繁重，民不堪命，举起而与王室为难耶？夫即以财政一项论，苟非及今以霹雳手段经理之，而其祸之所及，已不堪设想，况乎今之所谓筹备宪政者，其纷纷而无纪，敷衍而无实，无一非财政之类也。"⑤

是时，诸多财政论言，汩汩而出，若《中国改革财政私案》《论各国干涉中国财政之动机》《论国民宜亟求财政常识》《论中国国民生计之

① 宣统元年七月十八日《与仲弟书》，丁文江、赵丰田编《梁启超年谱长编》，上海人民出版社2009年版，第320页。
② 宣统元年八月十二日《致佛苏我兄书》，丁文江、赵丰田编《梁启超年谱长编》，上海人民出版社2009年版，第322页。
③ 同上。
④ 爱新觉罗·载涛（1887—1970），字叔源，号野云，满洲正黄旗人，和硕醇贤亲王奕譞第七子，光绪帝同父异母弟，宣统帝溥仪之叔父。曾留学法国索米骑兵学校，专修骑兵作战科目。
⑤《上涛贝勒书》，丁文江、赵丰田编《梁启超年谱长编》，上海人民出版社2009年版，第330页。

危机》《发行公债整理官钞推行国币说帖》《论币制颁行之迟速系国家之存亡》《格里森货币原则说帖》《公债政策的先决条件》《国民筹还国债问题》《再论筹还国债》《筹还国债意见书》《外债平议》，不一而足。其著述之勤，盖日均以五千字之率，率以夜间写作，然殊不以为苦。

古语有云，达则兼济天下，穷则独善其身，启超固未有达时，穷又岂甘独善其身，其谓仲策弟曰："兄年来于政治问题研究愈多，益信中国前途非我归而执政，莫能振救，然使更迟五年，则虽举国听我，亦无能为矣；何也，中国将亡于半桶水之立宪党也。"① 其自信于致用之学，旷世难其媲也。然则时不利兮奈若何，怎堪悬弧志，亦枉了陟岵思，唯诗以自纾，曰：

> 三夜梦君关塞黑，一尊相属夕阳残。
>
> 采衣忽作儿时戏，竹马骑过屋后山。
>
> 旋话残棋惊急劫，更扪瘦骨劝加餐。
>
> 觉来满枕荒鸡唱，黄月依微照影单。②

时启超累夜梦与仲弟对酌故园湖楼，作新亭之唏嘘怅叹，旋又相将作少时憨嬉状，哀乐无端，不知何朕，乃作此诗以记之。士不为世所用，唯寄情梦境儿童，或以孤芳芰衣自况，乃又自解而勉其弟曰："嗟我春来久苦饥，朝朝厨碗冷斋糜。容颜颇为行吟悴，神理还能学道肥。阅世几消青白眼，连时错画浅深眉。知君共有秋怀抱，试裹孤芳制芰衣。"③

---

① 宣统元年五月二十五日《与仲弟书》，丁文江、赵丰田编《梁启超年谱长编》，上海人民出版社 2009 年版，第 322 页。

② 汪松涛编注、梁鉴江审订：《梁启超诗词全注》，广东高等教育出版社 1998 年版，第 239 页。

③ 同上。

二十五　1910年·舻棱

甲午战败，国人沥膏血以滋沃倭夷，庚子国难，百姓又敲骨髓以奉山积之赔款，固已穷窭迫蹙，颠仆于沟壑。尔来，清廷假新政之名，今日设一研究所，明日设一筹备处，后日添一参事官，地方政府则今日增一巡警道，明日增一度支司，后日再晋一劝业官，夫此种种新设之衙与日增之官、费，多如牛毛，民不堪命，诚所谓庖有肥肉，厩有肥马，民有饥色，野有饿莩，此率兽而食人之世也。而民劳亦死，逸亦死，进亦死，退亦死，乞食于道路一死，为盗跖之起亦死，终为一死，若民不生变，将天理乌乎在？又革命党人顺水推舟，乘势而起，不断发动武装起义，社会蜩螗沸羹之象，觭龉儳焉之状，一如凿穿之舟，飘摇于风浪，覆溺在目，不待智者而知之矣。

启超伏处蛮貃，忽临睨夫旧乡，胸臆结辖，忧不知极于何等，一腔怨愤乃付之楮墨：

舻棱回首是河梁，十二年中各逊荒。

难以焦头完火宅，枉将奇梦发明王。

出生入死行何畏，转绿回黄究可伤。

青史恐随弓剑尽，鼎湖西望最凄凉。①

古语云，天下兴亡，匹夫有责，而鹪鹩有时亦有一跃，况乎怀鸿
鹄之志者，启超自鸣曰："生平颇恨鲁两生，不学叔孙知世务。不然起
为汉制作，岂有痛哭烦贾傅。又恨杜陵老布衣，空读万卷如枯蠹。致
君有道苦无术，饥饿荒山羞纨绔。"② 以故逋逃多年，虽见摈于当道，
却从不敢自外自轻。乃结篱双涛，新缣故素，且采且裁，庶几求将来
铅刀一割之效。而时局危急，急若星火，又不啻点燃烈士之心，爰扶
屋松而吟风："回风吹海水，轩然起层澜。吾生良有涯，忧患亦以繁。
生才为世用，岂得长自闲！何时睹澄清，一洒民生艰？"③

时中央之资政院及各省谘议局相继成立，立宪派资为沃壤，其日
形壮大，渐滋有江河滔滔之势。

适江苏谘议局开会，江浙著名立宪派首领张謇倡立谘议局联合会，
并邀约各省谘议局选派代表赴上海，共商请愿速开国会事。乃有江苏、
直隶、湖北、吉林、山西等十六省代表莅沪，于宣统元年十一月十六
日，聚首跑马厅立宪公会事务所，议决成立国会请愿同志会，进京上
书。时湖南代表高举"请开国会，断指送行"血书，袒裼戟手，以死
相誓。群情益激愤。

启超暌隔万里，虽有长鞭而莫能及。幸焉，原政闻社常务委员徐
佛苏，适驰骛于海上，启超乃依为股肱。

---

① 《次韵奉酬南海先生六章》之一，汪松涛编注、梁鉴江审订《梁启超诗词全注》，
广东高等教育出版社 1998 年版，第 214 页。
② 《若海颇思折节治世俗之学，要吾与之诵说，期以半岁，尽吾所有。寄诗坚明约
束，且促其来》选片，汪松涛编注、梁鉴江审订《梁启超诗词全注》，广东高等教育出版
社 1998 年版，第 226 页。
③ 梁启超：《双涛园读书》六首选片，汪松涛编注、梁鉴江审订《梁启超诗词全
注》，广东高等教育出版社 1998 年版，第 239 页。

徐君佛苏，湖南长沙人，畴昔尝共刘揆一①、黄兴②谋革命，事败，走日本，因慕梁启超雄论而与结金兰之谊。徐君尝忆，昔年彼此定交，纯系道义之互助，"且余之奋斗救国，不谋生计，纯系为先生之精诚及道学所激励者也"③。及国内立宪运动如火如荼开展之时，徐君旋即西归，躬与其役，并谨遵启超议，向素有交谊之议员，日夕发邮，条议促进宪政之方。各省议员辗转传观，至为信仰，类以徐君为瞻听，并有多人力劝其北上，主持言论，齐一同志思想。

曾经蹙蹙，瞻四方靡所能骋，至如今似乎峰回路转，云开一线，然前景之迷茫，又岂启超所能逆料，唯以孤松寒梅自媲自励：

> 初春如穷冬，万物未出定。
>
> 况乃连日阴，即晓寒逾劲。
>
> 戎戎海气重，脉脉山容暝。
>
> 停云欲湿衣，暗水乍迷径。
>
> 邻寺有好梅，冻坼数花映。
>
> 岂不怀孤赏，欲往怯酒病。
>
> 八表正同昏，兀兀何时醒？

---

① 刘揆一（1878—1950），字霖生，湖南衡山县人。幼年入私塾，光绪二十九年春，自费留学日本与黄兴结识，一同参加留日学生拒俄义勇队。同年九月在长沙，与黄兴、宋教仁、陈天华、谭人凤及胞弟刘道一等发起组织华兴会，酝酿武装起义，事败，亡命日本。1907 年加入同盟会，代理东京本部执行部庶务干事，后又代行总理职务，始终拥护孙中山先生。著有《黄兴传记》《救国方略之我见》。

② 黄兴（1874—1916），原名轸，改名兴，字克强，一字廑午，号庆午、竞武，曾用名李有庆、张守正、冈本、今村长藏，湖南省长沙府善化县高塘乡（今长沙县黄兴镇凉塘）人，曾求学武昌两湖书院，后选送日本留学。始创革命团体华兴会，后入中国同盟会，多次指挥革命党人起义，是中华民国创建者之一，为孙中山先生第一知交。

③ 徐佛苏：《梁任公先生逸事》，丁文江、赵丰田编《梁启超年谱长编》，上海人民出版社 2009 年版，第 326 页。

绕屋赖我松，天秉岁寒性。①

独立寒风，松涛吁嗟，海潮怒号，在在似有所召唤、激励。

顷者，请愿同志会代表进京上书，请速开国会，不意，清廷传上谕，令仍以九年为期。启超失望之余，一面借载涛考察日本陆军之机，上书陈请："中国危急存亡之机，未有甚于今日者也。先帝洞察天时人事，知挽救之道，唯恃立宪，乃涣降大诰，与民更始。今举国官吏以至士庶，亦既靡然向风。"② 何不俯顺民意！一面加紧与徐佛苏联系，以遥领国内立宪运动。徐君曰："梁先生闻余北上，欣慰无极，指导余进行之手杞，约计三日必有一通，而当时彼此生计之窘，及亡国之悲观，不堪言喻。"③

为因应时事新变，开辟立宪舆论阵地，已成当务之急，乃有《国风报》之创，馆于上海四马路，时次宣统二年庚戌（1910）正月二十九日，启超任该报总撰稿人。其广告语云，国风以忠告政府，指导国民，灌输世界知识，造成健全舆论为宗旨。《说国风》一文更对《国风报》雅意，有深切著明之阐释："吾国历史往往待蜩螗沸羹千钧一发之际，然后非常之业，乃出其间，而新气运于以开焉。信如是也，则吾其或免于为希腊罗马末流之续也。抑诗序又曰，上以风化下，下以风刺上，主文而谲谏，言之者无罪，闻之者足以戒，故曰风。是以自二南以迄曹郐，皆以风名。而先王常使太史乘辂轩以采之，而资以为美教化移风俗之具焉。本报同人，学谫能薄，岂敢比于曾文正所谓

---

① 诗题为"春阴"，汪松涛编注、梁鉴江审订《梁启超诗词全注》，广东高等教育出版社1998年版，第211页。
② 梁启超：《上涛贝勒书》，丁文江、赵丰田编《梁启超年谱长编》，上海人民出版社2009年版，第327页。
③ 徐佛苏：《梁任公先生逸事》，丁文江、赵丰田编《梁启超年谱长编》，上海人民出版社2009年版，第326页。

腾为口说而播为声气者，顾窃自附于风人之旨，矢志必洁，而称物唯芳，托体虽卑，而择言近雅，此则本报命名之意也。"①

其初也，《国风报》勤力温和，屏斥激烈，先后发表启超所撰之《立宪政体与政治道德》《国家命运论》《咨议局权限职务十论》《宪政浅说》《中国国会制度私议》《国会期限问题》《请愿国会当与请愿政府并行》等文章，而《中国国会制度私议》，洋洋十万言，论列国会性质、组织、职权，详审而精到，庶几为立宪宝典。

然国事日非，刿心怵目，《国风报》诚欲求"主文而谲谏"，其难能也。

五月，各省咨议局代表第二次进京请愿。

是役，与之偕行者，尚有商会、教育会、华侨等社会团体成员，多达一百五十余人，号称代表民众三十万。其在上摄政王书中危言以警："今日时势，主少国疑，民穷财尽，外患逼进，饥馑四告，革命党又前赴后继，如燎方扬。民情隔阂而不通，政治敷衍而无实。"② 国之将亡，迫在眉睫，而欲救之，除速开国会，他则更无良方。载沣顾乃以匪徒扰攘、灾眚踵起、财政穷绌为由，明发上谕，维持既定年限，嗣后，不准再行请愿。

消息传来，启超愤激零涕，即作《论政府阻挠国会之非》发表于《国风报》，痛陈：以今日国情之危殆乃尔，"吾敢断言曰，中国而欲有国会者，唯开设于宣统四五年以前为能有之，过此以往，吾中国永无开设国会之时矣。借欲有之，则如芬兰之求国会于俄，印度之求国会于英也。我国民所以泪尽眼枯以求国会者，徒以一失不可复得，故

---

① 梁启超：《说国风》，《饮冰室合集·文集》之二十五（下），第十页；中华书局2015年版，第2608页。

② 转引自董方奎《旷世奇才梁启超》，武汉出版社1997年版，第138页。

愿及未填沟壑而睹其成。使诸公而有一铢一黍之良心有一铢一黍之能力，能保我国家之祚命及国民之生命至于宣统八年者，则此区区期限之久暂，敬当忍以待之，何辱命焉！而不然者，则诗不云乎'鸱鸮鸱鸮，既取我子，无毁我室！'"①

尤其作《为国会期限问题敬告国人》，复言国之阽陧，并将词锋直指摄政王载沣："吾常谓我国民所以汲汲请速开国会者，非骛此名以为高也，恐过此以往，吾国将永无开国会之时也。质而言之，则循现今之政治组织而不变，恐不待九年筹备之告终，而国已亡矣！……彼内外臣工之循例报告粉饰太平者，亦何尝不知现在时局，僬焉不可以终日。顾敢于以此欺皇上欺我王者，宁亡国灭种而必不肯舍一己一时之富贵利禄耳。夫彼辈本以官职为传舍，以国家为利孔，精华已竭，褰裳去之，国亡之后，挟腰橐以走租界，或作赘子妾妇于外国，犹不失为富家翁，为计亦良得。若我监国摄政王，则安能比之，中国存则我王安富尊荣，中国亡则我王虽欲为长安一布衣，岂可复得！"②

二次请愿失败，各省代表略无灰志，不辍其行，议决创《国民公报》，借资鼓动更大规模请愿运动。

《国民公报》以徐佛苏主持之，既利用革命排满之力量，以痛诋清政而鼓吹立宪，又自引为各省议员及各团体之活动会场，遂成立宪运动之大本营。启超与闻其事，精神大振，乃每三四日平均寄文一篇，掊击粃政，畅言宪制，其论说之精警，殆有过于《新民丛报》。

各省代表读启超文章，如饮醴泉，敬仰之情日隆，群谋与其订交论政。而启超通简于济济多士无虚日，新交渐多，信心亦大增，乃更

---

① 《饮冰室合集·文集》之二十五（上），第一百零九页；中华书局2015年版，第2505页。

② 《饮冰室合集·文集》之二十三（上），第十五页；中华书局2015年版，第2137页。

欲砻淬利器，以期再战，求国会速开之果成。

时，清廷按照九年预备立宪规定，经过两年筹备，于九月开资政院。启超刻即作《资政院章程质疑》《论资政院之天职》《评资政院》等文章，对议会之职能、运作，条分之缕析之。资政院钦定及民选议员深受启沃。

既而，第三次国会请愿运动继起。上有资政议员与地方督抚联名奏请，下有绅商士庶各界人等签名呼吁，规模之大，来势之猛，宜若世界宪政史所罕见。

清政府无如民意何，汲汲皇皇，既乃涣诰："今者人民代表吁恳，既出于至诚，内外臣工，强半皆主张急进，民气奋发，众论金同，自必于人民应担之义务，确有把握，应即俯顺臣民之请，用协好恶之公。唯是召集议院以前，应行筹备各大端，事体重要，头绪纷繁，计非一二年所能蒇事，着缩改于宣统五年实行开设议院。"①

朝廷同意筹备立宪期限缩短三年，持平言之，"此为吾国历史上以平民姓名呈请君主颁行大法之创举，亦即清廷发布明谕承认平民干涉朝政之创举也"②。乃有江苏、浙江、北京、四川等地立宪派代表，欢呼无已，立即张灯结彩，召开隆重庆祝会。唯立宪派激进分子若徐佛苏、孙洪伊③者流，以为运动既未达成立开国会之目的，则本次请愿等同失败。

启超获讯后，心情久久不能平静："秋窗初月吐囵囵，抱书不眠怯

---

① 丁文江、赵丰田编：《梁启超年谱长编》，上海人民出版社2009年版，第333页。
② 徐佛苏：《梁任公先生逸事》，丁文江、赵丰田编《梁启超年谱长编》，上海人民出版社2009年版，第334页。
③ 孙洪伊（1870—1936），字伯兰，直隶天津人。1908年被选为直隶省咨议局议员，辛亥革命后与汤化龙等在上海组织民主党，旋参加进步党，为首领之一。历任教育总长、内务总长等职。

夜永。怀人感物心百端，独倚西楼看斗柄。故人书随北雁来，端坐籍讽杂喟庆。"① 才阁诗笔，又振怨翰，作《读宣统二年十月初三日上谕感言》，曰："时局危急，极于今日。举国稍有识，稍有血气之士，佥谓舍国会与责任内阁无以救亡，尔乃奔走呼号，哀哀请愿，至于再，至于三。于是，资政院全体应援之，而有九月念六日之决议上奏，各省督抚过半数应援之，而有九月念三日之电奏。旬日以来，举国士辍诵，农释耕，工商走于市，妇孺语于闾，咸喁喁焉翘领企踵，庶几一朝涣汗大号，活邦国于九死，乃不期而仅得十月三日之诏。"② 更函勉徐佛苏、孙洪伊等人，今后当舍缓进之法而入激进请愿，不达目的决不罢休。

孙君洪伊益张其血忱义愤，乃复领袖法团继续请愿。与此同时，奉天、直隶等多地青年学生纷纷罢课、游行、剪辫子、写血书，吁请速开国会。讵料清廷殊为震怒，遽以强力手段，勒令请愿人士出京还里，严惩倡率者。"各代表闻此乱命，亦极愤怒，即夕约集报馆中，秘议同人各返本省，向谘议局报告清廷政治绝望，吾辈公决密谋革命，并即以各谘议中之同志为革命之干部人员，若日后遇有可以发难之问题，则各省同志应即竭力响应援助起义独立云云。"③

此虽为秘密会议，然其已然敲响近三百年清王朝之丧钟，而秉钧持轴者犹昧于时事，方幸各省代表慑于天威卷怀而去，中央政府仍可苟安无事矣，又孰可悬知在革命暴风摧枯拉朽前，年来之请愿国会运动，毋亦崖为死人补妆而已！

---

① 《赠徐佛苏，即贺其迎妇》选片，汪松涛编注、梁鉴江审订《梁启超诗词全注》，广东高等教育出版社 1998 年版，第 262 页。

② 《饮冰室合集·文集》之二十五（上），第一百四十三页；中华书局 2015 年版，第 2539 页。

③ 徐佛苏：《梁任公先生逸事》，丁文江、赵丰田编《梁启超年谱长编》，上海人民出版社 2009 年版，第 335 页。

二十六 1911 年·明知

忆昔甲午之耻，启超从其师，联公车以上书，戢手指目当道，裂土求和，丧权辱国，迄今骎骎然一纪而有余。台湾鱼肉于人之俎，果当如何，启超累年不能释怀者恒在于斯。曩者，日本新闻杂志尝屡称其治台成绩，即以财政所收例之：台湾隶中国版图二百年，岁入不过六十余万，刘铭传①抚台后，亦仅渐加至二百余万，及日人轹之十余年，而能骤涨至三千八百余万，迨辛亥年，更将预算调高至四千二百万。同是山川，同是日月，同为蚩蚩黔首，何为在己则如此，在人则如彼，启超每思之，未尝不愀然有所动于中，乃于五年前即蓄志一游，极欲亲莅调查，冀有所取法，爰列事项有十，姑胪列一二，以观其初心：

"台湾为特种之行政组织，盖沿袭吾之行省制度，而运用之极其妙也。吾国今者改革外官制之议，方哓哓未有所决，求之于彼，或可得师资一二；吾国今后言殖产兴业，要不能不以农政为始基。闻台湾农政之修，冠绝全球，且其农事习惯，多因我国，他山之石宜莫良于斯；

---

① 刘铭传（1836—1896），字省三，谥壮肃，自号大潜山人，因排行第六，脸上有麻点，人称刘六麻子，安徽合肥人。淮军将领，所部"铭军"为淮军主力之一。1864 年，授直隶提督，以平西捻军全功而晋爵一等男。1884 年，以弱胜强、以少胜多，于淡水等地率军击败犯台之法国舰队。1885 年，任台湾巡抚。被誉为台湾洋务运动之父和台湾近代化之父。有《刘壮肃公奏议》及《大潜山房诗稿》刊行问世。

台湾为我领土时，币制紊乱，不可纪极，日人得之，初改为银本位，未几遂为金本位，其改革之次第如何，过渡时代之状态如何，改革后之影响如何，于我国今日币制事业，必有所参考。"①

适有台湾志士林君献堂②盛情相邀，乃于宣统三年辛亥（1911）二月二十四日，启超偕汤觉顿、长女令娴，排万冗以行。首涂前数日，夜不能寐，想及此行可取星火之微以备他日燎我神州之炬，又悬知晤遗老可慰远人之心，辄难交睫入梦。

所乘之笠户丸号轮船，自横滨启碇，越明日，即舣舟马关。

马关，马关，其何地耶哉！城下之盟，凭谁语，耻难休，海鸟呕哑含悲，晚风簌簌凄清，直惹得启超心若潮涌：

> 明知此是伤心地，亦到维舟首重回。
>
> 十七年中多少事，春帆楼下晚涛哀。③

不忍看春帆楼上残阳斜，挥怨舟南下，掠浙江台州、温州而行。

启超伫望故国，神往久之，然得其门而不能入，情又何堪，乃占一绝云："沧波一去情何极，白鸟频来意似阑。却指海云红尽处，招人应是浙东山。"④

舟抵台岛前一日，林献堂即发来无线电报，迫不及待表达欢迎之意，启超欣跃无已，乃复占曰："迢递西南有好风，故人相望意何穷。

---

①　梁启超：《游台湾书牍》之第一信，《饮冰室合集·专集》之二十二，第一百九十八页；中华书局2015年版，第5676页。
②　林献堂（1881—1956），名大椿，号灌园，字献堂，原籍福建龙溪，出生于台中望族雾峰林家。倡导台湾民族运动，以汉人本位思想，对日抗争。1907年，于日本奈良旅行时结识梁启超。1910年，加入诗社"栎社"，有《环球游记》留世。
③　《辛亥二月二十四日，偕荷庵及女儿令娴乘笠户丸游台湾，二十八日抵鸡笼山，舟中杂兴》十首之一，汪松涛编注、梁鉴江审订《梁启超诗词全注》，广东高等教育出版社1998年版，第295页。
④　同上书，第296页。

不劳青鸟传消息，早有灵犀一点通。"① 顾当愈近涯涘，愁情却愈重："番番鱼鸟似相亲，满眼云山绿向人。前路欲寻泷吏问，惜非吾土忽伤神。"②

既而，锚泊鸡笼（今之基隆），有警吏趋前诘问，盘旋久之，缘在于日人禁止中国人登陆，其苛酷不让于美、澳。遭憝若斯，启超羞愤何似，幸于首涂前曾去东京开具介绍信，方不致眼前几于临河而返。

岸上迎迓者十数人，与启超相偕乘汽车入台北，下榻日之丸旅馆。又有数十人来晤致意，启超颇觉惭怩，自己固为天涯沦落客，果何以当此，而遗民恋恋于故国之情，却大有所寄望。乃于三月初三日，集百余辈宴于台北旧城之荟芳楼。席间，启超本欲一吐山河故国之情，然属垣有耳，一时竟亦不知如何其可，归赋长句，想伤心人将同兹怀抱："侧身天地远无归，王粲生涯似落晖。花鸟向人成脉脉，海云终古自飞飞。尊前相见难啼笑，华表归来有是非。万死一询诸父老，岂缘汉节始沾衣？"③ 又赋：

> 劫灰经眼尘尘改，华发侵颠日日新。
>
> 破碎山河谁料得，艰难兄弟自相亲。
>
> 余生饮泪尝杯酒，对面长歌哭古人。
>
> 留取他年搜野史，高楼风雨纪残春。④

---

① 《辛亥二月二十四日，偕荷庵及女儿令娴乘笠户丸游台湾，二十八日抵鸡笼山，舟中杂兴》十首之一，汪松涛编注、梁鉴江审订《梁启超诗词全注》，广东高等教育出版社 1998 年版，第 296 页。

② 同上。

③ 《三月三日，遗老百余辈设欢迎会于台北故城之荟芳楼，敬赋长句奉谢》四首之一，汪松涛编注、梁鉴江审订《梁启超诗词全注》，广东高等教育出版社 1998 年版，第 300—301 页。

④ 同上。

启超夜则与遗老晤对,日则殚精游访。初,启超依礼再三往谒日驻台总督而不得见,卒辞以疾。殖民地官吏如是其尊大,为启超十余年居日所未尝睹也,而最终敬谢日人派一通译官为之导行,乃得以开种种方便之门,遍历台湾各局、所进行调查。

先是,启超颇怅触于台北故城,日人尽毁之,廑留下四城门以作纪念。日过其下,刿心怵目,刘壮肃营建之功、抚治之烈,虽邈乎悠复,而犹连篇悬想似若可及:"将军谋深忧曲突,谓是脆单前可惩。酒泉乐浪宜置郡,用绝天骄扬汉旌。凿山冶铁作驰道,俯海列炮屯坚营。宅中议设都护府,坐控南北如建瓴。料民度地正疆界,以利庸调防兼并。郑渠邺漳随地有,下邑亦满弦歌声。平蛮直穷鸢堕处,要使鹿豕驯王灵。讦谟事事准官礼,边功区区卑李程。"① 然则俱往矣!怎忍看好事当时月,还照景福门,而昨日之抚署,今则为寇仇之督府,榱题敝旧,断碑哆剥,如何管弦不伤绝!

痛矣哉!沧海桑田谁料得,又试看日本攫取台湾后,蹂躏岛民不知其纪极。时日人改建台北,大批市民房屋被强行拆除,流落街头,启超为记曰:"麻衣病瘘血濡足,负携八雏路旁哭。穷腊惨栗天雨霜,身无完裙居无屋。"② 流离失所者又恂恂焉不知果何措施:"出门十步九回顾,月黑风凄何处路?只愁又作流民看,明朝捉收官里去。"③ 叹可叹,游人争诵市政之卓荦有大成,然华屋栉比者,其寸砖片瓦何与于蓬转之人!

初,启超以台湾居民皆我族类,性习相近,好尚相通,一旦既为

---

① 梁启超:《游台湾追怀刘壮肃公》选片,汪松涛编注、梁鉴江审订《梁启超诗词全注》,广东高等教育出版社 1998 年版,第 324—325 页。
② 《拆屋行》选片,汪松涛编注、梁鉴江审订《梁启超诗词全注》,广东高等教育出版社 1998 年版,第 303 页。
③ 同上。

日人所牧，极"欲求其制度之斟酌此性习而立者，与夫其政术之所以因此性习为利导之者"①。而才居浃旬，即废然思返。旬日以来，目之所及，耳之所闻，在在非直中国所能学，又岂所忍言者，重伤累感，适足以沉舟折轴。仅以土地收用规则言之，凡官家认为公益事业需要，即可任意强取，人民求告无门，唯自哀怜，此类案子频起，月有所闻，而以斗六之吏侵夺黎氓为最著者。启超蘸少陵遗墨为之风："警吏阵斗六，数百如合围。借问此何者，买地劳有司。赫赫糖会社，云是富国基。种蔗当得由，官价有程期。小人数亩田，死父之所遗。世守亦百稔，饘粥恒于斯。愿弘一面仁，贷此八口饥。欲语吏先嗔，安取闲言辞。府令即天语，岂天乃可违。众雏各有命，何不食肉糜。出券督画诺，肘后吏执持。拇印失烂熳，日结某何谁。昔买百缗强，今卖不半之。便愿不取直，方命还见笞。一日买十甲，一月千甲奇。入冬北风起，饿殍阗路歧。会社大烟突，骄作竹筒吹。"②

日人统治下之台湾，民命若草菅，而私人财产岂敢曰固为私有，其为褫剥籍没者时闻于道路，百姓曾何得一刻之自信自安者也。又生计上之压迫，殆地球万国难出其右者。日本人杜绝进口中国货品，昂其税率，常倍蓰于原价，百姓舍日本货而无所用。即日本货之价，亦远贵于日本本境，民众收入似有所加，然不堪支用，购买力日减，顾全眼前且不暇，更遑论未来。

启超于以寄语故国，勿以"亡国"二字为口头禅，当有兴作；勿谓为大国顺民，即可理所当然耕食凿饮，安居乐业。

游台期间，启超馆于林献堂莱园之五桂楼旬日。

---

① 梁启超：《游台湾书牍》之第四信，《饮冰室合集·专集》之二十二，第二零一页；中华书局2015年版，第5679页。
② 同上。

林献堂素有民族民主意识，虽置身荒裔，然仰慕启超久之，庚戌年，曾专程赴日谒见，请教台湾政治运动如何措手，启超为之言："三十年内，中国绝无能力救援你们。最好效爱尔兰人之抗英。在初期，爱尔兰人如暴动，小则以警察，大则以军队，终被压杀无一幸免。后来变计，勾结英朝野，渐得放松压力，继而获得参政权，也就得以与英人分庭抗礼了。"① 林君韪之，自此以后改变对殖民者斗争策略。启超此来，犹若故人相见，分外亲切，频日连舆接席，情义渥挚。

莱园者，林献堂承父志筑以颐养重闱。园之形制，极山水林木之胜，鱼鸟来翔，忘宾主之辨，交游踵门，倾北海之尊，恶吏未及蹑足于兹，片云不惊，仿如世外桃源，启超徘徊其间，顿生故家乔木之感，继又发身世之慨，乃得诗曰："周余重见老莱衣，稍喜先畴愿不违。满眼云山随宴坐，百年花鸟答春晖。沧桑牢落供诗健，丛桂招邀有梦归。我亦敝庐三亩在，可怜游子老征骓。"②

林君为当地闻人，孝养尊亲，矢忠汉统，常与诸遗老结社以诗自诲。各地诗社计有莱园社、栎社、汐社、竹社、南社等，闻启超访台，不觉屐齿之折，纷纷邀约晤聚。启超诗心和以愁酒，乃属句云："天涯所至饶斤斧，可有名山养弃材？政恐风低云断处，十围远籁作声哀。"③ 又复赋之："零落中州集，苍茫野史亭。看花成圹埌，耽酒得沈冥。一梦风吹海，无言月过庭。只愁弦绝处，俛俯失湘灵。"④

---

① 转引自董方奎《旷世奇才梁启超》，武汉出版社 1997 年版，第 145 页。
② 诗题为"献堂继尊甫兵部公之志，筑莱园以奉重闱太夫人，余游台，馆于园之五桂楼，敬赋"，汪松涛编注、梁鉴江审订《梁启超诗词全注》，广东高等教育出版社 1998 年版，第 307 页。
③ 《栎社诸贤见招》四首之一，汪松涛编注、梁鉴江审订《梁启超诗词全注》，广东高等教育出版社 1998 年版，第 305 页。
④ 梁启超：《游台湾书牍》之第六信，《饮冰室合集·专集》之二十二，第二零六页；中华书局 2015 年版，第 5684 页。

诗酒赓和，启超自云玩物丧志，然劳者思歌，诚亦人之常情。此行得诗凡八十九首，其荦荦大者，殆为眷恋故国藕断伤丝之叹，若《莱园杂咏》，看一抹残阳接中原："小亭隐几到黄昏，瘦竹高花净不喧。最是夕阳无限好，残红苍莽接中原。"① 赏万梅风物似孤山："淡雾笼溪月上陂，晓来春已满南枝。君家故事吾能记，可是孤山鹤返时？"② 若《次韵酬林痴仙见赠》，感落瓠虚舟劝迟暮："十年魂梦断中州，一往沉冥得此游。历劫此身成落瓠，浮天无岸有虚舟。过江人物仍王谢，望眼山川接越瓯。且莫秋风怨迟暮，夕阳正在海西头。"③ 若《赠林幼春》，哀江山沉恨迟不新："南阮北阮多畸士，我识仲容殊绝伦。才气犹堪绝大漠，生涯谁遣卧漳滨？呕心词赋歌当哭，沉恨江山久更新。我本哀时最萧瑟，亦逢庾信一沾巾。"④

时间如驹过隙，倏然阅期月。三月杪，启超乃挥别台岛。顷者怀希望来游，而今归舟，载不动哀愤稠。舟中西望故国，有家不能归，回眸台岛，亦非吾土所能寄身者，俯仰身世，云何可言，不觉悲从中来，又油然而成诵："千古伤心地，畏人成薄游。山河老旧影，花鸟入深愁。人境今何世，吾生淹此留。无家更安往，随意弄扁舟。"⑤

---

① 《莱园杂咏》十二首之一，汪松涛编注、梁鉴江审订《梁启超诗词全注》，广东高等教育出版社 1998 年版，第 315 页。

② 同上书，第 316 页。

③ 汪松涛编注、梁鉴江审订：《梁启超诗词全注》，广东高等教育出版社 1998 年版，第 309 页。

④ 同上书，第 310 页。

⑤ 梁启超：《游台湾书牍》之第六信，《饮冰室合集·专集》之二十二，第二零四页；中华书局 2015 年版，第 5682 页。

二十七　1911年·永夜

　　革命党人频年发动武装起义，虽屡挫犹不馁，洎庚戌冬十月，孙中山召孙眉、黄兴、赵声①、胡汉民等人赴南洋槟榔屿议决再举，既而成立革命军统筹部于港，众推黄兴为部长，赵声副之，发难广州之措施方法次第以施行。不谓此次谋划为清吏侦知，广州城城门紧闭，风声鹤唳，原定辛亥年三月二十九日下午五时半，各路党人同时发动之计划，遭到重大破坏。值此千钧一发之际，黄兴毅然率众如期出发攻打督署，然未得其他三路应援，孤军奋战，终致喋血以败，死七十二烈士，葬黄花岗。

　　殒身是役者多为青年俊杰，革命党历此败衄，其伤何极！赵声以忧愤过甚，竟不期月负疾而殁。黄兴本欲一死报国，至是，更欲取个人主义，暗杀一二清廷大员，以振作全国民气。

　　启超素不赞成革命暴动，以为国之凋瘵如此，譬若萎黄之树木，将何堪飘摇之风雨与饕虐之霜雪，而磊落英多之士，铤而走险，逞一时快意，非唯不能蒇事，往往招致外患。然则一闻死难者枕藉之惨状，毋亦恻怆怛忉，抑尤激愤于政府："抑政府其毋谓今兹之变，瞬息敉

---

　　① 赵声（1881—1911），字百先，号伯先，曾用名宋王孙、葛念慈等，江苏丹徒（今镇江）人。1903年2月，东渡日本考察，与黄兴结识。1909年10月，担任广州起义总指挥，并制订具体计划。1911年3月29日率部赶往广州参加起义未遂。因壮志未酬悲愤郁积，于5月溘然长逝。

平，遂可以高枕为乐也。政府而不自为制造革命党之机器则已，今既若此，则革命党之萌芽畅茂，正未有已时。野火烧不尽，春风吹又生，其不至驱全国人尽化为革命党焉而不止。此其祸之中于国家、中于朝廷，固也，而政府之元恶大憝，其又安能独免？呜呼！语政府以爱国，吾知其词费矣，独不识其曾亦稍一自爱焉否也！"①

诚哉斯言，继黄花岗喋血以后，各地反清活动此起彼伏，民众抗捐抗税斗争连绵不绝，粤湘鄂川之保路运动如火如荼。斯时也，清廷迫于时局之梦，乃裁撤军机，改设内阁，大有乾乾惕厉改弦更张之意，然阁员九人，满贵占其五，舆讼立斥其为"皇族内阁"，清政府虚伪立宪之真面目，昭然揭于天下，更进一步拂激人心倾向革命。

若夫立宪党人所最为失望者，乃在于内阁总理大臣奕劻拒绝开放党禁，反对立即召开国会，鸥吓康、梁为邦之逋罪。

时南海先生已由香港赴日，师徒相见未遑叙别情离意，繁綦怨于时局之一夕数惊，而孤臣孽子，匍匐海隅，其操心也危，其虑患也深，赍志而不能申：

> 永夜中天月色荒，对论世难各彷徨。
>
> 已惊草泽妖氛急，况有萧墙隐祸藏。
>
> 俗变兰荃成粪壤，时来鸡犬坐堂皇。
>
> 横流沧海知何届？泪眼低回叩彼苍。②

虽有嫠纬之恤、漆室之忧，顾无所借手，亦唯叹虚舟飘瓦而已！然则世事推夺变化，往往有出于逆料之外者也。

---

① 梁启超：《粤乱感言》，李华兴、吴嘉勋编《梁启超选集》，上海人民出版社 1984 年版，第586页。
② 梁启超：《连夕与弱庵侍南海先生话国事，叠前韵再呈》二首之一，汪松涛编注、梁鉴江审订《梁启超诗词全注》，广东高等教育出版社 1998 年版，第362页。

　　宣统三年辛亥（1911）农历八月十九日，武昌新军举义，不数日，革命党人得市民之裨赞，攻下武汉三镇。既而受武昌首义成功鼓舞，湖南、陕西、江西、山西等省相继宣告独立，而各地民众自发反清斗争亦风起云涌，若中原，有大批农民军抢占重要城镇；若西北，黄会哥老会组织农民千余人起义；若东北，民军甚乃建立中华民国军政分府，竖起民主共和大旗等，普天之下概听蜩螳，率土之滨皆为沸羹。

　　国内情势突变，启超日夕惊忧，惶惶焉，唯仰屋喟叹："天祸中国，糜烂遂至今日，夫复何言。使革党而可以奠国家于治安，则吾党袖手以听其所为，亦复何恤，无奈其必不能也。"① 启超抱定立宪宗旨，谓唯立宪方能救邦之阢陧，扶大厦于将倾："夫痛恨满人之心，吾辈又岂让革党，而无如此附骨之疽，骤去之而身且不保，故不能不暂借为过渡，但使立宪实行，政权全归国会，则皇帝不过坐支乾修之废物耳。国势既定，存之废之，无关大计，岂虑其长能为虐哉！吾党所坚持立宪主义者，凡以此也。"②

　　时武昌首义既起，内阁总理奕劻及协理大臣那桐③、徐世昌等人深感局势危急，咸主起用袁世凯，英、美等国公使也深韪此议。摄政王载沣虽于袁衔恨极深，见中外率谓非袁不能收拾局面，不得已乃于八月二十三日征辟袁世凯为湖广总督，敕其与先期南下之陆军大臣荫昌协力弹压起义。

---

　　① 宣统三年九月八日《致徐勤书》，李华兴、吴嘉勋编《梁启超选集》，上海人民出版社 1984 年版，第 601 页。

　　② 同上书，第 602 页。

　　③ 叶赫那拉·那桐（1856—1925），字琴轩，一字凤楼，叶赫那拉氏，满洲镶黄旗人。1900 年八国联军侵犯北京，慈禧西逃，那桐充任留京办事大臣，随奕劻、李鸿章与联军议和。《辛丑条约》后，任专使赴日本道歉。在清末光绪、宣统年间先后充任户部尚书、外务部尚书、总理衙门大臣、军机大臣、内阁协理大臣等，并兼任过京师步军统领和管理工巡局事务。

兵临城下，武昌举义福兮祸兮，殊难逆料，然立宪党人频年趋跄竭蹶于途，际此欲一乘之，或建奇功，亦未可知。乃布画有二。

其一为运动各省督抚暂倡自立，以削革党之锋锷，树宪党之声威，迫清廷以屈从。大略为：扇动新军第五镇将弁，使山东于九月二十三日宣布独立；联络两广总督张鸣岐①，使广东于九月十九日宣布独立；若上海，同仁雷奋②，以江苏都督身份，联浙督代表通电，吁请各省派人赴沪会议，组织临时政府；若西南，敦劝岑春煊、龙济光③等人，招旧部，檄群雄，息兵争而议宪法。启超以为："但得一省倡之，他省必从之，然后稍有时日，足供我布置，布置一定，则各省复合为一，此反掌之功耳。"④

其二为用北军倒政府，开国会抚革党。所谓北军者，盖指驻保定新军第六镇统制吴禄贞，驻滦州新军第二十镇统制张绍曾⑤，驻奉天陆军第二混成协统领蓝天蔚⑥。慈禧殂殁后，宫廷权斗十分激烈，载

---

① 张鸣岐（1875—1945），字坚白，号韩斋，山东无棣人。曾任岑春煊幕僚，1907年抚广西，1910年署两广总督，次年兼署广州将军，曾镇压广州起义。武昌起义后逃往中国香港、日本，袁世凯执政后归国任袁高级顾问，并赞袁称帝。

② 雷奋（1871—1919），字继兴，清松江府娄县人。留学日本，研习政法，毕业于早稻田大学。归国后，任上海《时报》编辑，主编《本埠新闻》，旋任江苏省咨议局议员，资政院民选议员，宪友会常务干事。辛亥革命前夕，为张謇聘为高级顾问。

③ 龙济光（1868—1925），字子诚（紫宸），云南蒙自人，彝族。曾任广西提督、陆军驻广东第25镇统制。二次革命期间，奉袁世凯命攻占广州，任广东都督，镇压革命党人。护国战争爆发后，率军进攻云南，至广西被桂军缴械，旋见护国军势大，在广东宣布独立。

④ 宣统三年九月八日《致雪公书》，丁文江、赵丰田编《梁启超年谱长编》，上海人民出版社2009年版，第361—362页。

⑤ 张绍曾（1879—1928），字敬舆，直隶大城人。早年留学日本士官学校炮兵科，毕业回国历任北洋督练公所教练处总办、清贵胄学堂监督。滦州兵谏后与吴禄贞、蓝天蔚密谋联合进兵北京，推翻清廷。1922年，任陆军部总长，次年任国务总理，主张迎孙中山北上协商南北统一。

⑥ 蓝天蔚（1878—1922），字秀豪，湖北黄陂人。早年以湖北武备学堂学生资格送日本士官学校学习，后入日本陆军大学学习，归国后任陆军第二混成协统领。滦州兵谏后，赴沪任北伐军总司令。1921年5月，为响应孙中山之北伐，在湖北组织鄂西联军，任总司令。次年被孙传芳击败自杀。

沣弟载涛、载洵①等人，久欲谋以禁卫军第一协统领良弼为心腹，一举将奕劻、载泽诸曹廓清之。启超仇雠奕劻政府，与载涛密谋不期而合，乃派汤觉顿、潘若海②先后归国，与徐佛苏、熊希龄等人密切配合，撺掇于民政大臣善耆、禁卫军统领良弼及立宪派之间，又联络吴禄贞、张绍曾等人，拟实施宫廷政变，推翻现政府，组织新内阁，一展立宪宏愿。启超亲飞羽翰，致吴君禄贞语曰："今国势机阢不可终日，中智以下，咸忧崩离，然历征我国史乘，大抵际阳九否极之运，然后有非常之才出而拯之，其枢机则在一二人而已。今后之中国，其所以起其衰而措诸安者，舍瑰伟绝特之军人莫属也。由此以谈，则天下苍生所望于公者，岂有量哉?!"③夺取北方地盘，压迫革党妥协，启超于军人有厚望焉。

更为详尽者，即如梁所说："今日所欲办之事，则一面勒禁卫军驻宫门，以备非常，即逐庆、泽，而涛自为总理，杀盛以快天下之心，即日开国会。当选举未集时，暂以资政院、谘议局全数议员充国会议员，同时下罪己诏，停止讨伐军，极言今日时势不容内争。令国会晓谕此意，然后由国会选代表与叛军交涉。"④其他如废八旗、改汉姓、祛怨毒等，亦不一而足，要在"若果能办到，则缘有武汉之一逼，而国会得有实权，完全宪政从此成立，未始非因祸得福也"⑤。

---

① 爱新觉罗·载洵（1885—1949），字仲泉，号痴云，满洲镶白旗人，醇亲王奕譞第六子，光绪帝之弟。光绪二十八年（1902）袭贝勒，光绪三十四年加郡王衔。宣统元年（1909）为筹办海军大臣，并赴欧美考察海军。次年授海军部大臣。民国元年（1912）一月，与载涛等组织宗社党，反对与革命军议和，反对清帝退位。辛亥革命后在北京、天津闲居。日军侵华期间，载洵坚持气节，拒绝到伪满洲国任职。

② 潘若海，康有为弟子。梁启超评其为"当代振奇之士也"。

③ 宣统三年《致吴禄贞寿卿先生书》，丁文江、赵丰田编《梁启超年谱长编》，上海人民出版社2009年版，第366页。

④ 宣统三年九月八日《致雪公书》，丁文江、赵丰田编《梁启超年谱长编》，上海人民出版社2009年版，第361页。

⑤ 同上。

顾世事辄如白云苍狗之变。九月初八日,张绍曾、蓝天蔚约同新军第三镇协统卢永祥①兵谏于滦州,通电清廷,提出"请愿意见政纲十二条",要求于本年内召开国会,制定宪法,组织责任内阁,削除皇族特权,赦免国事犯等。电文措辞异常强硬,声称若清廷果不允,将麾军直捣北京。先是,袁世凯并未即刻复湖广总督命,而悠游洹上,更条列出山六条件,约为:明年即开国会;组织责任内阁;宽容参与此次事件诸人;解除党禁;须委以指挥水陆各军及关于军队编制之全权;须予以十分充足之军费。

清廷内外颠踬,焦迫无已,庶几为黔驴之穷,乃于九月初九日下诏罪己,并谕令改组内阁,起草宪法。其开放党禁之上谕说:"党禁之祸,自古垂为炯戒,不独戕贼人才,抑且消沮士气。况时事日有变迁,政治随之递嬗,往往所持政见,在昔日为罪言,而在今日则为谠论者。虽或逋亡海外,放言肆论,不无微瑕,究因热心政治,以致逾越范围,其情不无可原。兹特明白宣示,特沛恩纶,与民更始。所有戊戌以来因政变获咎与先后因犯政治革命嫌疑惧罪逃匿,以及此次乱事被胁,自拔来归者,悉皆赦其既往,俾齿齐民。嗣后大清帝国臣民,苟不越法律范围,均享国家保护之权利,非据法律不得擅以嫌疑逮捕。至此次被赦人等,尤当深自拔濯,抒发忠爱,同观宪政之成,以示朝廷咸与维新之至意。"② 阅两日,即任命袁世凯为内阁总理大臣,敕其速赴宸垣,筹组新内阁。

---

① 卢永祥 (1867—1933),原名卢振河,字子嘉,山东济阳人。家境贫寒,只读过三年私塾。1890 年出外投军,两年后即由士兵升为哨长。1895 年被派往山海关武备学堂学习,毕业后被袁世凯聘为新军军官,在天津小站练兵,与段祺瑞、王士珍等成为密友,后来一同成为皖系军阀骨干。辛亥革命爆发前夕,卢永祥任清军第三镇第五协协统,驻防奉天。

② 宣统三年九月十二日《申报》,丁文江、赵丰田编《梁启超年谱长编》,上海人民出版社 2009 年版,第 360 页。

启超得读上谕,大喜过望,频年汲汲以求之解党禁,不期然而收功于革命党人起义之后,从此以往,殆将掉臂以行,再无险象。"唯拨乱反治之大业,终未能责诸旦夕,非躬赴前敌,难奏全功。"① 乃自抒胸臆曰:"员舆正杌陧,间气必腾骞。超也弩思驾,犹之填在埏。"② 启超决定不日启程返国,亲扫尘霾。

临行前,启超染翰属书托于同门徐勤曰:"弟日内必行矣。弟气固甚壮,期于必成,然天下事安可逆睹,若其无成,而以身殉之,亦意中事。若万一有他变,则全家二十余口,尽以托诸吾兄。吾老亲有仲策可料理,吾弱媳则唯吾兄抚之,天下方乱,无国可归,不能不令其暂住日本,但使之无冻馁以死,则所感多矣。"③ 其情殷,其义烈,可表之于日月者也!

启超此行抱定一死之心,固在于,立宪党人频年办事无著于功,气而为之慑,今兹中国丁此劫运,正所谓亡国恒于斯,得国恒于斯,又且应言,"天与不取,反受其咎;时至不行,反受其殃",君子当见机而作,成则国之幸也,果不成,则孰与觍颜偷活于人世矣! 乃复感怀志之曰:"布帆亦无恙,秋老吾当归。归轪欲安适? 辽沈指京师。都人逝将去,今归复奚为? 熟念千圣业,系兹一发危。鱼烂一以及,眈眈群魈窥。昔闻同室斗,匍匐当救之。内审义分定,敢辞才力微。君看愚叟志,太行曾可移。"④ 继又诵之:"自我出修门,岁星凤周纪。

---

① 宣统三年九月十三日《与勉兄书》,李华兴、吴嘉勋编《梁启超选集》,上海人民出版社1984年版,第604页。
② 《南海先生倦游欧美,载渡日本,同居须磨浦之双涛阁,述旧抒怀,敬呈一百韵》选片,汪松涛编注、梁鉴江审订《梁启超诗词全注》,广东高等教育出版社1998年版,第342页。
③ 宣统三年九月八日《致雪公书》,丁文江、赵丰田编《梁启超年谱长编》,上海人民出版社2009年版,第362页。
④ 《述归五首》之一,汪松涛编注、梁鉴江审订《梁启超诗词全注》,广东高等教育出版社1998年版,第366—367页。

国成实谁秉？遽令至于此。怨毒中人心，有若滀湍水。蚁穴一乘之，荡决遂万里。硍硍土崩势，征史莫与比。一姓岂足道？所忧尽室毁。衢议念逐臣，马角今生矣。移突苦不豫，焦头亦奚恃？"[1] 其幽怨也深切，其志笃如石坚。

---

① 《述归五首》之一，汪松涛编注、梁鉴江审订《梁启超诗词全注》，广东高等教育出版社 1998 年版，第 366—367 页。

二十八　1911年·瀛海

　　宣统三年辛亥（1911）九月十六日，启超乘天草丸号，首涂神户，直指大连。舟之将行，爱女令娴别泪涟涟，启超忍作五言，以为骊歌："亭亭须磨月，穆穆双涛园。地偏适我愿，栖仰费盛年。我有所爱女，晨夕依我肩。念我行役劳，送我忍汝澜。我已身许国，安所逃险遭？成毁事不期，行我心所安。天若右中国，我行岂徒然？待我拂衣还，理我旧桃园。"①

　　海轮劈波斩浪，亦犁起无限情思。自戊戌政变以往，迄于今忽忽已逾十年，戴罪之人，羁游海外，曾何有一时而忘国难，又奚矜其一身而辨行藏！今日得返旧邦，归去来兮，适彼齐烟九点神明之乡，虽前路漫漫，将何惮其勇往，伊明月在桅，举头望，恰似当年：

> 瀛海团团月，相望几百回。
>
> 即看桂影瘦，长是露中开。
>
> 照梦成深忆，窥愁又独来。
>
> 十年往还路，为汝一徘徊。②

---

　　① 《述归五首》之一，汪松涛编注、梁鉴江审订《梁启超诗词全注》，广东高等教育出版社1998年版，第367页。
　　② 梁启超：《归舟见月》，汪松涛编注、梁鉴江审订《梁启超诗词全注》，广东高等教育出版社1998年版，第372页。

　　九月十九日，天草丸驶抵大连，扶风遥望旅顺口，启超油然而口占一绝："虎牢天险今谁主？马角生时我却来。醉扶危舷望灯火，商风狼藉暮潮哀。"① 次日即奔旅顺，并于夜分急赴奉天，舍日领馆。此行，启超所谋划者，先于奉小住半月，以瞻风候，再到滦州一宿，与商北军入京维持秩序，继乃或携百数十军士，躬赴宸垣，期必于执政局之牛耳。

　　时，各地独立、起义之消息交纷于耳，天下鱼烂之际，袁世凯受总理职，但并未疾赴，"都中虚无人焉：旧内阁已辞职，不管事；新内阁未成立，资政院议员遁逃过半，不能开会；亲贵互相阋，宫廷或尚有他变，日日预备蒙尘"②。天欲有所兴替，其孰能当之，唯启超以舍我其谁之勇气而自任，曰："吾无论如何险难，必入都。……入都后若冢骨（作者注：指袁世凯）尚有人心，当与共戡大难，否则取而代之。取否唯我所欲耳。"③ 启超之信心源于资政院皆立宪党人，欲取而代之，诚甚易，一投票足矣。

　　然则飞变屡屡，往往才发良谋，旋为往尘。

　　顷者，清军在前线毫无进展。不得已，摄政王载沣九月初六日召回荫昌，任命冯国璋④统领前线第一军，段祺瑞⑤统领第二军，任命袁

----

　　① 诗题为《舟抵大连望旅顺》，汪松涛编注、梁鉴江审订《梁启超诗词全注》，广东高等教育出版社 1998 年版，第 373 页。
　　② 梁启超：1911 年农历九月二十一日《与娴儿书》，梁启超著、穆卓编《宝贝，你们好吗》，山西人民出版社 2012 年版，第 3 页。
　　③ 同上书，第 2 页。
　　④ 冯国璋（1859—1919），字华符，一作华甫，直隶河间人。直系军阀首领，与王士珍、段祺瑞并称"北洋三杰"。民国成立后，出任江苏都督。袁世凯称帝，冯联合五将军发出逼迫袁世凯取消帝制通电。
　　⑤ 段祺瑞（1865—1936），字芝泉，曾用名启瑞，晚年号称"正道老人"，安徽合肥人，又称"段合肥"。1916 年至 1920 年为北洋政府实际掌权者。1924 年至 1926 年为中华民国临时执政。"九·一八"事变后，日本人曾胁迫段祺瑞去东北组织傀儡政府，段严词拒绝。

世凯为钦差大臣，全权节制赴援湖北之各军。袁世凯于九月初九日离开彰德南下信阳、孝感，即命清军猛攻汉口，夺取汉阳，史称阳夏战争。袁世凯借战威挫革党之锋，慑清廷之胆，既压迫民军乞与和谈，又逼使北京让度更多权力。洎载沣任袁世凯为内阁总理大臣之后，袁以此命不为国会公举，声称不敢祗领，仍踯步于南方。同其时也，为稳固北方局势，袁以重金买凶，于九月十六日，即启超动身返国之日，刺杀吴禄贞，除掉心头大患。

　　得闻吴禄贞殒命噩耗，启超深为震骇，其綦惋者，尤在于因失最所寄望之力量。无如乃终以见张绍曾、蓝天蔚二人为主，"大约都中秩序，十日内恐必将破，冀破后，能用此二军恢复秩序，与外交团交涉，徐图进取耳"①。讵知，吴禄贞遇刺翌日，张绍曾即遭解职，避居天津英租界，蓝天蔚亦遭严究，启超向期待之北军力量已不足为凭。

　　九月十八日，资政院开会，正式选举袁世凯出任总理。袁遂把前线军事交予冯国璋指挥，自己带卫队，威仪凛凛北上帝都。时启超盘桓奉天，犹抱最后一线希望，颇欲直入虎穴。适有汤觉顿、罗惇曧②自京过奉抵连，云：蓝天蔚等将极不利于梁，敦促启超即回日本。原其由，蓝天蔚于滦州兵谏后，被奉天同盟会骨干分子举为关外革命军讨虏大都督，并刻期驱逐东三省总督赵尔巽，宣布奉天独立。无如消息走漏，既为清吏侦悉，亦为立宪党人获知。启超自谓，"今晚忽得密报，言军队已议定将图我——所谓图我者，殆欲拥我宣告独立也"③。

---

　　① 梁启超：1911年农历九月二十一日《与娴儿书》，梁启超著、穆卓编《宝贝，你们好吗》，山西人民出版社2012年版，第3页。
　　② 罗惇曧（1872—1924），字孝遹，号以行，又号瘿庵，晚号瘿公，广东顺德大良人。从康有为游，与陈千秋、梁启超并称高弟。与梁鼎芬等并称"粤东四家"。曾为袁克定师，袁世凯称帝，拒不受禄。
　　③ 梁启超：1911年农历九月二十二日《与娴儿书》，梁启超著、穆卓编《宝贝，你们好吗》，山西人民出版社2012年版，第4页。

几与同时，熊希龄自大连发电报数通，又电话催行，云立刻动身，半日不许逗留。

至此，启超黯然取消入京计划，买棹东还。先前所冀望者，其诸似泡影遽灭，惆怅若哀怨，阒于中心：

> 穷秋朔雪动征骈，知为美游为恶归？
>
> 时人颇惊辽鹤返，长路终羞宋鹢飞。
>
> 水赤磨刀判伤手，月明绕树怨无枝。
>
> 横流满地见龙穴，欲障丸泥力恐微。①

却回双涛，辽鹤华表之慨，六鹢退蜚之恨，随物色之动，心亦与之摇焉："穷秋已多悲，散掷况逾半。擎雨万荷枯，战风千叶乱。块然一室外，凛凛星物换。岂不怀壮往？碧海槎久断。抱膝诵《惜誓》，看云独长叹。"②

其时，国内分南北两派，北方均主存君位、定宪法，众望皆归于袁项城。

袁世凯出山未几，即于九月二十六日组成新内阁，其诸多重要职位尽植私党外，为饰观瞻，任命立宪派领袖梁启超为法律副大臣，张謇为农工商大臣，杨度为学务副大臣。

启超坚辞，自谓庸愚瓠落难堪大命，曷可备员伴食，滥竽充数。究其实，和议未成，南北交绥，重以衔怨积久，梁之于袁，并无信心。而袁世凯却慷慨以苍生之念，恻款以求贤之渴，恂恂焉若不计宿隙，其致书启超曰："执事热心匡时，万流仰镜，现值国事羹沸之际，民生

---

① 梁启超：《由奉天却至大连道中作》，汪松涛编注、梁鉴江审订《梁启超诗词全注》，广东高等教育出版社1998年版，第375页。

② 梁启超：《感秋杂诗》六首之一，汪松涛编注、梁鉴江审订《梁启超诗词全注》，广东高等教育出版社1998年版，第380页。

涂炭之秋，必不忍独善其身，高蹈远引，不思同舟之急难，坐视大厦
之就倾。所冀叶公免胄，慰国民翘企之怀；君实入朝，副拥马不前之
意。速临荣戟，同固金瓯，钦迟锋车，悆如饥渴。"① 而清廷征召之谕
电亦屡下，略谓启超久羁海外，迄未忘忧家国，至此时局艰危，当尤
念先朝特达之知，速即回国任事云云。

于私情公义，启超当不俟驾而行。顾蛇咬井绳之忧不能挥去，唯
托词以自解免，云，正值天下扰攘之际，革党所深忌者唯新会、项城
二人，若合而共事，不啻并为一的，以待万矢集也。不如是，则必项
城坐庙堂，理财用兵拨乱求治于上，而己之居江湖自任言论转移风尚
于下，两者分途赴功，交相为用，奚有不致显效者也。尔乃终未履法
律副大臣职。

维于南方，锄清立汉、革命共和之势，如烈火燎原。

罗瘿公为启超报告时局曰："北中志士，近日皆已南下，京、津中
几绝迹矣。然平日讲宪政著名之人，在南中行动不能自由。佛苏在沪
寸步有人监察；有自北来者，动疑为政府侦探。在沪中而不从革党者，
地位极危险。"② 甚乃有人偶诋共和，即或絷或戕，俨若"共和恐怖"。
而启超不直为袁世凯引作英契，也为革命党所推重争求，若汪精卫，
弃凤昔宗旨争拗之嫌而致书曰："方今共和之治，毕露萌芽，中国前
途，悲观乐观，交萦于爱国者之胸中。以积学养望，夙以指导国民为
念如先生者，其可无以教之乎？"③ 革命形势发展之速，盖不可以道里

---

① 袁世凯：宣统三年十一月四日《致卓如先生书》，丁文江、赵丰田编《梁启超年谱长编》，上海人民出版社 2009 年版，第 367 页。

② 罗瘿公：宣统三年十月三日《致任公先生书》，丁文江、赵丰田编《梁启超年谱长编》，上海人民出版社 2009 年版，第 370 页。

③ 汪精卫：宣统三年十一月二十九日《致任公先生书》，丁文江、赵丰田编《梁启超年谱长编》，上海人民出版社 2009 年版，第 382 页。

计，即如同门徐勤亦恳恳言曰："满人气运已绝，若复抗舆论，存皇族，必为全国之公敌矣。美洲则人心更主共和主义，乞切勿再倡存皇族以失人心，而散会事。"①

天下滔滔，所闻金为共和之声，一如飒飒秋风灌耳，独扶孤松，沦落人将奚忍胸中不平之情："平居所隐忧，乃今真见之。广庭一叶下，万方飒同悲。一叶岂足道，所畏霜露滋。鹍鸡与蟋蟀，器器尔何为？伤序亮可羞，乘时还自危。谁信尧时鹤，一鸣清泪垂。"②

此间，国内情势日夕万变，启超徘徊海隅，唯凭鱼雁与东报遥策国事，辄失其据，而共和派伏轼搏衔，横历天下，搴旗拔寨，声势日隆，顿形立宪党人之势衰，革命党人之足骏。乃有同党志士汲汲于路，撺怂启超者，谓处今日之中国，正豪杰有为之时，任公为海内外人望所归，岂可俯仰依违、肥遁鸣高，寄踪迹于林丘，必当挺身而出，或辅朝廷以就国务大臣职任，既可尽忠于国民，更可借此造为他日有所发摅之地，或倡义声，集虎贲，诛悖逆，议宪法，为群雄盟者，厥功其伟不俟言耳！

然则亦有立宪同志主张养晦待时，徐观后变，谓乃今民军暴骨沙场者不知其千百数，百姓流离失所者，不知其千万数，追问其何以致之，则无不归咎于皇室种种罪戾。立宪党人之初衷盖为避免杀人流血，今既头颅狼藉，仍倡保皇，其与时事民心何啻迥绝万里。而新政府成立于大乱之后，辄循专制之轨辙，意必大失人心之所望，日就月将，计不数月，执政者或将集天下之谤，成众矢之的。是时也，任公一怒，天下向风，事半功倍之效于以收也，而任公之出山，祇在斯时耳！

---

① 徐君勉：宣统三年九月二十四日《致南海夫子书》，丁文江、赵丰田编《梁启超年谱长编》，上海人民出版社 2009 年版，第 385 页。
② 梁启超：《感秋杂诗》六首之一，汪松涛编注、梁鉴江审订《梁启超诗词全注》，广东高等教育出版社 1998 年版，第 380 页。

启超顾往辙而瞻来轸，殆有所决："十年以来，人咸思汉，百日之内，运转亡胡。既非一朝一夕之故，又岂一手一足之烈？吾党夙怀投鼠忌器之忧，因乏遭螫断腕之勇，脱移突之见纳，信补牢之可期。今事势既移，前尘成幻，匪直留此虚器不能已乱，正以悬兹射的益用奖争。就令北方之强，可贾余勇，南风不竞，所至丧师，然攘臂者遍闾左，辍耕者闠陇畔。乃至备炊争歌小戎，国殇半为汪锜。嗟此血肉之躯，孰非羲轩之胤。其愚固不可及，在义乃所当矜。岂以害马之在群，而谓禽狝为当理。"① 要之，民情不可违，时势不可抗，"若幸借连（'连'字为编者补）鸡之势，或享失马之福，则竭才报国，岂患无涂。错节方多，索绹宜亟"②。

所谓索绹者，盖谓暂寄修橼，重理丹铅，期有芹曝之献。

其实，蚤自返日之初，启超即撰《新中国建设问题》一文，以应天下晓晓之舆论。其文曰，吾今日中国所当采共和政体，殆已成为共识，维共和政体粗可胪列者凡六，一谓人民公举大统领而掌行政实权之共和政体；一谓国会公举大统领而无责任之共和政体；一谓虚戴君主之共和政体；一谓人民选举终身大统领之共和政体；一谓不置首长之共和政体；一谓虚戴名誉长官之共和政体。启超涵泳其间，详加辨析，乃推尚"虚君共和政体"为无能出其右者。所以然者何？曰此种政体，设君位、息内争、定民志，虽称尊号于兆民之上，而政权实付诸内阁，托庇于国会，公举于人民。英国其如是耶！

唯启超抑自慨叹："吾盖误矣。今之皇室乃饮鸩以祈速死，甘自取亡，而更贻我中国以难题。使彼数年以来稍有分毫交让精神，稍能布

---

① 梁启超：宣统三年腊月十日《致康有为书》，张荣华编校《康有为往来书信集》，中国人民大学出版社 2012 年版，第 648 页。
② 同上。

诚以待吾民，使所谓《十九条信条》者，能于一年数月前发布其一二，则吾民虽长戴此装饰品，视之如希腊、那威等国之迎立异族耳，吾知吾民当不屑断断与较者。而无如始终不寤，直至人心尽去，举国皆敌，然后迫于要盟，以冀偷活而既晚矣。"①

时事诚若启超所怅憾者。

立宪党人盖以虚君共和为目标，斯不惮竭蹶以求之，乃遣多人分赴国内与各方联络，冀有所成。不谓革党不直无动于衷，且径斥虚君共和为愚者之见。而于袁世凯，渠其别有所图，往往虚与委蛇。

时，中华民国临时政府已肇建于南京，为免天下涂炭，早日"驱除鞑虏"，南方革命党人于和议时表示，如袁能逼清退位，"中华民国大总统"一职，则断举项城无疑。袁世凯久蓄废清自代之谋，得此承诺，速即嗾使党羽加紧逼宫行动。先则有署理邮传部大臣梁士诒、民政大臣赵秉钧②、外务副大臣胡惟德③，合上奏章，云：人心已去，君主制度恐难保全，恳赞同共和，以维大局。继有段祺瑞、冯国璋等北洋将领四十七人，于腊不尽四日联电，吁请清帝退位，改行共和政体，安皇室而定大局。

清廷内外交迫，不得已，隆裕太后下懿旨，于宣统三年腊月二十五④，宣布清帝退位诏书，其辞哀、其义正、其风雅，想必神祇亦为

---

① 梁启超：《新中国建设问题》，李华兴、吴嘉勋编《梁启超选集》，上海人民出版社1984年版，第598—599页。
② 赵秉钧（1859—1914），河南汝州人。袁内阁期间任民政部大臣。袁总统期间，曾任内务部总长、第三任国务总理。早前拟订警务章程，创设警务学堂，是中国近现代警察制度创始人。
③ 胡惟德（1863—1933），字馨吾，浙江吴兴人。少时，出于谋生需要，被父母送入上海广方言馆就学，主修算学，兼习法文。修业十年后，胡唯德获准进入京师同文馆深造。1890年，为清政府出使英、法、意、比四国大臣薛福成选中，随同赴英实习。此后，先后随驻外大臣赴美、驻俄，官至二等参赞。嗣后屡任外交要职。
④ 清帝退位前概以清帝年号农历纪年，清帝退位后，皆以民国阳历纪年。

之动容："前因民军起事，各省相应，九夏沸腾，生灵涂炭，特命袁世凯遣员与民军代表讨论大局，议开国会，公决政体。两月以来，尚无确当办法，南北暌隔，彼此相持，商辍于途，士露于野，徒以国体一日不决，故民生一日不安。今全国人民心理，多倾向共和，南中各省既倡议于前，北方各将亦主张于后，人心所向，天命可知，予亦何忍以一姓之尊荣，拂兆民之好恶？是用外观大势，内审舆情，特率皇帝，将统治权归诸全国，定为共和立宪国体，近慰海内厌乱望治之心，远协古圣天下为公之义。"① 次日，孙中山如约辞去中华民国临时大总统职务。

民国元年二月十五日，南京临时参议院选举袁世凯为临时大总统。

际此，启超所极力主张推动之虚君共和方案，彻底失败。

乌乎其哀，"岁暮云尽，天运已非；新旧时移，君臣道尽。海水怒号，朔风凄厉；秋声动竹，落日在山。悲从中来，不可断绝"②。十四载亡人，历历往事随波逝，自兹以往，或可怀君子义，不以存亡易节，不以死生易心，若南海先生是也；或可抱璞自守，茹茶疗饥，庶几明夷之访，启超其有待也！

---

① 转引自吴欢《民国诸葛赵凤昌与常州英杰》，长江文艺出版社2010年版，第200页。

② 康有为：1912年2月13日《致梁启超等书》，张荣华编校《康有为往来书信集》，中国人民大学出版社2012年版，第649页。

二十九　1913 年·时运

袁世凯揭民主共和大旗，既登极峰，虚君共和方案，遂如雪之立沃于沸汤，启超沮索久之。虽然，每思亭林天下兴亡之言，辄欲振作，不敢自弃，乃定"联袁慰革"方针。

民国肇建，革党兴而宪党萎，觇眺未来，康、梁徒众（可称为旧立宪派）既要与旧官僚派（以袁世凯为代表）交哄，抑又与旧革命派（孙、黄为代表）为敌，而彼两党皆以莫大势力蟠互国中，若以孤虚之只手抵捂骄悍之双臂，果所败衄，不俟言耳。唯"革命之后，暴民政治最易发生，而暴民政治一发生，则国家元气必大伤而不可恢复……不得不先注全力以遏乱暴派之谋破坏者"①。

而欲遏乱暴，必得与袁世凯联手。

时袁世凯就任临时大总统，其势力如日中天，中外皆所仰望。启超亦速发贺电，并修长书，巽与之言，抑又誾誾如也："欧阳公有言：不动声色，而厝天下于泰山之安，公之谓矣。三月以前，举国含生，汲汲顾影；自公之出，指挥若定，起其死而肉骨之，功在社稷，名在天壤，岂俟鲰生揄扬盛美者哉？今者率土归仁，群生托命，我公之所

---

① 梁启超：《共和党之地位与其态度》，《饮冰室合集·文集》之三十，第二十至二十一页；中华书局 2015 年版，第 3036—3037 页。

以造福于国家者，实仅发端，而国民所为责望于我公者，益将严重。"①

　　共和国体本质在于政党政治，欲行整齐严肃之政，非如过去拥兵自重，威压逆己，必欲乘舆论之风而动，必欲借政党之力而行。此为大势，项城虽不欲，亦无如之何，乃起意急于融合党派，亟申延揽启超之意："屡辱寓书，并汤君觉顿来京接席，凡所指导而激励之者，皆荦荦大计，而又切于事情，循诵数四，如豁雾雾而见青天，以是知大贤之吐属不同，匪独惓惓私意已也。徒以天不假缘，致相需甚殷，尚难合并，云天怅望，我劳如何。要当相机排解，以纾渴忱。"② 梁、袁互通款曲，要在共同对付旧革命党人。此后两人函电交驰、星轺交毂不断。

　　其时，多有同党人士力促启超归，登高一呼，重拾人心。其促归最力者，当属徐君勉，伊谓国内政党纷出，独康、梁蛰伏不苏，首之未动，遑论身躯其为振。此不直令党外人所轻鄙，亦令本党同志心灰意冷，惶惶不知所之。亦有同志力阻其归，谓曰浩然自归，兴味索然，何如待一二政党逊听远迎推为渠魁而后归，或曰，归则归矣，亦当俟袁大总统之聘命既下，黎副总统③通电，然后决行。或曰："项城之不深信，漫为延揽，其效果与现成党派之拥戴同一傀儡，何致解释比于鸡鹜云云"④，为中国计，殆当留此一贤。启超迟迟其行。

---

　　① 民国元年二月二十三日《致袁项城书》，丁文江、赵丰田编《梁启超年谱长编》，上海人民出版社 2009 年版，第 400 页。
　　② 袁世凯：民国元年《致任公先生书》，丁文江、赵丰田编《梁启超年谱长编》，上海人民出版社 2009 年版，第 403 页。
　　③ 即黎元洪（1864—1928），字宋卿，湖北黄陂人，人称"黎黄陂"。中华民国第一任副总统、第二任大总统。武昌起义时，任革命军湖北军政府都督。晚年致力于实业。
　　④ 周善培：民国元年五月二十三日《致任公先生书》，丁文江、赵丰田编《梁启超年谱长编》，上海人民出版社 2009 年版，第 413 页。

启超逡巡海隅，亦另有隐情。武昌首义以降，革命派势力大涨，其斥康梁立宪党人为"保皇狗"，穷追猛打，势不少歇。然则，清帝逊位，民主共和既成，人心所向大势所趋，将何有于保皇？黎元洪曾辩诬曰："谓民国用人应勿拘党派，梁启超系有用之才，弃之可惜，保皇党诬说，不应见之民国。"① 启超于此有所转圜，爰请南海宣布退隐之意，以杜毒口。南海先生似已同意，唯麦孺博极力反对，云夫子数十年来以救国号呼于天下，人谁不知，今忽若息影，则党势立溃，将热诚奔走坚执初心者何堪其情！终不果。然启超与乃师分途自兹始，党人亦渐有新旧分立之意，启超与南海先生隐然分领之。启超乃著《罪言》《中国立国大方针》等文，其言曰："辛亥革命之役，易数千年之帝制以共和，其造端之宏大，非一姓兴亡所能拟也。"② 更言曰，天相中国，共和聿成，虽有俊杰，又安能于共和制之外别得他途以驰骛！"夫谓共和不能行于中国，则完全之君主立宪，其与共和相去一间耳。其基础同托于国民，其运用同系乎政党，若我国民而终不能行共和政治也，则亦终不能行君主立宪政治。"③

揄扬共和，启超之鼓吹，浸渐博得革命党人好感，孙中山对梁之政党政治方案表示由衷欢迎，黄兴、汪精卫等人亦殷殷其意，张继、刘揆一甚乃电促："国体更始，党派胥融，乞君回国，共济时艰。"④

时国内政治空气丕变，各方人士，每怀靡及，载驰载驱，访贤达，组政党，一时蔚为风气，竟成近二十团体。其荦荦大者有统一党、共

---

① 《申报》载黎元洪致大总统及参议院为梁启超辩诬电，丁文江、赵丰田编《梁启超年谱长编》，上海人民出版社 2009 年版，第 419 页。
② 梁启超：《罪言》，《饮冰室合集·文集》之二十九，第八十九页；中华书局 2015 年版，第 2981 页。
③ 梁启超：《中国立国大方针》，《饮冰室合集·文集》之二十八，第七十七页；中华书局 2015 年版，第 2891 页。
④ 梁启超著，穆卓编：《宝贝，你们好吗》，山西人民出版社 2012 年版，第 48 页。

和建设讨论会、共和党、国民党等。既而，共和建设讨论会与中华共和促进会、国民新政社、国民协会、共和统一党、共和俱进会合并，组成民主党，由汤化龙①任干事长，林长民②、孙洪伊等股肱之，虚党魁位以待启超。

秋，袁世凯敕使东渡，安车蒲轮以迎梁归。

民国元年十一月八日，启超一整归鞭，踏上归程。

十一月十六日，启超舣舟天津，各界通欢款迓无似，若唐绍仪③及前直隶都督张锡銮④继踵来谒，赵秉钧、段祺瑞咸派代表登门道慰，仅三日，典签所记已逾二百人矣，而各省欢迎电报，亦络绎不绝，各地方官纷纷请宴唯恐后人，大有万流辏集、四海欢腾之气象。

十一月二十八日，启超一行乘火车入京。大总统代表、各部总长次长、各政党党员、各报馆记者及旧交等数百人，纷集于正阳驿，热烈欢迎，相与致敬尽礼后，诣贤良寺下榻。袁项城固欲预备军警公所为启超行馆，因闻曾文正、李文忠入京皆住贤良寺，乃转而饬人洒扫往尘用安贤良，适足见袁之盛意。

---

① 汤化龙（1874—1918），字济武，湖北蕲水（今浠水）人。日本法政大学毕业，历任湖北省谘议局议长、湖北省军政府民政总长、南京临时政府陆军部秘书长、北京临时参议院副议长、众议院议长、教育总长兼学术委员会长。

② 林长民（1876—1925），字宗孟，福建闽侯（今福州）人。为林徽因之父，林觉民之兄。1902 年赴日本留学，入早稻田大学学习政治、经济。1911 年武昌起义后赴上海，以福建省代表参加独立各省临时会议，次年初临时参议院成立，为秘书长，参与草拟《中华民国临时约法》。1917 年 7 月出任段祺瑞内阁司法总长，11 月辞职。1925 年 11 月 24 日，参与反奉兵败身亡。

③ 唐绍仪（1862—1938），字少川，广东香山人。南北议和时，出任北方代表。袁世凯就任中华民国临时大总统后，唐成为第一任内阁总理，因与袁衔隙，仅两月余愤而辞职。抗战时期，盛传日敌拟利用唐等组织华中伪政府，蒋介石下令戴笠派特务于 1938 年 9 月 30 日将其刺杀于家中。

④ 张锡銮（1843—1922），字金波，又字今波、今颇，浙江钱塘人。辛亥事起，通电拥护共和。中华民国成立后，授任直隶都督，既而任东三省宣抚使。1915 年 6 月 24 日授为陆军上将。

居京凡十二日，殆无暇晷。启超致令娴书曰："都人士之欢迎，几于举国若狂，每日所赴集会，平均三处，来访之客，平均每日百人。吾除总统处，概不先施，国务员自赵总理以下至各总长，旧官吏如徐世昌、陆征祥①、孙宝琦②、沈秉堃③之流，皆已至，吾亦只能以二十分钟谈话为约，自馀则五分钟，自馀则旅见而已。得罪人甚多，然亦无法也。"④ 凡此种种，启超隐然为北京之中心，若北辰之为众星所拱，自谓旬余光阴已极人生之至快，亦极人生之至苦。然斯亦不足为言，令启超颇感意外者，乃国民党之慌乱无状：不开欢迎会，恐为人笑，开则有党内暴乱分子闹场之虞，议论纷纷，莫衷一是，以故迁延数日，而卒决意开会欢迎。启超亦果赴会演说，其救国拳拳之意辄令闻者感动，积年宿怨有似冰泮。

暌违十五年，一朝还旧都，所受荣宠不可谓非亘古奇观，客问何以，胡适于《留学日记》中所记，或可为复："阅报时，知梁任公归国，京津人士都欢迎之，读之深叹公道之尚在人心也。梁任公为吾国革命第一大功臣，其功在革新吾国之思想界。十五年来，吾国人士所以稍知民族思想主义及世界大势者，皆梁氏之赐，此百喙不能诬也。去年武汉革命，所以能一举而全国响应者，民族思想、政治思想入人

---

① 陆征祥（1872—1949），字子欣，又作子兴，上海人。辛亥革命时，陆任清驻俄公使，联合驻荷兰公使刘镜人通电敦请清帝逊位。民国肇造，陆为第一任外交总长，其办公室内高悬"不要忘记马关"字样。一战结束后，曾代表中华民国率中国代表团赴巴黎参加和会。

② 孙宝琦（1867—1931），字慕韩，晚年署名孟晋老人，浙江杭州人。父亲孙怡经曾是光绪帝师。1902年，孙宝琦任出使法国大臣，1905年回国，代理顺天府尹，1907年，任出使德国大臣。1908年回国，充帮办津浦铁路大臣。1911年初，任山东巡抚。1913年9月，任北京政府外交总长。1914年2月，代国务总理。1915年日本提出二十一条后辞职。

③ 沈秉堃（1862—1912），字幼岚，湖南善化（今长沙市）人。1908年授云南布政使，1910年10月擢广西巡抚。1911年武昌起义后，在广西革命势力推动下，宣布独立，被推为广西都督。

④ 梁启超著，穆卓编：《宝贝，你们好吗》，山西人民出版社2012年版，第17页。

心已深，故势如破竹耳。使无梁氏之笔，虽有百十孙中山、黄克强，岂能如此之速耶！近人诗'文字收功日，全球革命时'，此二语唯梁氏可以当之无愧。"①

京城之纷攘板荡，令启超倏然怀想双涛园，"遥思须摩、箕面间，菊花正肥，枫叶将赤，携酒跌宕，为乐何极，无端预人家国事，尘容俗状良自怜也。"② 乃还返天津，庶几可以静处。不谓，客之跟踪踵至者仍络绎，虽登告示，定期会客，然来访者不绝如缕，无如之何。即若清朝遗老赵尔巽、孙宝琦、李经羲③、周自齐④等旧日达官，亦先后来访，冯国璋一日两至，更不能不依门拥篲。顾启超于斯时也，拨冗繁，分精力，殊为注意政党政治之运作耳。先是，启超曾应总统府之请，晤袁世凯。袁欲梁居间调和政党以胁制政敌，会梁亦欲筹组大党与国民党竞争，并进而掌握内阁，导袁于宪政正轨，乃顺水推舟，径请袁资助五十万元活动费。袁慨然俞允。

未几，启超加入共和党，总领民主、共和两党。而统一党之熊希龄等人亦与梁交善，故尔启超折冲于三党之间，期必于未来国会大选，一举挫败敌党。

民元冬至二年初，正式国会始行选举。为取得多数席位，各党展开激烈竞选活动，尤以国民党为甚。时，宋教仁代理国民党理事长，

---

① 转引自董方奎《旷世奇才梁启超》，武汉出版社 1997 年版，第 165 页。

② 梁启超著，穆卓编：《宝贝，你们好吗》，山西人民出版社 2012 年版，第 15 页。

③ 李经羲（1859—1925），字仲仙、仲山，合肥人，李鸿章弟李鹤章之子，清末最后一任云贵总督。1913 年 12 月被袁世凯任为政治会议议长。1915 年 10 月袁世凯称帝，封其与徐世昌、赵尔巽、张謇为"嵩山四友"。1917 年夏，"府院之争"时，黎元洪罢免段祺瑞国务总理后，李被黎任命为国务总理兼财政总长，后因张勋复辟，就任不足一周即去职。

④ 周自齐（1871—1923），字子廙，早年出使海外，后创办清华学堂（清华大学前身）。1912 年出任山东都督。1922 年署理北洋政府国务总理兼教育总长，还曾短期代行过民国大总统职务。

实际主持国民党工作，其遍游长江中下游各省，发表演说，抨击时政，甚乃指袁世凯将来必且背叛共和，开历史倒车，极具煽动效果。果尔，选举结果出炉，国民党夺得参众两院三百九十二席，而共和党仅拥一百七十五席，统一党及民主党各占二十四席，三党合共二百二十三席。

国民党以压倒性优势获胜，启超闻讯，精神庶几崩溃，辄于夜分而不能寐："吾党败失。吾心力俱瘁（敌人以暴力及金钱胜我耳），无如此社会何，吾甚悔吾归也（党人多丧气，吾虽为壮语解之，亦致不能自振）。"① 袁世凯震于彼之胜威，其夙所阴图擅权之谋，势将不能逞，愤恨亦不知其纪极。而另厢，宋教仁春风马蹄，跃跃欲试，拟出而组织内阁。然则苍苍者，伊谁知其不为厉阶，毋亦大难之将及？

民国二年（1913）三月二十日晚十时四十五分，宋教仁由沪赴京，被刺于沪宁车站。垂危之际，宋君教仁托黄兴、于右任②等人三事：所存图书尽捐南京图书馆；家母贫窭，有以待同志照顾；乞请各位继续奋斗救国，勿以钝初为念放弃责任。送行者无不为之恸哭。

宋之被刺，全国震骇。国民党将矛头直指袁世凯与梁启超。袁迫于舆论压力，立敕江苏都督，重悬赏格，限期缉凶。梁亦发文称："吾与宋君所持政见时有异同，然固信宋君为我国现代第一流政治家。歼此良人，实贻国家以不可规复之损失，匪直为宋君哀，实为国家前途哀也！"③ 吁请查明真相。

---

① 民国二年四月十八日《与娴儿书》，穆卓编《宝贝，你们好吗》，山西人民出版社 2012 年版，第 106 页。

② 于右任（1879—1964），原名伯循，字诱循，尔后以"诱人"谐音"右任"为名，别署"骚心""髯翁"，晚年自号"太平老人"，陕西三原人。早年系同盟会成员，长年在国民政府担任高级官员。

③ 梁启超：《暗杀之罪恶》，《饮冰室合集·文集》之三十，第七页；中华书局 2015 年版，第 3023 页。

无何，宋案侦结，江苏方面捕获刺客武士英①，并于宋案直接指挥者应夔丞②处，搜得其与内务部秘书洪述祖③之往来函电。罪证日益浮出，芸芸者金信，刺宋主谋合为大总统袁世凯、内阁总理赵秉钧。一时舆论大哗。

启超冤名既洗，如释重负，其书语令娴谓："国中事无一不蝃蝀沸羹，吾更为小人所疾忌（若宋案不破，吾或婴其难，今稍可即安也），亦只得居易俟命耳。"④ 然则蒙难遭愍若斯，岂不困瘁殷忧，"在中国政界活动，实难得兴致继续，盖客观的事实与主观的理想，全不相应，凡所运动皆如击空也"⑤。将何以解忧，一涤烦襟？会岁次癸丑，农历三月三，启超忽发逸兴，邀约一时名士赴万牲园修禊事，到者四十余人，老宿咸集矣。是年与兰亭雅集之年同甲子，人生只可一遇，感喟之余，乃赋七言长古，曰：

> 时运代谢不可留，有生足已欣所适。
>
> 永和以还几癸丑？万古相望此春色。
>
> 大好河山供恇攘，尚有林园葆真寂。

---

① 武士英（1891？—1913），山西平阳人，曾在贵州学堂读书，曾在云南充当七十四标二营管带。辛亥革命后，军队裁员，流浪上海。1913 年 3 月 20 日暗杀宋教仁后，很快落网，并于 4 月 24 日被毒杀灭口于狱中。

② 应夔丞（1863—1914），又名应桂馨，浙江鄞县人。原为上海流氓帮会头目，辛亥革命时攀附同盟会，曾任沪军都督府谍报科科长、南京临时政府总统府庶务科科长兼管孙中山侍卫队等职，不久被孙中山撤职。

③ 洪述祖（1855—1919），字荫之，号观川居士，江苏常州人。先祖是清代乾嘉年间大文豪洪亮吉，其名述祖，有继先祖功业之意，以世荫混迹于军、政两界。辛亥革命时，得到袁世凯赏识。宋案后受袁世凯庇护脱罪。1919 年，在黎元洪总统授意下，法院依宋案罪名判洪述祖死刑。

④ 民国二年三月三十日《与娴儿书》，穆卓编《宝贝，你们好吗》，山西人民出版社 2012 年版，第 96 页。

⑤ 民国二年三月二十五日《与娴儿书》，穆卓编《宝贝，你们好吗》，山西人民出版社 2012 年版，第 94 页。

西山照眼无限青，嫩柳拂头可怜碧。

群贤各有出尘想，好我翩然履綦集。[1]

万牲园初为明代皇室庄园，清时隶三贝子福康安私人园邸，目之所及莫不为海棠牡丹，洵京津第一幽胜地也。修禊固为祓除邪戾，消弭祸愆，然则国之杌陧，乱象丛生，明年花时，不悉京师更作何状，每一思之，启超心戚戚焉。

---

① 《癸丑三日，邀群贤修禊万牲园，拈〈兰亭序〉分韵得"激"字》选片，汪松涛编注、梁鉴江审订《梁启超诗词全注》，广东高等教育出版社 1998 年版，第 392 页。

三十　1914年·在昔

　　刺宋案真相大白于天下，袁世凯名誉扫地，恼羞成怒，竟置全国民意于不顾，汲汲然会商英、法、美、俄、德五国银行团，与签二千五百万镑"善后大借款"合同，冀以武力消灭南方军事力量。而同其时，敦请梁启超速即联合各团体，筹组大政党，期必于政治上打垮国民党。

　　民国二年五月九日，共和、统一、民主三党合并，成进步党，宗启超为魁。其政纲盖为：取国家主义，建设强善政府；尊人民公意，拥护法赋自由；适应世界大势，增进和平实利。

　　依进步党宗旨若启超之政治理想，进步党鄙薄所谓讨袁之"二次革命"①，谓其为头脑简单，办事盲动之幼稚行为："凡国民之活动，以感情为唯一之动机者，即程度幼稚最确之表征也。例如抵制外货也，拒外债也，征讨某地也，于国中而排斥某种族抨击某党派也，毫不计利害之所届，而唯一哄而聚、一哄而散。此稚气之明效也。"② 又进而诘难："种瓜得瓜，种豆得豆，革命只能产出革命，决不能产出改良政治。改良政治，自有其涂辙，据国家正当之机关，以时消息其权限，

────────────

①　为反对袁世凯野蛮残杀及借款卖国行为，孙中山从日返国，策动江西都督李烈钧于1913年7月12日起兵于江西湖口讨袁，得到南京、上海、湖南、四川等地响应，称为"二次革命"，后迅速被袁镇压。

②　梁启超：《说幼稚》，《饮冰室合集·文集》之三十，第四十六页；中华书局2015年版，第3062页。

使自专者无所得逞。舍此以外，皆断潢绝港，行之未有能至者也。"①

进步党及启超言论，虽不无理据，然则于斯时也，不啻为虎作伥，袁世凯即报之以桃李。洎赵秉钧内阁以宋案而总辞后，袁世凯立命进步党人熊希龄组阁，其阁员安排如：梁启超为司法总长，孙宝琦为外交总长，朱启钤②为内务总长，汪大燮③为教育总长，张謇为工商总长兼农林总长，周自齐为交通总长，段祺瑞为陆军总长，刘冠雄④为海军总长，熊氏自兼财政总长。因梁、熊、汪、张、周咸出进步党，得时誉"人才内阁"或进步党内阁。

启超就任阁员，近习多欲托庇登用，爰发《告乡中父老书》曰："启超顷以时局艰难，勉负职任，只图负责，不敢怙权。顷在中央整躬率物，谢绝请托，破除情面，冀励末俗，咸与维新，仰乡中父老兄弟人等，共体此意。"⑤又致长书乃师，详述荐用同人之种种困难，适见启超略无瞻徇，公忠体国，矢尽劳瘁，导政府于正途之决心。

新内阁雄心勃勃，旋由启超草《政府大政方针宣言书》，察政府所处之地位，审国家所遇之时势，问国民所及之能力，然后条举外交、军政、财政、实业、交通、司法、教育诸大端，率有论问，所愿本届

---

①　梁启超：《革命相续之原理及其恶果》，《饮冰室合集·文集》之三十，第五十七页；中华书局 2015 年版，第 3073 页。

②　朱启钤（1872—1964），字桂辛、桂莘，号蠖公、蠖园，河南信阳人。1903 年任京师大学堂译书馆监督，后历任北京城内警察总监、东三省蒙务局督办、津浦路北段总办等职。1912 年 7 月起，连任陆徵祥、赵秉钧内阁交通部总长。1913 年 8 月代理国务总理，稍后任熊希龄内阁内务部总长。1916 年袁世凯死后，以帝制祸首之一遭通缉。1918 年获赦免，8 月当选为安福国会参议院副议长。1919 年任南北议和北方总代表，和谈破裂后退出政界。

③　汪大燮（1860—1929），原名尧俞，字伯唐，清末曾任考察宪政大臣，出方英、德等国。自 1910 以迄民国前两年，一直出任驻日外交代表，直到 1913 年 8 月辞职回国。

④　刘冠雄（1861—1927），字子英，又字资颖，福州人。福州船政学堂后学堂驾驶班第四期毕业。第三期海军留英学生。历任北洋政府海军总长、福建镇抚使、闽粤海疆防御使、将军府熙威上将军，海军上将。

⑤　丁文江、赵丰田编：《梁启超年谱长编》，上海人民出版社 2009 年版，第 439 页。

政府非托空言，用为指针，竭绵薄，奠邦基。而启超更欲有所自效，以答殊宠，以报特达。乃困心衡虑，戮力改革，昼则忙忙于百凡部务，宵则劬劬于撰写法案，几于食不知味，寝未遑安。时《申报》载文谓："任公于司法界之黑暗，久不满意，此次入阁，即抱定改良宗旨，拟以积极的方法创建一法治国模范。唯改良之手续约分两层：（一）为对内一方面之改良，其入手在乎除积弊选贤能，更定监狱制度，而终以完成司法独立。（二）为对外一方面之改良，领事裁判制度本为国际上之奇耻大辱，欧、美各国之得有此权，唯在中国与土耳其耳。此权不能收回，终为损失法权之要点，故将来司法制度日臻完善，必欲与各国更定废弃之条件也。"①

然则袁世凯何遑属意于政府之运作，而启超竭蹶于司法改革，适足以羁勒独裁，是为袁氏所大不慊。时袁世凯急欲攫取正式大总统职位，揆之进步党不可靠，又固不深信于启超，乃密使梁士诒组公民党，唱诵袁意，再策动黎元洪领衔，联合直、鲁、豫、黑、陕、甘、浙、川、黔、滇、闽及新疆等十四省都督致电国会，声请速选总统，以定人心，俾固国本。甚乃于十月六日，调派军警荷枪实弹包围国会，重以爪牙，所谓公民团扰攘于周遭，逼迫国会议员，必欲选袁为总统而后可。

民国二年十月十日，袁世凯就总统职。自兹以往，国会之如敝履遭弃，其势昭昭然明矣。

十一月四日，袁借口查获二次革命肇始人李烈钧②与国民党议员

---

① 丁文江、赵丰田编：《梁启超年谱长编》，上海人民出版社 2009 年版，第 445 页。
② 李烈钧（1882—1946），字侠如，号侠黄，江西九江人。青年时期便追随孙中山，1912 年中华民国成立，被孙中山任命为江西都督。1913 年 7 月 12 日在江西湖口成立讨袁军总司令部，就任总司令。8 月失败后，流亡日本。1917 年后两次任孙中山广州政府总参谋长，辅佐孙中山打败陈炯明。1927 年初被蒋介石任命为江西省政府主席，任南京国民政府常委兼军事委员会常委。1931 年"九·一八"事变后，致电蒋介石，主张尊重言论自由，改良政治，一致抗日。

往来密电，悍然下令解散国民党，撤销国民党议员资格，并传语道路，梁启超之与政府若臂之使指，谓解散国民党纯系梁所为，尔乃天下舆论皆归罪启超，即同党同志亦有间焉："方今中国，危如累卵，稍有血气，谁不刺心，摩顶踵，捐权利，蠲私忿，弭嫌猜，犹恐弗及也。奈何甲去乙来，丙仆丁起，耽耽逐逐，或拥挟国会以争权利，或破坏国会以争权利，彼庸庸者不足责也，不谓以社会所最信仰之人，而又自负为名流内阁者，竟涉此嫌疑耶？……国民党之不利于国，虽苏、张之舌不能为之辩护；然平心论之，其中岂乏忠愤瑰伟之人？……螳螂捕蝉，尚有黄雀在后，十余年如锦如荼之政治家，甘为竖子之孤注，于国何有焉。"① 千喙一词，启超虽百口而莫能辩，然则万方有罪，果罪在一人而已？

褫夺国民党议员资格，致国会不足法定开会人数，名存而实亡矣，伊谁其忧，唯启超无任牢愁，其殷殷告总统曰："古之成大业者，挟天子以令诸侯。今欲戡乱图治，唯当挟国会以号召天下，名正言顺，然后所向莫与敌也。"② 继又规谏之："或以为兵威既振，则国会政党不复足为轻重，窃谓误天下必此言也。"③

而袁世凯汲汲于独裁擅权之路，何暇侧耳以听，抑又于十一月二十六日，借国会法定人数不足为口实，敕令召集中央政治会议，以代行参众两院职权。其组成人员，总统派四人，国务院派四人，各部各派一人，每省派二人，殆皆袁氏亲信。十二月十五日，政治会议成员六十九人集新华门，由内阁总理及内务总长导谒总统，既而开政治会

① 刘伟：民国二年十二月七号《致任公先生书》，丁文江、赵丰田编《梁启超年谱长编》，上海人民出版社2009年版，第436—437页。
② 民国二年《上袁大总统书》，丁文江、赵丰田编《梁启超年谱长编》，上海人民出版社2009年版，第438页。
③ 同上。

议，重点讨论遣散国会议员回籍案、增修约法，反对司法独立及新设立法院，主张恢复清朝旧制等。

政治会议彻底否定司法改革成果及路径，直令启超如冷水浇背，而政治会议径代国会以定国是，尤令启超齿寒。或谓袁世凯为政治强人，盖中国能气息奄奄不绝绪者，犹托诸彼，是以物议多隐忍曲讳，不然则甚而至于为其张皇。即如当国会危若朝露时，启超竟诋之曰："八百员颃，攒动如蚁，汹汹扰扰，莫知所事。两旬不能举一议长，百日不能定一宪法。法定人数之缺，日有所闻，休会逃席之举，成为故实。幸而开会，则村姬骂邻，顽童闹学，恇攘拉杂，销此半日之光阴，则相率鸟兽散而已，国家大计，百不及一，而唯岁费六千是闻。"① 先是，启超既不慊于国会，辄谓："事极难办，议员丑态非梦想所及，大乱终不免，迟早未可知耳。"② 言之若斯，有论者讥之曰，立宪党名流其短视，犹不及"半同盟会员"唐绍仪之明决，洵至论矣！

果如是，而启超所诟病者，其入于袁氏彀中似亦不待言耳。

民国三年（1914）一月十日，袁世凯公然停止全体国会议员职务，勒其回籍，既而解散省议会，废止地方自治。此殆为破坏共和制度之第一要着。继又嗾使各省都督，攻讦责任内阁，倡行总统制，熊内阁如受其煎。而陆、海军部及各省都督日请拨款发饷，奈何府廪空空如也，内阁陷万难之境，坐困愁城。袁世凯觇风使舵，即于二月上旬公布热河盗宝案③，意欲使熊希龄名誉扫地，促其下台。熊总理莫能辩，

---

① 梁启超：《国会之自杀》，《饮冰室合集·文集》之三十，第十三页；中华书局2015年版，第3029页。

② 民国二年四月五日《与娴儿书》，穆卓编《宝贝，你们好吗》，山西人民出版社2012年版，第99页。

③ 熊希龄在热河都统任内，办公居住都在承德清室行宫避暑山庄，对避暑山庄文物被盗负有一定责任。

唯褰裳去之，遂于上元日黯然请辞。

希龄致仕，启超岂其恋栈，乃数次求去，为袁所慰留，至二月十八日再上辞呈以表决绝之意，始准。唯方寸间犹缱绻于司法，不忍遽割夙念，卷怀之际，又上《呈请改良司法文》，列举十事，以供采择，其文末总其言曰："启超奉职数月，玩愒因循，百废不举。驯及去位，乃建空言，溺职之咎，万责难谢，抑其才力之不胜大任，征斯益信。犹冀刍荛之献，或效涓埃之补，稍获自赎，幸何加焉。"① 古者所谓君子绝交口不出恶言，于斯有绩耳，更属宏文不吝词费，尤见临别赠言之义盛！

启超长司法仅六月又二十日，虽恪尽职守，发奋图变，而蹙蹙如笼鸟之触隅，宜其怨愤无任。然所期冀于袁氏者，殆若游丝犹未绝焉。故于获准挂冠前一日，袁世凯除拜币制局总裁，启超欣欣然受之，并谓："币制一事，生平既略有研究，颇思乐观其成"，"离去今职，专志彼事，就可稍获自效"②。遂于三月十日开局任事。

履新之初，启超即上书总统，提出币制改革方案，其深信者，"辄以为中国救亡图强之第一义，莫先于整理货币，流通金融，谓财政枢机于兹焉丽，国民生计命脉于兹焉托也"③。爰作《币制条例理由书》《整理滥发货币与利用公债》《拟发行国币汇兑券说帖》《余之币制金融政策》《银行制度之建设》等文，揭橥租税、银行、货币、公债整顿之义，庶几有所贡献于国家者。

---

① 梁启超：《饮冰室合集·文集》之三十一，第三十三页；中华书局 2015 年版，第 3145 页。

② 《致梁士诒：辞司法总长函》，《梁启超遗札十七封》，《华南师范大学学报》1989 年第 1 期。

③ 梁启超：《余之币制金融政策·叙言》，《饮冰室合集·文集》之三十二，第三十八页；中华书局 2015 年版，第 3186 页。

恶知袁世凯虚应故事，固视币制局为坚瓠，或可为羁縻之术，初无期成之望，尔乃启超所劬劳于改革者，一无展布，俱如泡影，沮丧愤懑之情何如哉！其告于友人曰："国事不复论，并三数可以语之人，亦散而之四方，其为牢落，何可言耶？仆近顷对于币制事，草一直截了当之计划书，三四日后当上之，若见采择，要求扩充权限，姑以一年之力办之，期稍达初志，若终不见答，则吾去有辞矣。"① 后亟请辞，皆不允。然且币制局既沦为冗职，启超自审尸高位、素其餐而无所事事，其在神明，亦踧踧然不能安耳。乃乞假，避嚣西郊清华园，赁屋数椽，冀稍得间以理故业。

时"一战"爆发，启超乘势作《欧洲战役史论》，日以数千言为进率，其自觉味醰醰焉无极。书成为赋示诸清华莘莘学子，曰：

在昔吾居夷，希与尘客接。

箱根山一月，归装稿盈箧。

虽非周世用，乃实与心惬。

如何归来乎，两载投牢策。

愧俸每颡泚，畏讥动魂慑。

冗材惮享牺，遐想醒梦蝶。

推理悟今吾，乘愿理夙业。②

李白有《行路难》，云："欲渡黄河冰塞川，将登太行雪满山"，启超毋亦有拔剑四顾，茫然不知所之之状？归国两载，趋跄于宦途，

---

① 民国三年七月三日《致乡老书》，丁文江、赵丰田编《梁启超年谱长编》，上海人民出版社2009年版，第450页。

② 《甲寅冬，假馆著书于西郊之清华学校，成〈欧洲战役史论〉，赋示校员及诸生》选片，汪松涛编注、梁鉴江审订《梁启超诗词全注》，广东高等教育出版社1998年版，第399页。

汲汲焉，拳拳焉，其所研究之政策及设施之次第，恒为时势所迫，迄无所成，曾几何时，多少感悔，伊谁与诉，空自叹："惭非徙薪客，徒效恤纬妾。"①

十二月二十七日，袁世凯申命："币制局总裁梁启超迭请辞职，情辞恳切，出于至诚。梁启超准免本职，此令。"②

终得息肩，启超不无感喟，忆昔初任币制局事，"颇奋然思所以自效，其间与各地方事实相接既多，每有触发以增其所信。窃自谓所孜孜规划，尚不谬于学理，不远于情实，虽然吾竟一无所设施，以至自劾而去，而局亦随之而撤，吾之政策适成为纸上政策而已……夫以吾之摇笔弄舌，以论此项政策者垂十年，今亦终于笔舌而已"③。

噫吁兮！劳歌怨弦辄发于晏岁，唯启超借以抒俄然觉、遽遽然周之慨。

① 《甲寅冬，假馆著书于西郊之清华学校，成〈欧洲战役史论〉，赋示校员及诸生》选片，汪松涛编注、梁鉴江审订《梁启超诗词全注》，广东高等教育出版社1998年版，第400页。

② 载于十二月二十九日《申报》，丁文江、赵丰田编《梁启超年谱长编》，上海人民出版社2009年版，第452页。

③ 梁启超：《余之币制金融政策·叙言》，《饮冰室合集·文集》之三十二，第三十八页；中华书局2015年版，第3186页。

三十一 1915 年·独我（一）

启超假馆于京西清华园，不周世事，冲夷闲旷，大有专恣己心之意，其征之于诵曰："一自系匏解，故业日以理。避人恒兼旬，深蛰西山址。冬秀餐雪桧，秋艳摘霜柿。曾踏居庸月，眼界空夙滓；曾饮玉泉水，冽芳沁蛔脾。自其放游外，则溺于文事。乙乙吐蚕丝，汩汩蜡泫泪。日率数千言，今略就千纸。持之以入市，所易未甚菲。苟能长如兹，馁冻已可抵。"①

舞雩之乐固不常有，俄而即有袁克定②汤山温泉宴约。启超赴之。至则见杨度先在焉，少所讶异。谈次，袁公子克定及度历诋共和之种种缺点，隐然露变更国体之意，启超为陈内政外交，其巉险将不可免。语既格格不入，则不欢而散，亦以是知帝制之祸将作，乃移家天津，姑为乱邦不居，并为文晓告世人："自今以往，除学问上或与二三朋辈结合讨论外，一切政治团体之关系，皆当中止。乃至生平最敬仰之师长，最亲习之友生，亦唯以道义相切劘，学艺相商榷。至其政治上之

---

① 梁启超：《寄赵尧生侍御，以诗代书》选片，汪松涛编注、梁鉴江审订《梁启超诗词全注》，广东高等教育出版社 1998 年版，第 406 页。
② 袁克定（1878—1955），字云台，别号慧能居士，袁世凯长子，积极撺掇其父称帝。袁世凯帝制自为，羞愤而死后，袁克定隐居天津。晚年寄骸并逝于张伯驹家。

言论行动，吾决不愿有所与闻，更不能负丝毫之连带责任。"①

然则果何能避之，果何将及之，岂为个人所能宰治耳！民国四年二月下旬，启超嘘寒津门，濡翰砚冰，忽闻同学顺德麦君孟华病逝，若当顶遇晴天霹雳，拊膺绕室不能自持。

麦氏于南海门人中与启超齐名，时称"梁麦"，而同学年少各自义气，却颇相能，所谓德业相劝、过失相规、礼俗相交、患难相恤者是也。光、宣之交，启超曾致书于麦氏，论学与做人诸道，可见一斑："窃以为吾辈生此混浊之世，而势又不得不日与为缘，而天时人事之相厄者，又无所不用其极，今日正吾辈生死一发之时也。无以胜之，遂将堕落不可复振，胜之之道，亦曰求之自乐，所以自信而已。吾辈十年来，徇物太甚，驰逐不可必得之业，而歆羡忧戚，遂日与之相乘，习之既久，视为固然，虽自问初志本在用世，而役役于得失，已渐夷为流俗人而不自察矣。"② 既以自省，亦以警人。顷者于民国四年乙卯元日，尚谒南海先生接席促膝，不谓曾相去几日，竟至于斯，呜呼痛哉！彼苍苍者胡不仁，既生此才，又何以如此残刻。而劳劳于乱世，逝者固可解脱，于苟喘者将何堪。其时盛雪塞空，万象惨凄，启超唯作天问：

> 独我一自失君后，累日绕室唯㜂竛。
>
> 念我有蔽谁能解，我有愆谬谁与绳？
>
> 我哭谁踊歌谁和，我主谁客醉谁醒？
>
> 前尘屡拂偏在目，新恨勉茹还填膺。
>
> 呜呼有生在今日，岂有佳趣劳牵萦。

---

① 梁启超：《吾今后所以报国者》，原刊 1915 年 1 月 20 日《大中华》第 1 卷第 1 期，夏晓虹编《梁启超文选》（上），中国广播电视出版社 1992 年版，第 186—187 页。

② 丁文江、赵丰田编：《梁启超年谱长编》，上海人民出版社 2009 年版，第 458 页。

坐看九域付孤注，漫洒涸泪啼新亭。[①]

毋亦天运既使含生负气者遭罹手足之痛，又留一副菩萨肚肠以消受如此之浊世界？

其时，袁氏帝制自为踵迹相接：弃旧约法，立新约法；废内阁制，行总统制；改共和官统，复封建卿佐；修选举法，永其祚位。犹有沐猴而冠者，可上溯至民三岁暮，袁世凯头戴平天冠，身穿十二团大礼服，亲率文武百官恭诣孔庙行三跪九叩礼。自兹以往，天下向风，靡不慕古，共和思想以摇曳焉。

更其甚者，袁政府仰日倭鼻息，密谋接受严重损害中国权益之二十一条要求，不惮神州而社屋，抑求袁姓一家之尊荣。是可忍孰不可忍。启超遽尔忘盘桓三径、丸泥塞户之言，愤激而成论者，若《中日最近交涉评议》《中日时局与鄙人之言论》《中国地位之动摇与外交当局之责任》《再警告外交当局》等，严斥日本侵华行径，厉呵当局愚顽颟顸。迫于舆论压力，二十一条终不果，得毋谓天佑中国耶！

唯启超犹未决绝于事君之义，见美而思将顺，睹恶则欲匡救。

四月末旬，启超返粤为父庆寿。离津前，草两书，其一致袁大总统，拳拳之心，班班皆是："国体问题已类骑虎，启超良不欲更为谏沮，益蹈愆嫌。唯静观大局，默察前途，愈思愈危，不寒而栗。友邦责言，党人构难，虽云纠葛，犹可维防，所最痛忧者，我大总统四年来为国尽瘁之本怀，将永无以自白于天下；天下之信仰自此隳落，而国本即自此动摇。"[②] 又进而告之曰："昔人有言，凡举事无为亲厚者所痛，而为见仇者所快。今也水旱频仍，殃灾洊至，天心示警，亦已

---

① 梁启超：《祭麦孺博诗》选片，汪松涛编注、梁鉴江审订《梁启超诗词全注》，广东高等教育出版社1998年版，第430页。

② 丁文江、赵丰田编：《梁启超年谱长编》，上海人民出版社2009年版，第462页。

昭然，重以吏治未澄，盗贼未息，刑罚失中，税敛繁重，祁寒暑雨，民怨沸腾，内则敌党蓄力待时，外则强邻狡焉思启。我大总统何苦以千金之躯，为众矢之鹄；舍磐石之安，就虎尾之危；灰葵藿之心，长萑苻之志。"① 其言谓曰忠悫，殆可与比古臣子之折庭槛、输血诚者。

而另书则致总统近习梁士诒，有私事欲以干托："家君寿日福庆，甚思自获一勋位，为娱亲之助。诚知不免世俗之见，然扬显之义，古人盖亦有取焉。十年来文字鼓吹，于新邦肇造，或不无微劳，即两年来与乱党相薄，亦间接为政府张目。若府主录其微庸，援张季老②之例，有以宠之，俾得极舞彩之荣，则其感激其有涯涘？"③ 衣锦昼行，古人所尚，而共和虽云美哉，众人之事，其奈皇恩宸题私泽于微茎，则荣宠谓将何极！故尔人或虽践新衢，还带旧尘。若夫斯之曰常情，则犹有言者，乃在于启超之于袁氏，尚有所期冀也。

启超归省，谒祠扫墓，张皇寿庆，不可谓非备极荣典。虽然，启超奔走国事经年，何尝久縻于一己欢忭，心所谓危，恒在邦运民命耳！况移孝于忠，岂不宜曰至孝？乃割慈忍爱，匆匆离粤北上。途次过南京冯华甫。

冯华甫国璋、段芝泉祺瑞，皆袁世凯干将，其或有缵承总统大位之意亦未可知，然袁氏狐埋而狐揎，汲汲于帝制，一旦擅天下而据为一姓之有，宁能使他人憧憬之！于此，冯、段亦不欲恝然自默。

闻启超至，华甫倒屣以迎，相与叹邦之杌陧。启超极言项城拒谏饰非，食言自肥。华甫颔之，并邀约："我之辩说远不如子，子之实力亦不如我。必我与子同往，子反复予以开道，而我隐示以力为子后盾，

① 丁文江、赵丰田编：《梁启超年谱长编》，上海人民出版社 2009 年版，第 463 页。
② 即张謇（季直）。
③ 引自马以君整理《梁启超佚札 17 封》，《华南师范大学学报》1989 年第 1 期。

庶几千钧一发危机可挽。"① 启超诺之,乃密草谏说纲要,欲做最后一争。及二人联袂诣新华宫,项城喜动颜色,陈旨酒,设皋比,觥筹交酬之际,启超欲立而有所陈,却为项城先施:"二公此来,吾知之甚稔,乃欲谏我不作皇帝也。我反问二公,袁某欲作皇帝者,究思作一代皇帝而绝种乎?抑思作万代皇帝而无穷乎?"② 梁、冯愕然无以应,继又闻感喟:"我有豚犬二十余人,我将尽数呼出,立于二公之前。任公!君最善知人,我即托任公代我选择一子,可以继立为皇帝者,可以不败我帝业,不致连累掘我祖坟者。任公,待君选出以后,我再决定称帝。如是或可称帝二代!"③ 启超与华甫面面相觑,嗒然怃然,怀中万言书,竟废而不能取用。时袁子皆环立侍宴,幼小者犹不免于襁褓,项城之形容遂转趋哀戚:"我如许豚犬,无一克肖,无一非庸懦纨绔,然父之于子,孰不疼爱?我虽怒此辈不肖,然仍不愿因我造孽,他日为别人作鱼肉烹杀也。我百年后,敬托二公善护之。"④ 感此恻怆,梁、冯口呿而不能嚅,曾不能一提"帝制"二字。

然则,袁氏洵可谓最佳演剧者。盖其明誓再四,口血未干,而所行不唯尽反于其所言,且较以往有过之而无不及。计滚石于山,岂有止者!

八月十日,总统政治顾问、美国人古德诺撰《共和与君主论》,称中国民智低下,不适于共和。既而又有总统法律顾问、日本人有贺长雄作《共和宪法持久策》,大造君宪舆论。袁世凯欣欣然籀而宝之,特购英国《曼彻斯特卫报》版面刊载,又敕令迻译,交上海《亚细亚

---

① 吴其昌:《梁任公先生别录拾遗》,夏晓虹编《追忆梁启超》,中国广播电视出版社1997年版,第146页。

② 同上。

③ 同上。

④ 同上。

报》发表以售其旨。阅四日，杨度袛领上意，纠孙毓筠①、严复、李燮和②、胡瑛③、刘师培④等人，组"筹安会"，公开为皇统休祚煽扬其事，谓开日月之明、运独断之虑、奠邦国之基者，良于一人而已。帝制活动一时甚嚣尘上。

筹安会成立之翌日，蔡君锷疾赴天津谒启超，共谋应对时局之策，启超痛叹："以吾侪恬淡坦率之性，杂于虎豹蛇蝎中，而日与为缘，虽烂额焦头，于事何济，而痛苦亦至不克任。今大敌未去，大事百未一就，而恶象已见端矣，有时独居深念，几欲决然舍去，还我书呆子生涯。然曾文正有言，以忠义劝人，而以苟且自全，则魂魄犹有余羞。每念斯言，又复汗出如浆耳。"⑤ 无何乃草文正告筹安诸子："公等若犹有丝毫爱惜国家之心，则此种不祥之运动，其可以已矣。若并常识

---

① 孙毓筠（1869—1924），字少侯，安徽寿县人。1906年加入中国同盟会，辛亥革命后任安徽都督。1913年任政治会议议员。1914年任约法会议议长、参政院参政，并组织宪政研究会。1915年以研究国体问题为名，与杨度等人组织筹安会，并任大典筹备处副处长。

② 李燮和（1873—1927），字柱中，号铁仙，湖南安化人。1900年，李燮和到长沙求学，得识黄兴、刘揆一等人，加入华兴会，并约集同志创建"黄汉会"，作为华兴会外围组织。曾与谭人凤等策划在湖南宝庆（今邵阳）一带组织起义。袁世凯帝制活动时，列名筹安会。

③ 胡瑛（1886—1933），原名祖懋，字敬吾，后改名瑛，字经武，号宗琬，湖南桃源人。早年参加华兴会，参与创办科学讲习所，策划刺杀铁良未遂。武昌首义，受命为军政府外交部长，未几被任为山东都督。袁世凯帝制自为时，为筹安会六君子之一，袁死后，以辛亥元勋未被列为惩治对象，遂避居桑梓。

④ 刘师培（1884—1919），字申叔，号左盦（庵），江苏仪征人。1907年春，应章太炎等邀请，刘师培夫妇东渡日本，结识孙中山、黄兴、陶成章等革命党人，参加同盟会东京本部工作，同年6月，受日本无政府主义思潮影响，刘师培创办《天义报》和《衡报》，组织翻译《共产党宣言》和克鲁鲍特金《面包掠夺》《总同盟罢工》等，在同盟会之外另立旗帜。该年底被端方收买，作《上端方书》，献"弭乱之策十条"，背叛革命，充当端方暗探。1916年洪宪帝制失败后，流落天津。著有《左盦集》八卷、《左盦外集》二十卷、《左盦诗录》四卷、《词录》一卷，及论经学（以小学、左传学为主）、史学、文学（主张"六朝文"，维护扬州学派骈文之文统）专著七十四种。

⑤ 刘太希：《记梁任公》，夏晓虹编《追忆梁启超》，中国广播电视出版社1997年版，第334页。

而无之，并良心而无之，吾复何言！苟此二者犹非澌灭至于零点，则当能知今日国势杌陧、民生憔悴之故，其罪不在共和。……而试问今者杌陧憔悴之现象，岂变更国体后所能铲涤？岂唯不能铲涤，而必且增加其程度，此五尺童子所能逆睹，岂其以公等之智而见不及此？"①时杨皙子度颇欲延梁相偕筹所谓一国之安，乃廑得绝交告语云："吾人政见不同，今后不妨各行其是，既不敢以私废公，但亦不必以公害私。"②

　　袁氏帝制自为之步趋愈急疾，启超抨击逆流之志意愈决绝，"吾实不忍坐视此辈鬼蜮出没，除非天夺吾笔，使不复能属文耳。"③爰于筹安会粉墨登场不旬日，漏夜作《异哉所谓国体问题者》，辨诘、指斥复辟不稍贷："我国共和之日虽曰尚浅乎，然酝酿之则既十余年，实行之亦既四年。当其酝酿也，革命家丑诋君主，比诸恶魔，务以减杀人民之信仰，其尊严渐亵。然后革命之功乃克集也；而当国体骤变之际与既变之后，官府之文告，政党之宣言，报章之言论，街巷之谈说，道及君主，恒必以恶语冠之随之，盖尊神而入溷牏之日久矣。今微论规复之不易也，强为规复，欲求畴昔尊严之效，岂可更得？"④更进而徼世曰："以中国今日当元气凋瘵，汲汲顾影之时，竭力栽之，犹惧不培，并日理之，犹惧不给，岂可复将人才日力耗诸无用之地，日扰扰于无足轻重之国体，而阻滞政体改革之进行？徒阻滞进行，犹可言也，乃使举国人心惶惶，共疑骇于此种翻云覆雨之局，不知何时焉而始能

---

① 梁启超：《国体问题与五国警告》，刊于 1915 年 11 月 29 日《大公报》，夏晓虹辑《饮冰室合集·集外文》（中册），北京大学出版社 2005 年版，第 607 页。
② 陶菊隐：《筹安会六君子传》，中华书局 1981 年版，第 135 页。
③ 民国四年八月二十三日《与娴儿书》，穆卓编《宝贝，你们好吗》，山西人民出版社 2012 年版，第 158 页。
④ 李华兴、吴嘉勋编：《梁启超选集》，上海人民出版社 1984 年版，第 675 页。

税驾，则其无形中之斫丧所损失，云何能量！"①

启超雄文，未几即为大总统诇知。袁世凯尝知，以梁氏椽华，倡导舆论扭转风色，其为力也绝不可小觑，乃速遣人赍二十万金，阴请启超勿印行，遭婉拒，遽又复使人以危词胁喝，云："君亡命已十余年，此种况味，亦既饱尝，何必更自苦！"② 启超笑曰："余诚老于亡命之经验家也，余宁乐此，不愿苟活于此浊恶空气中也。"③ 来者语塞，羞惭而退。

九月三日，《异哉所谓国体问题者》首发于《京报》，一时洛阳纸贵，而未能先手购阅者，乃辗转抄读，如大旱之望云霓，如久渴之饮狂泉。自兹以降，凡茶楼酒肆贩夫走卒，无不与议国体问题，天下兴亡之责，及于匹夫者也。斯之为情，蔡锷尝评骘曰："帝制议兴，九宇晦盲。吾师新会先生居虎口中，直道危言，大声疾呼，于是已死之人心乃振荡而昭苏。先生所言，全国人人所欲言，全国人人所不敢言，抑非先生言之，固不足以动天下也。"④

① 李华兴、吴嘉勋编：《梁启超选集》，上海人民出版社 1984 年版，第 678—679 页。
② 梁启超：《国体战争躬历谈》，《饮冰室合集·专集》之三十三，第一百四十三页；中华书局 2015 年版，第 6751 页。
③ 同上。
④ 梁启超：《盾鼻集·序》，《饮冰室合集·专集》之三十三，第一页；中华书局2015 年版，第 6597 页。

三十二 1915 年·独我（二）

《异哉所谓国体问题者》腾传于道路，架陷恐吓之匿名书亦遝至，启超廛置一粲，且为戏谑语曰：主座（按：指袁世凯）知我深而爱我挚，当不以为罪耳。时袁世凯方欲收揽人心，未兴大狱，而启超亦伏居天津租界，不蹑春明，犹可安堵。

蔡锷辄间数日一诣津门，造乃师之庐，咨商大计，擗析时势。

蔡君锷十三岁即入湖南时务学堂就学于启超，岁月荏苒，师生情谊弥笃。洎辛亥事起，蔡君举义于云南昆明，任都督，威名播越，远近怀归。后应袁世凯征辟，离滇北上，任陆军编译处副总裁、海陆军大元帅统率办事处处员、政治会议议员、全国经界局督办。投闲置散，乃得与其师朝夕相过从。帝制运动萌蘖，蔡君如醍醐灌顶，向者誉袁宏才伟略，群望所归，今则发奸擿伏，势若冰火。

而天下滔滔，目之所见及者，率为恭戴劝进，矫诬民意，邦之危，国之溺，伊谁其有大力以拯之！

二次革命挫衄，孙中山鉴于改组后之国民党，成员复杂、人心涣散，毅然于东京肇创中华革命党，揭橥讨袁世凯之大旗。然其宗派狭隘，脱离民众，往往力所不逮。黄兴暌隔万里，奔走于美洲，有鹣鹣之心，抑亦鞭长莫及。而天不绝人，往往于冥冥中，又必有其待。

《异哉所谓国体问题者》发表，不啻梁、袁之彻底决裂。而"一旦倡议，全国昭苏，有何危险，更容却顾?”① 殷鉴不远在夏后之世，启超经年擘画于政治，人谋虽臧，而三五辄至于踣颠，令党人气沮，质以言之，诚在于实力不济。今者唯滇、桂之区，犹足借资，其或为彼苍苍者留此息壤，以故启超有深切省悔语：“第一，吾党素昔持论，厌畏破坏，常欲维持现状，以图休养。今以四年来试验之结果，此现状多维持一日，则元气多斫丧一分，吾辈掷此聪明才力，助人养痈，于心何安，于义何取？使长此无破坏犹可言也，此人则既耄矣，路易十四所谓朕死之后，洪水其来，鼎沸之局，既无可逃，所争早暮已耳。第二，吾侪自命稳健派者，失败之迹，历历可指也。曾无尺寸根据之地，唯张空拳以代人呐喊，故无往而不为人所劫持，无往而不为人所利用。今根基未覆尽者，只余此区区片土，而人方日惎诇于旁。当此普天同愤之时，我若不自树立，恐将有煽而用之、假以张义声者。我为牛后，何以自存?”② 武装反袁已箭在弦上，启超唯望于蔡君锷，并相与约：“今兹之役若败，则吾侪死之，决不亡命；幸而胜，则吾侪退隐，决不立朝。”③ 乃粗定计划：云南于袁氏下令称帝后即宣告独立，阅一月，贵州响应，阅两月，广西响应，再以云贵之力下四川，以广西之力下广东，期以三数月后会师湖北，底定中原。

民国四年十一二月间，国事益急，蔡君松坡与乃师相继潜渡南下。蔡锷辗转周章，于十二月十九日抵达云南，启超亦于先一天蹑沪。岭树江云，虽海天万里，而鱼雁书急。

---

① 梁启超：《复陈幼苏、籍亮侪（1915 年 12 月 19 日）》，转引自李喜所、元青《梁启超传》，人民出版社 2010 年版，第 289 页。

② 梁启超：《致籍亮侪、陈幼苏、熊铁崖、刘希陶书》，《饮冰室合集 · 专集》之三十三，第二十七页至第二十八页；中华书局 2015 年版，第 6635—6636 页。

③ 梁启超：《国体战争躬历谈》，丁文江、赵丰田编《梁启超年谱长编》，上海人民出版社 2009 年版，第 516 页。

其时，启超诇知，袁氏沐猴而冠，已然接受百官朝贺，宸听万岁山呼，正待择日加冕。启超夙夜忧焚，旋即托南京冯华甫处急电云南，谓武装反袁终必代天一怒，而滇局势将不能久持秘密，切宜及早发动。

得书，蔡锷与唐继尧[1]等云南军政首领昕宵聚议，歃血盟约，谓将兴义师，灭国贼，爰于十二月二十三日发"漾电"《唐继尧、任可澄致袁世凯请其撤销帝制电》，其言凛凛："窃唯大总统两次即位宣誓，皆言恪守约法，拥护共和。皇天后土，实闻斯言，亿兆铭心，万邦倾耳。记曰：'与国人交止于信'，又曰：'民无信不立'。食言背誓，何以御民？纪纲不张，本实相拔，以此图治，非所敢闻。"[2] 不幸遭患竟至于何极，"此间军民痛愤已积，非得有中央永除帝制之实据，万难镇劝"[3]，限袁氏于二十五日十时前必有以复。而袁世凯狰拒忠告，益煽逆谋，唐继尧、任可澄[4]、刘显世[5]、蔡锷、戴戡[6]等五人，遂发《云贵致各省通电》，宣布云南独立。二十六日，蔡锷任护国军第一军总司令，进军四川。

战争初期，护国军攻势凌厉，一举夺取川南重镇叙府（今宜宾），威怒震于巴蜀。民国五年一月二十七日，贵州桴鼓以应，宣告独立，

---

① 唐继尧（1883—1927），字蓂赓，云南会泽人，毕业于日本士官学校。1911 年参加云南辛亥革命起义，此后任贵州都督、云南都督，成为云南地方实力派。

② 云南省社会科学院历史研究所、贵州省社会科学院历史研究所编：《护国文献》，贵州人民出版社 1985 年版，第 72 页。

③ 同上。

④ 任可澄（1878—1945），原名文燿，字志清，号匏斋，贵州普定人。贵州宪政派代表人物。1913 年至 1915 年，先后任黔东观察使、镇远道尹、云南巡按使。

⑤ 刘显世（1870—1927），字如周，亦作如舟，别号经硕，贵州兴义人。早年曾参加镇压广西会党起义，民国成立后，任贵州护军使，曾一度赞成共和，但随即拥戴袁世凯称帝，后又转而反袁。1916 年 1 月 27 日宣布贵州独立，自任都督、督军兼省长。

⑥ 戴戡（1880—1917），贵州贵定县人。1913 年任贵州巡抚使，1915 年解职入京任民国参政院参政。护国运动中任云、贵两省核心联络人，云南起义后策动贵州桴鼓相应。护国战争中任滇黔联军右翼军总司令。1917 年因反对张勋复辟，与川军刘存厚激战，寡不敌众而阵亡。

护国声势益张。

启超在沪专务鼓吹舆论，联络各省，筹措财政，指陈方略，诚为护国运动之中心。感此忙迫繁巨，启超致书女儿令娴云："孟子言：'生于忧患，死于安乐。'汝辈小小年纪，恰值此数年来无端度虚荣之岁月，真是此生一险运。吾今舍安乐而就忧患，非徒对于国家自践责任，抑亦导汝曹脱险也。吾家十数代清白寒素，此乃最足以自豪者，安而逐腥羶而丧吾所守耶？此次义举虽成，吾亦决不再仕宦，使汝等常长育于寒士之家庭，即授汝等以自立之道也。"①

滇、黔之变，袁世凯惊骇不已，遽命优势兵力围击，双方交绥于叙府、泸州、纳溪一带，战事危急。

启超居沪上，每接羽书，中心怒怒如煎，时或仰屋思所以解决之道。"当云南首义之初，广西之响应，久为全国所期待，凡曾与陆幹卿②将军接者，共信其无变也。荏苒两月，音响转寂，于是渐或窃窃焉忧之。"③当此成毁存亡之秋，若能迅速策动广西独立，使滇、黔、桂成犄角之势，必且改变战场之不利局面。乃草三千言书于陆氏，反复申大义，剖利害，期有以摇动之。未几，即有客至，自谓衔幹卿命相招，且曰，若梁朝至，桂则夕发。启超颇讶其速，竟尔生疑，彷徨踟蹰间，又有星轺踵门。来客唐绍慧④为陆心腹，其人备述将军对梁

---

① 民国五年二月八日《致思顺书》，林洙编《梁启超家书》，中国青年出版社 2013 年版，第 26 页。

② 陆荣廷（1859—1928），字幹卿，广西武鸣人，曾为游民、绿林，后被清政府招安，任清军管带、统领，因镇压孙中山、黄兴镇南关起义，被提为右江镇总兵、广西提督。辛亥革命后任广西都督。支持袁世凯镇压二次革命，然因袁封官不公和企图控制广西，而走上反袁道路。

③ 梁启超：《从军日记》，《饮冰室合集·专集》之三十三，第一百二十一页；中华书局 2015 年版，第 6729 页。

④ 唐绍慧（1884—1922），号伯珊，广西德保县人。时任广西都军测量局局长，迎梁入桂。后任护国军第三旅旅长。

仰慕之忱与礼聘之笃。启超释然，遂许以立行。

三月四日，启超偕汤觉顿、黄溯初①、黄孟曦②、蓝志先③、吴贯因④、唐绍慧六人，乘横滨丸，展轮沪上。先是，日本驻沪武官青木中将往谒，慨然自任，为启超一行代筹旅途，尔乃弱水三千，亦差可自安。

时缇骑按剑，锄麑觇窥，抑启超亦不敢大意，乃蛰伏舱底锅炉旁，寝饮其间，作客子畏人之态。而舱底溽闷至极，每当深夜群动尽息时，启超方窃蹑舷栏，一晌凭眺，大叹此乐虽万钟不易也。

阅三日，舟抵香港水面。初，启超欲冒险经广东之广西梧州，同人咸力沮之，谓龙济光⑤掌粤，方出全力以为袁氏爪牙，必捕杀党人而后快。乃悉遣散，分途而行。唯黄溯初从启超，拟绕道越南海防再赴桂。不谓法国驻港领事一改之前外国人入海防无须护照之旧诺，云，凡欲去海防者，必须拍照领证。若循此办理，何异自投罗网？无如何，唯作偷渡。吴贯因记之曰："方余等之初至香港也，由广州日本领事传

---

① 黄溯初（1883—1945），原名冲，字旭初，后改名群，字溯初，温州郑楼人。早年留学日本早稻田大学学法政，结识康有为、梁启超，赞成戊戌变法，积极参加辛亥革命，曾先后任各省都督府代表联合会浙江代表、南京临时参议院议员、苏浙皖矿务署署长。

② 黄大暹（1883—1918），字孟曦，江西余干人。在日本留学期间，与梁启超、蔡锷和范源濂等，结为知己。民国三年创办久大精盐公司，致力于实业救国。梁启超出任国民政府内阁财政总长时，任命黄大暹为次长。

③ 蓝公武（1887—1957），字志先，江苏吴江人。1904年加入光复会。曾任《时事新报》总编辑、《国民公报》社长、《晨报》董事、北洋政府国会议员。先后参加了辛亥革命和护国、护法运动。1919年五四运动后，开始接触马克思主义理论，先后在北京大学、中国大学任教，讲授《资本论》。

④ 吴贯因（1879—1936），原名冠英，别号柳隅，广东澄海人。1909年同张君劢等人在东京设立咨议局事务调查会，并负责编辑《宪政新志》。1912年同梁启超在天津创办《庸言》月刊。《庸言》主要反映进步党中间立场，既不满袁世凯统治，又批评国民党政见。推崇教育救国，先后在多所大学任教授。

⑤ 龙济光（1868—1925），字子诚（紫宸），云南蒙自人。曾任广西提督，广东安抚使、都督兼署民政长，两广巡阅使。袁称帝后，龙济光立即通电拥护，被授予一等公加郡王衔。

出消息，袁军已攻克叙州，未几又传袁军再攻克纳溪，未几又传龙覲光已攻下剥隘（云南富宁之东北）。噩耗频来，无在非恼人意事，余等斯时以为非再有他省响应者，则云贵义师恐归于颠踬，而欲入广西又生窒碍，进退维谷，中心皇皇，而以梁任公之焦逼为尤甚，其所以拟冒险入梧州，及无护照而径赴海防者，皆急欲为云贵谋得援军也。只身孤行，奔走万里，任公之大勇，于此可见矣。"①

十一日夜，启超偕黄溯初，秘转日本三井洋行赴越南洪崖（今鸿基）运煤之妙义山丸，不待旋踵而发。舟行多暇，乃起草《护国军军政府宣言》《护国军军政府上黎大总统电》《护国军军政府致公使团领事团电》《军务院布告》《军务院致前大总统袁公函》《军务院致各省公函》等文，以备不日之需。

洪崖距海防尚有半日行程，白天偷渡殊险，即由日本驻海防名誉领事横山，挈眷假游，密载启超、溯初，逶巡于白大龙海湾，时为十六日。白大龙水碧沙白，"石岛棋布海中千数，皆壁立绝跻攀，而细树杂花，蒙茏其上，似笋者，似几者，似鼓者……殊态诡状，不可殚纪"②。身涉万险，遭此幽景，平生未之见，启超殊感天所独厚于人者。然则斯可谓清游？乃纡其途，延其晷，以避关吏稽察耳！

天公作美，其夜适有大雨，梁、黄等人乘之以入海防，宿横山家中，当晚晤滇驻海防代表，始知陆荣廷已派人拟由镇南关入迎，唯须时日。爰筹商，溯初携梁所草诸文书先行赴滇接晤唐蓂赓，而启超避居横山所经营之帽溪牧场，以待桂使。

帽溪去海防二时许车程，重峦叠巘，雾瘴四合，启超淹兹山陬，

---

① 吴贯因：民国五年三月十日《丙辰从军日记》，丁文江、赵丰田编《梁启超年谱长编》，上海人民出版社 2009 年版，第 492 页。
② 梁启超：《从军日记》，《饮冰室合集·专集》之三十三，第一百二十五页；中华书局 2015 年版，第 6733 页。

度生平最艰困之十日。被褥既委弃，所御者为此间佣保之物，秽乃不可向迩，而跳蚤百千万者更欺羁旅不少恕，必啮人于体无完肤。饭几不能入口，水亦难得涓滴为饮，一灯如豆，穷极无聊，抑其间却有一极危险之经历。盖此地有某病，为烈日炙脑而生，当地土人必以黑布裹头，方可得免斯疠。启超不加意，竟乃罹之。其时曾于一夕作书令娴儿，"谓薄闷思家，不能成寐，不知为此病之发也。明晨起来稍觉清明，及下午而热大起，一夜之苦痛，真非言语所能形容。子身在荒山中，不特无一家人且无一国人，灯火尽熄，茶水俱绝，此时殆唯求死，并思家人之念亦不暇起矣。明晨人来省视，急以一种草药治之，不半日竟霍然若失，据言幸犹为轻症，然若更一日不治，则亦无救矣。"①仲尼兮困厄，邹衍兮幽囚，自古圣贤有迍邅，启超辄反躬省己："频年佚乐太过，致此形骸，习于便安，不堪外境之剧变，此吾学养不足之明证也。人生唯常常受苦乃不觉苦，不致为苦所窘耳。更念吾友受吾指挥效命于疆场者，其苦不知加我几十倍，我在此已太安适耳。"②

而唯令启超所不能忍者，乃在于潜渡蛰伏，外界音讯俱绝。

其时，汤觉顿一行于三月十四日经梧州抵南宁谒幹卿。陆将军既知梁已在赴桂途中，遂于三月十五日发出由梁代拟之广西独立通电，并檄告各省，大憝不除，国无宁日，伏望各省"迅举义麾，共犁妖窟，不惊匕鬯，还我山河，恢天宇于清明，奠邦基于磐石"③。同日，陆幹卿改柳州行营为广西都督府兼两广护国军总司令部，任启超为总参谋。

---

① 民国五年三月二十六日《致思顺书》，林洙编《梁启超家书》，中国青年出版社2013 年版，第 29 页。
② 民国五年三月二十日《致思顺书》，林洙编《梁启超家书》，中国青年出版社2013 年版，第 28 页。
③ 引自《广西致各省通电》，《饮冰室合集·专集》之三十三，第七页；中华书局2015 年版，第 6615 页。

广西独立之消息腾传于道路，播扬于海澨，"澳门华商竞燃爆竹以志喜，人心之积愤于袁氏，于此可见矣"①。其尤可称者，广西独立若贯任督二脉，蔡军士气大涨，兵戈所向，无不披靡，川、滇、黔、桂声气相通，护国星火蔚成燎原之势。而于其时也，江苏都督冯国璋及江西、浙江、山东、湖南等地将军亦联合致电北京，劝袁改弦更张。

独夫民贼庶几为闾阎巷陌所僇笑。

袁世凯沾沾然驱亿万生灵殉一姓之尊荣，曾几何时，俄然觉遽遽然周，恻恻焉哀此茕孤，乃于二十二日宣布撤洪宪，复民国，帝制闹剧，草草收场。

---

① 吴贯因：民国五年三月十六日《丙辰从军日记》，丁文江、赵丰田编《梁启超年谱长编》，上海人民出版社2009年版，第496页。

三十三 1915 年·独我（三）

　　民国五年三月二十二日，袁世凯狐埋狐搰，终结帝制，正所谓其兴也勃，其亡也忽，譬若朝露，不待晴暾之曝以渐灭。而袁氏犹恋栈豆，以为帝乡不可期，总统犹可居，乃电护国军，恳请罢兵息民，停战议和；又命粤督龙济光及张鸣岐，速与陆荣廷斡旋，以期滇、黔、桂三省取消独立；继又借帝制怅助者梁士诒、总统府秘书长张国淦①、参政庄蕴宽②等致电启超，款语温言，售其阴图。

　　启超离开帽溪牧场，于赴桂途中获知洪宪社屋，不胜忭跃。而当闻龙、张星使赴桂游说一事，启超立电陆干卿："龙、张来使，所商不知何事。但若以取消帝制为取消独立交换条件，务乞坚拒勿许。袁之无信而阴险，中外共知。若彼仍握政权，将来必解西南诸镇兵柄，再施伎俩行专制。如此非特义军诸将校遭其荼毒，且地方治安亦不克保。

---

　　① 张国淦（1876—1959），字干若（潜若），号仲嘉，一号石公，湖北蒲圻（赤壁）人。清季曾任宪政编查馆馆员，内阁统计局副局长。武昌首义后，随唐绍仪参加南北议和，得袁世凯青睐，历任国务院铨叙局局长、国务院秘书长、总统府秘书长、内务次长、教育总长。黎元洪执政时继续受重用，历任总统府秘书长、国务院秘书长、农商总长、司法总长、水利局总裁。周旋于北洋军阀各派系之间，调节矛盾，为各方所倚重。
　　② 庄蕴宽（1866—1932），字思缄，号抱阂，晚年称无碍居士，江苏常州人。光绪间历任浔阳书院主讲，百色厅同知，梧州府知府、太平思顺兵备道兼广西龙州边防督办等职。先后在平南设武城学堂，广州设武备学堂、创梧州中学堂，龙州设女学和图书社等，并邀钮永建、蔡锷赴桂林协办陆军干部学堂。辛亥革命后，曾出任江苏都督，后上京任审计院院长十二年之久，期间又是故宫博物院早期领导人之一，对阻止军阀窃盗文物有卓越贡献。

今日之事，除袁退位外，更无调停之余地。"① 继又申之曰："今兹义军申讨，其大宗旨乃欲为中国服一剂拔毒再造散，不专为帝政问题已也。袁氏图帝不成，乃欲更保总统，反复无耻，至于此极，威信坠地，中外共弃，岂复能有统治国家之力。"② 不宁唯是，启超又特电各都督司令云："袁逆取销帝制，希图调和，万无许理。"③ 未几接梁士诒、庄蕴宽、张国淦等来电通殷勤，启超铿然凛然回曰："帝制之发生与撤销，朝四暮三，何关大计。须知国人所为痛心疾首，正以其专操权术，以侮弄万众，失信天下已久。"④ 而今"欲以一纸空言挽已失去之人心，中智犹知其不可"⑤。袁氏"若稍知自省，则瀛海九洲，何处不可从容以养余日，其勿复更以祸国者自祸矣"⑥。

帝制隳废，编氓额手，驱袁开新，人心所向，兹可征之于启超捐反袁大旗，间关万里，而一日入桂，所受荣典无似之场面："镇南关大悬国旗，列队肃肃，到车站军乐爆竹声中，簇拥我入关矣"⑦ "及抵龙州，则全城爆竹声，喧天沸地，父老儿童皆感极而泣"⑧ "初四日抵邕南宁，陆督亲至江口相迎，入城时军民之欢迎狂涌，非语言所能形容。

---

① 民国五年三月二十八日龙州发《复陆都督电》，《饮冰室合集·专集》之三十三，第三十一页；中华书局 2015 年版，第 6639 页。

② 民国三月二十九日龙州发《致陆都督电》，《饮冰室合集·专集》之三十三，第三十四页；中华书局 2015 年版，第 6642 页。

③ 民国五年三月二十八日龙州发《致各都督各总司令电》，《饮冰室合集·专集》之三十三，第三十三页；中华书局 2015 年版，第 6641 页。

④ 民国五年四月六日南宁发《覆梁燕孙电》，《饮冰室合集·专集》之三十三，第三十五页；中华书局 2015 年版，第 6643 页。

⑤ 民国五年四月六日南宁发《覆庄思缄电》，《饮冰室合集·专集》之三十三，第三十六页；中华书局 2015 年版，第 6644 页。

⑥ 民国五年四月六日南宁发《覆张总长电》，《饮冰室合集·专集》之三十三，第三十六页；中华书局 2015 年版，第 6644 页。

⑦ 民国五年四月三日晚由广西第六号巡轮《与娴儿书》，丁文江、赵丰田编《梁启超年谱长编》，上海人民出版社 2009 年版，第 497 页。

⑧ 同上。

吾两日间应接劳顿，无片刻息。"①

迫袁退位，广东独立实为丛冗万事之机括。

粤督龙济光夙输诚于袁世凯，护国战争兴，广东各地反袁讨龙势力高涨，军锋直逼省垣。龙揣度粪墙之倒、朽木之折，或不终朝，不得已，乃于四月六日宣布广东独立。吴贯因为之记曰："盖龙济光见广州城以外，各处纷纷独立，洪宪郡王之头衔，断不能再保存也，故昨为袁皇帝之忠臣者，今不惮变脸而为袁皇帝之叛臣……夫龙济光安知独立为何事，彼知独立二字可以抵民军之进攻，而保持其禄位耳。"②龙将军既命各衙门高贴"独立"字样，又邀梁启超、陆荣廷派代表赴粤谈判。

启超本欲驱龙，抑亦碍于龙、陆儿女亲家③之情实，屈意从人，乃派汤觉顿先期入广东接晤龙济光。讵料竟罹海珠事变④，遭龙部下杀害。启超偕陆督东下，甫抵梧州，即闻凶耗，肝肠为之寸断，私恨公仇，数日来纷乘于脑。当时众议皆以为若北伐，必先讨龙，以其盘踞广州，为后患也。启超独不以为然，"吾为粤事，亦吞声呕心，卒无善果。海珠之变，歼我三良。……悍将蟠于上，私党哄于下，浩劫终无幸免，所争早暮耳。然吾深思熟计，以围攻观音山，双方相消之兵力，足举湘、赣、闽而有余。龙疲而桂亦疲，更何挟以御贼。况糜烂

---

① 民国五年四月六日《与娴儿书》，丁文江、赵丰田编《梁启超年谱长编》，上海人民出版社2009年版，第498页。
② 吴贯因：民国五年四月六日《丙辰从军日记》，丁文江、赵丰田编《梁启超年谱长编》，上海人民出版社2009年版，第498页。
③ 龙济光兄龙觐光之子娶陆荣廷女儿。
④ 一九一六年四月十二日，龙济光召开会议于海珠岛八角亭水上警署，参加会议者有民军总司令徐勤、民军代何福乔，广东方面有海军总司令、都督府顾问谭学夔、警察厅长王广龄、商会团长岑伯铸、龙济光部下贺文彪、颜启汉、潘斯凯等。与梁启超夙有旧交之谭学夔、王广龄，同意汤觉顿提议，即广东所有军队统一改为护国军，另举司令。颜启汉气急败坏，当场开枪行凶，三人罹难。

后之收拾，非旬月可奏功……故饮泪言和"①。

衔怨忍忿，启超与陆督御兵入粤，并于五月一日成立两广都司令部，岑春煊为都司令，启超任参谋，开府肇庆，以此胁制龙济光。既而又有成立军务院之议，拟统一滇、黔、桂、粤四省军事及与北方展开政治对话。

广东问题，殊于大局有碍，若能亲见龙氏决定一切，计亦良得，是故启超直欲径赴虎穴，期以得血诚之效。生徒朋簪闻是言，大惊失色，觉顿之流血犹未涸迹，又岂可用此险着？竟或跪请勿行。其时，唐继尧欲遣兵随扈，亦遭峻拒。而启超几于日接松坡电，前线形势危若累卵，自忖为国为友，皆当生死以之。乃于五月五日，竟自莅穗，登观音山督署，与龙济光痦口焦舌谈十几点钟。龙之形神似亦悦服。翌日晚，开欢迎会，"梁入会议室，见卫士满布，荷枪实弹，与会军官，亦各握手枪，形色愠怒"②。梁起身质问龙都督可否向与会者转达昨夜谈话内容，更瞒全场正告曰："我所为何来？我在海珠事变发生过后才来，并不是不知道你这里会杀人。我单人独马、手无寸铁跑到你千军万马里头，我本来并不打算带命回去。"③ 其声若雷，满座玻璃杯为之振响，正所谓浩气峻为城，巍巍撼群恶。"梁遂亢声演说，力言帝制不可为，由世界大势，迄中国人心，一一剖析，断言袁氏必败。初演说半小时，全场紧张形色，即告松弛；一小时，众皆窃窃称是；迄一小时半演说毕，龙及与会军官，皆鼓掌欢呼，并与梁握手示敬意。

---

① 转引自孟祥才《梁启超传》，北京出版社 1980 年版，第 217 页。

② 喻血轮：《绮情楼杂记》，陈晨编《梁启超轶事》，人民日报出版社 2014 年版，第 83 页。

③ 梁启超：《护国之役回顾谈》，《饮冰室合集·文集》之三十九，第九十六页；中华书局 2015 年版，第 3830 页。

于是，龙氏决易帜反袁，粤局遂定矣。"①

经一番紧张筹措，军务院于五月八日告成，唐继尧、刘显世、陆荣廷、龙济光、岑春煊、梁启超、蔡锷、李烈钧、陈炳焜②、戴戡为抚军，唐继尧任抚军长，岑春煊为抚军副长，梁启超兼政务委员长。军务院第一号宣言即晓喻中外："今袁世凯叛罪之成立，现已昭然。即将帝制撤销，已成之罪固在，特以约法上之弹劾，裁判机关久被蹂躏，不能行其职权，致使逍遥法外。除由本军政府督率大军，务将该犯围捕，待将来召集国会依法弹劾，组织法庭依法裁判外，特此宣言：前大总统袁世凯因犯谋叛大罪，自民国四年十二月十三日下令称帝以后，所有民国大总统之资格，当然消灭。"③

成立军务院及系列宣言之闻世，重挫北军士气，益壮南方声威，反袁护国力量日趋高涨。冯华甫镇守长江下游，见机而作，乃电请启超返沪，商议解决时局办法。

或谓启超当即行，一则惎忌者日欲诬罔毁谤，如沪上一部分人士大诋启超之为抚军，权欲熏心。时人为抱不平者谓，方当帝制发生时，天下无不忼愤于袁氏，人佥望启超登高一呼，转移舆论，使含生负气者皆知袁氏之不可托国。及义师兴，南方蓄势稍足与袁抗，尔乃夙抬启超于九天者，倏然且欲挤启超于九渊。谮言入耳，任公亦尝辩："若启超者本为文士，非有政才。投笔已乖，本怀藏山，尚留绝业。皎然

---

① 喻血轮：《绮情楼杂记》，陈晨编《梁启超轶事》，人民日报出版社 2014 年版，第83 页。

② 陈炳焜（1868—1927），字舜琴，广西柳州人。曾镇压孙中山镇南关起义，杀害武昌首义功勋蒋翊武。一九一六年三月十五日，与陆荣廷等联名通电，参加讨袁护国。其后，陆率军入粤，陈则坐镇南宁。袁死后，黎元洪继任大总统，任陈为广西督军。

③ 转引自《护国军军政府第一号宣言》，《饮冰室合集·专集》之三十三，第七页至第八页；中华书局 2015 年版，第 6615—6616 页。

此志，无待自明。"① 而终亦难杜悠悠之口。一则为丁父忧。与启超有袍泽之谊者谓云："我之所以劝任公归沪者，不只是为避免猜忌者之挤，亦以其有亲之丧，当时大众瞒之，使孝子之心并不能墨经从戎，我视为于旧义终不安也。"②

两广局面既略定，启超果于五月十五日离肇，道穗、港，二十日抵沪，不及洗尘，即数电军务院及各都督司令，报告在宁与冯华甫就善后事宜会商结果，并殷嘱西南大军，仍宜猛进，勿稍懈惰。

唯启超殚精竭虑竭蹶国事，不意弟启勋至自港，奔告父丧，启超闻变痛绝。乃悲溯既往。方启超匿舟香港时，正为乃父弥留之日，朋好矍然于大局，竟不以病闻，又复不以丧告，致失亲侍床箦，尽人子之职，"人伦惨变，前古未闻，皆超罪孽，积此殃报，进于国家无毫发之补，退于古今为至不孝之人。寝疚未安，不敢言死，从此报亲，唯有双泪"③。旋即峻辞抚军、都参谋、政务委员长各职，不忍复闻国事。

启超屏绝世纷，寝苫枕块以守孝。而不数日，即有袁世凯羞愤疾殁之消息，时在民国五年六月六日。于此时局突变安危转掇之际，启超实难居庐泥守，抑昏垫越礼为国夺情岂为得已？乃于翌日连发四电，其一告黎元洪云："项城奄逝，时局锐变，我公继任，根于约法上严正之程序，早经南省敬谨宣言。今当危疑之时，恳即日就职，昭告中外，以定民志。"④ 其二告段祺瑞云："闻项城凶报，昔缘义愤，曾与分张，

① 转引自孟祥才《梁启超传》，北京出版社1980年版，第219页。
② 伍庄：《梁任公推翻洪宪轶闻》，夏晓虹编《追忆梁启超》，中国广播电视出版社1997年版，第246页。
③ 民国五年五月《致岑都司令并转各都督各总司令电》，丁文江、赵丰田编《梁启超年谱长编》，上海人民出版社2009年版，第507页。
④ 民国五年六月七日《致黎大总统电》，丁文江、赵丰田编《梁启超年谱长编》，上海人民出版社2009年版，第508页。

今念交期，转深嗟悼，茫茫百岁，想公同之。……今当危疑之际，国命间不容发，乞公速奉黎大总统即日依法就职……扶危定倾，唯公之责，愿当机立断，宏济艰难。"① 其三告冯国璋，望其一面电京，奉黄陂依法继任，"一面速联已独立未独立各省一致主张，即开国会，庶挽浩劫而奠邦基"②。又告唐继尧、蔡锷、陆荣廷、龙济光等人："收拾北方，唯段是赖。南方似宜力予援助，毋使势孤，更不可怀彼我成见，致生恶感。即对袁不妨表相当之哀悼，以示洪量，而揽同情。国家存亡，间不容发，愿共敬慎，宏济艰难。"③ 启超之勇也如彼，其仁也如此，公忠体国，日月可鉴。黎大总统为评曰："国家多故，祸变相寻，赖执事奔走提倡之功，与夫调护斡旋之力，幸得由剥而复，转危为安……此固民国无疆之休。"④

袁死黎继，所谓惩办罪魁，恢复旧约，召集国会，撤退孽龙诸事，凡护国军所提议者，北京政府率降心以从。唯国务院尚未及成立，即有浙江督军吕公望⑤取消军务院之议。启超深韪之，谓军务院初之宣言虽若季诺，然则世事推夺迁嬗，又岂其硁硁者所能喻？而军务院既终当取消，奚如提前裁撤，交相让步，以协天下望治之心。

民国五年七月十五日，护国军军政府宣布撤销，南北弭兵，重归

---

① 民国五年六月七日上海发《致段国务卿电》，《饮冰室合集·专集》之三十三，第五十三页；中华书局 2015 年版，第 6661 页。

② 民国五年六月七日上海发《致冯上将军电》，《饮冰室合集·专集》之三十三，第五十三页；中华书局 2015 年版。

③ 民国五年六月七日上海发《致各都督各司令电》，《饮冰室合集·专集》之三十三，第五十四页；中华书局 2015 年版，第 6662 页。

④ 民国五年黎元洪《致任公先生书》，丁文江、赵丰田编《梁启超年谱长编》，上海人民出版社 2009 年版，第 509 页。

⑤ 吕公望（1879—1954），字戴之，浙江永康人。早年参加光复会，辛亥革命时，参与光复杭州和攻克南京之役。1912 年后，历任浙军第十一协协统、浙军第六师师长、嘉湖镇守使。护国战争时，在浙江宣布独立，起兵讨袁。1916 年被推为浙江督军兼省长，半年后辞职。

一统，护国战争亦正告结束。

忘安危于戎马倥偬，促璧完于意气横厉，启超厥功甚伟，时人仰之为泰山北斗，当道奉之为人伦楷模，北京政府亦宜若遇以殊礼，并恳望其垂念邦国，刻期命驾，就总统府秘书长职。

曩者，启超与蔡锷谋兵于津门，洎分携临歧相决语：胜不立朝，败不亡命。今践其言，正其时。乃电黎大总统："自审才器所宜，觉今后报国之途，与其用所短以劳形于政治，毋宁用所长以献身于教育"①，适足高蹈远引，以抗其节。

所不幸者，蔡锷以积劳致疾，竟于十一月八日逝于日本福冈医院。弟子星殒，启超五内俱崩，即欲忍泪，宁挥得往事如昨：方当帝制嚣攘，"公夷然若无事以出入于虎穴者八九十日，而从容部署万里以外之机宜。碧鸡晨号，金马宵驰，万众企俟，百灵护持，飞将军自天而下，千七百万父老子弟歌舞而从之。……纳溪相持，一月有奇，敌骄而悍，我耗以疲，矢尽援绝，士病将疑，公盖不解甲不亲榻者数十昼夜，遍提军士之耳而摩厉之以大义之所期，竭移山填海之精力，以维持此不衰不竭之士气，然后出奇制胜，而蹙敌于不支"②。

呜呼痛哉！唯天靳其年，而后世之人永被其恩荫。启超作《祭蔡松坡》《公祭蔡松坡》《邵阳蔡公略传》《护国之役回顾谈》《蔡松坡遗事》等文，又倡办松社、松坡图书馆，以永追念。

---

① 转引自李喜所、元青《梁启超传》，人民出版社 2010 年版，第 328 页。
② 梁启超：《公祭蔡松坡文》，《饮冰室合集·文集》之四十四（上），第十一页；中华书局 2015 年版，第 4263 页。

三十四　1915 年·独我（四）

护国烽燹既息，民国复，国会开，畴昔党争权斗之戏码，再度搬演。

时进步党蝉蜕，成宪法研究会，又名"研究系"，宗梁拥段。国民党蛹化，创宪政商榷会，又称"商榷系"，反段而拥黎。不特两党龙战于国会，又有张勋①督军团②鹰瞵鹗视于外，磨牙涎舌，时欲攫腐肉而后可。

国会内两党交哄，先是攸关宪法修改问题，拳脚相向，贻笑于人，后之对德宣战问题，互为攻雠，闹剧联翩。

民国六年初，欧战中同盟国与协约国胜败之迹已露端倪，为挽陨箨隳颓之势，德国于二月一日起实施无限制潜艇政策，进而扩大战争。兹举直接侵犯各中立国利益，美国即于二月三日宣布与德国绝交，并吁请中国偕行一致。日本政府亦积极撺掇，表示倘北京立即对德宣战，日本可为之提供参战军费，并同意中国提高关税、减缓交付庚子赔款。

---

① 张勋（1854—1923），原名张和，字少轩、绍轩，号松寿老人，江西省奉新县人。清末任云南、甘肃、江南提督。1913 年镇压二次革命。后任长江巡阅使、安徽督军。

② 1916 年 9 月 22 日，山东、奉天、吉林、黑龙江、河南、直隶、浙江、江苏、湖北、江西、绥远、察哈尔、热河十三省督军代表集会于徐州，由张勋、倪嗣冲领衔宣布成立"各省区联合会"，即督军团，制定八条纲领，拥张勋为"盟主"，通电抨击"暴乱分子"（指国民党议员）及政府阁员，借故扰乱国家政务。25 日即有张勋、倪嗣冲等 34 人通电反对唐绍仪就任外交总长。26 日，唐绍仪辞职，并痛斥军人干政。

英、法、俄等国公使亦鱼贯而访启超，冀其发挥影响力。属此际会，启超雅欲一用之，乃移书段芝泉："绝交既为终不能免之事，早绝一日，则德人及国内捣乱分子即少一部分活动余地，此不可不当机立断者也。"①

缘段、梁之操纵与挟制，国会终于三月十日通过对德绝交案。

消息传出，全国舆论大哗，反战声浪冲天排闼，不知其奚可遏也。而诘难之矢俱集于启超一身，即若近好，亦多怨悔。启超固有所守，而今职志弥坚，且接连发表《外交方针刍言》《余与此次对德外交之关系及其所主张》等文，更欲张皇己意。就近虑而言，"以为不抗议则已，既抗议则势必至于绝交，既绝交则势必至于宣战。苟无宣战之觉悟，则无宁勿抗议也。……夫既已如是，则当知抗议发出之一刹那顷，已为我国与德国恩断义绝之时"②。就远忧而言，"我国曷为忽然有参战之议耶？吾侪曷为锐意赞成此议耶？……其根本义乃在因应世界大势而为我国家熟筹将来，所以自处之途。第一，从积极进取方面言之，非乘此时有所自表见，不足奋进，以求厕身于国际团体之林。第二，从消极维持现状言之，非与周遭关系密切之国同其利害，不复能蒙均势之庇"③。

段祺瑞拥兵自重，又以梁之研究系为股肱，期必于对德宣战。然则黎大总统不为所动，其与国会第一大党商榷系坚主对德方针止于绝交。段至愤，乃嗾使督军团组织各种"公民请愿团"北上，包围国

---

① 民国六年《致芝老揆席书》，丁文江、赵丰田编《梁启超年谱长编》，上海人民出版社 2009 年版，第 524 页。

② 梁启超：《余与此次对德外交之关系及其所主张》，《饮冰室合集·文集》之三十五，第十四页至第十五页；中华书局 2015 年版，第 3400—3401 页。

③ 梁启超：《外交方针刍言》，《饮冰室合集·文集》之三十五，第四页至第五页；中华书局 2015 年版，第 3390—3391 页。

会，强行要求议员通过参战案。斯情斯景，得毋谓畴昔袁氏揽权之故伎重演？殷鉴不远，在夏后之世，是可忍孰不可忍，段政府中商榷系阁员愤而相继辞职，而国会则以内阁已无法负责为由，票决通过改组内阁之建议。黎元洪携国会之力，径免段总理。段祺瑞宜其不甘示弱，遽电督军团，煽惑反黎。

五月二十九日，皖、奉等八省区督军宣布独立。既而，督军团致电黎元洪，要求其自动退位，研究系秉梁意旨亦乘此一击，其大部分议员纷纷离京，复有汤化龙辞议长职，更使国会栋折榱崩。

黎元洪困守孤城，急如锅蚁，爰请徐世昌、王士珍①代任总理收拾残局，第均阻之，又电启超出面斡旋，答以退处海滨与世暂绝。无如何，乃邀张勋进京调停。

张勋夙怀叵测，际此，即率五千辫军北上抵津，先是胁迫黎大总统于六月三日宣布解散国会，继于十四日提虎狼之师直入京畿。黎元洪鹄立恭候，不谓张帅反噬，驱己而行其阴图。

月杪，张勋电召康有为晋京与谋复辟，筹措一切。继于七月一日，又通电各省，诬罪辛亥，妄誉君宪。同日，王公贵族遗老遗少拥废帝溥仪出，宣布恢复大清帝国。皇恩既滋，论列庸功，张勋袖然居首，乃被封为内阁议政大臣，康有为授弼德院副院长，并赏给头品顶戴加恩在紫禁城内赏坐二品肩舆，其余拥戴者雨露均沾，众皆跪拜，山呼万岁。

政党之争，启超固于张勋有所借重，曾派使诣徐州往见，又亲驰书致恭维："唯鞭策救济之功，终须随时仰诸疆吏。"② 果然，张之强

---

① 王士珍（1861—1930），字聘卿，直隶正定人。毕业于北洋武备学堂，曾投袁世凯参与小站练兵。辛亥革命前历任统制、提督、陆军部大臣，革命后曾任袁世凯陆海军大元帅统率办事处坐办和陆军总长。

② 转引自孟祥才《梁启超传》，北京出版社1980年版，第242页。

梁，麇黎解散国会，正慰段、梁饥渴；而勖其逆行，又适足倒阿授人以柄。

复辟丑剧上演之翌日，启超随段祺瑞赴马厂①鸠兵誓师，段自任讨逆军总司令，启超参赞之，且立马缀言，以段氏之吻，檄告全国："天祸中国，变乱相寻。张勋怀抱野心，假调停时局为名，阻兵京师，至七月一日遂有推翻国体之奇变。窃谓国体者，国之所以与立也，定之匪易。既定后而复图变置，其害之中于国家者，实不可胜言。况以今日民智日开民气日昌之世，而欲以一姓威严，驯服亿兆，尤为事理所万不能致。……祺瑞罢斥以来，本不敢复与闻国事，唯既已服劳于民国，不能坐视民国之颠覆分裂而不一援。且亦曾受恩于前清，更不忍听前朝为匪人所利用，以陷于自灭。情义所在，守死不渝。"② 顷又以己名发表《反对复辟电》，云："今吾民国各友邦所承认也，当思前此易帝而民，此承认果几经艰辛而始得之者，今易民而帝，其得承认也，艰辛当益倍于前。当此国交中断之期间，国将谁与立于大地者？且此次首造逆谋之人，非贪黩无厌之武夫，即大言不惭之书生，于政局甘苦毫无所知。"③

启超讨逆靖乱，宜其曰勇任，固也，然锋锷直指乃师，其与礼何？

其实，康、梁分道扬镳各行其是者，可溯至护国战争。康南海时其明标反袁，第欲为恢复袁氏叛逆之大清正统，所由之道固异也。故尔方当袁世凯自行结束帝制闹剧时，康即于《上海周报》发表《为国

---

① 河北青县运河东岸小村落，津浦铁路经过之，因清光绪初年兴筑兵营于此，而成驻兵之地。

② 天津《大公报》1917 年 7 月 4 日载，转引自孟祥才《梁启超传》，北京出版社1980 年版，第 246—247 页。

③ 天津《大公报》1917 年 7 月 3 日载，丁文江、赵丰田编《梁启超年谱长编》，上海人民出版社 2009 年版，第 531 页。

家筹安定策者》，大声疾呼复清室行立宪，且儆之生徒，若不相应合，从此恐成敌国。启超实深愤慨，速临楮墨而掊之曰：衮衮诸公，"当筹安会炙手可热、全国人痛愤欲绝时，袖手以观成败；今也数省军民为'帝制'二字断吭绝脰者相续，大憝尚盘踞京师，陷贼之境宇未复其半，而逍遥河上之耆旧，乃忽仰首伸眉，论列是非，助贼张目。吾既惊其颜之厚，而转不测其居心之何等也！"① 此之不足，又飞电滇、黔、粤、桂四督，谓："国体不许变更，乃国民一致之决心，岂有不许袁贼，独许他人之理"，"如有再为复辟之说者，继尧等即视为蔑弃《约法》之公敌，罪状与袁贼同，讨之与袁贼等！"② 辞气之厉，殆师徒受授以来所未尝有。

时人愕其事，或曰："足下上马草檄，诚为文士得意之笔，然昔日庾公之斯于子濯孺子，不忍以夫子之道反害于夫子。今令师南海先生从龙新朝，而足下露布讨贼，不为令师留丝毫地步，其于师弟之谊何？"③ 启超正色曰："师弟自师弟，政治主张则不妨各异。吾不能与吾师共为国家罪人也！"④

讨逆军披坚执锐，所向皆靡，只浃旬即奏凯。张勋师遁窜荷兰领邸，康有为遁入美国使馆。复辟丑剧以此寿终正寝。南海先生恨梁入骨，指为禽兽，更诗以詈之："鸱枭食母獍食父，刑天舞戚虎守关。逢蒙弯弓专射羿，坐看日落泪潸潸。"⑤ 启超亦唯唱吾爱吾师，吾更爱真

---

① 梁启超：《辟复辟论》，见《饮冰室合集·专集》之三十三，第一百一十七页；中华书局 2015 年版，第 6725 页。

② 转引自李喜所、元青《梁启超传》，人民出版社 2010 年版，第 352 页。

③ 经堂：《康有为与梁启超》，《古今月刊》创刊号（上海，1942 年 3 月），转引自李喜所、元青《梁启超传》，人民出版社 2010 年版，第 352 页。

④ 同上。

⑤ 杨复礼编：《康梁年谱稿》（油印本）下篇，第 41 页；张朋园：《梁启超在民国初年的师友关系》，《梁启超传记文学资料》，第 14 页。转引自李喜所、元青《梁启超传》，人民出版社 2010 年版，第 353 页。

理而已。

张勋复辟失败，段祺瑞复总理职并重组内阁。

方当新胜，酬功给效，自古谓然。研究系因拥段有功，一举拿下九阁员中之六席。启超长财政兼盐务督办，一时可谓意气扬扬，踌躇满志，受任不数日，即电告冯代总统："启猥以疏才，膺兹重任，艰虞所迫，义不容辞，已于效日就职。顾念邦基再奠，国计维艰，此后因时阜用，端秉训谟，敢竭股肱，以期康济。"① 又电各省长、督军："启超奉令笼领财政，业于七月十九日就任视事，自顾轻材，惭膺艰巨，国基再奠，筹济攸资，伏盼中外一心，共支危厦，尽言匡海，时贲良规，俾启超得以罄智效忠，借纾国计。"② 继于七月三十日宪法研究会作报告云："入阁主义，在树政党政治模范，实现吾辈政策，故为国家计，为团体计，不得不牺牲个人，冒险奋斗，允宜引他党于轨道，不可摧残演成一党专制恶果。"③

启超分电絮聒，其礼数也周备，其雄心也彰彰，而较其向者自命"在野政治家"之信誓，宜若有食言之嫌，然则不谓君子其大行不顾细谨，时移事易，宁无权乎！乃初履职，即提出"改革币制，整顿金融"八字方针。

此次入阁，启超信心满满，缘在于，既有段氏作政治奥援，又可筹措巨资厘饬财政。时因中国对德宣战，协约国一致决议，中国所偿庚子赔款，暂缓五年，即政府每年可减少一千三百余万元支出，此为泉源之一。北京政府与日签订一千万日元善后大借款，及吉长铁路借

---

① 民国六年七月十九日《致南京大总统效电》，丁文江、赵丰田编《梁启超年谱长编》，上海人民出版社 2009 年版，第 534 页。
② 民国六年七月十九日《致各省督军省长电》，同上。
③ 民国六年七月三十日《申报》北京电，丁文江、赵丰田编《梁启超年谱长编》，上海人民出版社 2009 年版，第 534—535 页。

款四百五十余万日元，此为泉源之二。同时，启超采纳熊希龄建议，发行国内公债五千万元，此为泉源之三。恃兹仓廪阜实，导北洋财政于正轨，想匪难事。

然则时事演进辄不能如人意。

段祺瑞重掌权柄，未尝拟复旧国会，转图召集所谓临时参议院，另定国会组织法和选举法，以期成立新国会为己所用。启超裨赞之，无少犹疑。段、梁之举，顷速挞伐，或诘启超云："前筹安会发生时，执事曾以贤者不得逾法律而为善，责杨皙子……岂今日则贤者可逾法律而为善乎？"① 众议院议员赵炳麟②更代康南海发书抨击，略不留情："生戊戌以来，以保皇自矢，迄事势稍变，生遂卖畴昔所主以迎潮流。癸丑，生赞袁氏，违叛民意，迄袁氏积怨已深，又卖袁氏，贪天之功为己力。今日又赞段氏蹈袁覆辙，置段于薪火之上。生他日必别有所适，反复叵测，生固以为因物附物。余不为袁、段惜，奈人民肝脑涂地何？呜呼！何不仁之甚耶？"③

段祺瑞一面通电全国征求召集临时参议院意见，一面加紧军事准备，冀随时以武力解决问题。南方各省莫不屏营主臣，遂有云南拥护约法之通电、两广独立之宣言。

八月下旬，一百五十余国会议员应孙中山邀约南下广州，召开非常国会。会议决定为戡定叛乱、恢复《临时约法》，特组织中华民

① 姚雨平：民国六年七月二十八日《致任公先生书》，丁文江、赵丰田编《梁启超年谱长编》，上海人民出版社 2009 年版，第 536 页。

② 赵炳麟（1876—1927），字竺垣，中年号养真子，晚年号清空居士，又号柏岩，广西全州人。光绪二十一年（1895）进士，授翰林院编修，升记名御史。1907 年上《筹辽备倭疏》，指出日本是中国大患，应练兵以对。1908 年上《劾袁世凯疏》，建议杀掉袁世凯，以绝后患。1910 年上书弹劾奕劻，因开罪皇族被革去御史职。民国初，赵炳麟两次当选广西省国会会员。

③ 《赵伯岩集·文存》卷二，丁文江、赵丰田编《梁启超年谱长编》，上海人民出版社 2009 年版，第 537 页。

国军政府，举孙中山为护法军政府大元帅。两政权公开对峙之势既成。

段祺瑞自恃北洋骁勇，又不断整军经武，决欲发动第二次南北战争，扼护法运动于既萌。兹时，各种军费账单纷若雪片飞入财政部，启超应接不暇，虽罄囊橐而往往左支右绌，不宁唯改革之梦碎，转望于收支平衡亦不可得，向所精心编织之财政预算全面崩溃。无如何，启超于十月二十五日国务会议上，和盘托出财政窘境。讵知段总理置若罔闻，反饬财政部更筹资金，供陆军部随时支用。启超仰天长嘘，嗒然若丧，唯感慨，将来如有救济之方，敢请军界尊宿掌理财政，以收指臂之效。乃辞呈于冯大总统，曰将负疚引退。而絷之维之，超亦唯竭绵力，勉度余日而已。

时北京政府派往湖南、四川作战之北洋军皆告惨败，适有直系将领曹锟①、李纯②、王占元③、陈光远④四督通电主和，段祺瑞揣其武力统一政策业已破产，乃于十一月十五日向冯代总统提出辞职。屋梁既隳，燕雀将安能自处？启超于内阁总辞外，又单独呈书云："窃启超一介书生，二十年党锢，功虽迂于牖国，志实切于挽时。属际艰虞，重承鞭策，使膺计部，重备阁僚，奉职以来，精诚殚耗，乃竭拘墟之见，未穷应物之方，时变环乘，赞襄无状。现在总理业经辞职，自应连带引辞，为此具呈，恳请即日准予免去本职，俾得退

---

① 曹锟（1862—1938），字仲珊，天津大沽口（今天津塘沽）人。时为直隶督军，曾靠贿选而被选举为第五任中华民国大总统。卢沟桥事变后，他拒绝日本所请出面组织新政府，保持了民族气节。

② 李纯（1874—1920），字秀山，天津人。直系长江三督（李纯、王占元、陈光远）之一。时为江苏督军。

③ 王占元（1861—1934），原名德贤，字子春，河北邯郸人。因家贫投身军旅，此后一路高升，至湖北督军，以残暴贪鄙闻名。

④ 陈光远（1873—1939），字秀峰，天津人。早年毕业于天津武备学堂，后追随袁世凯、冯国璋，为北洋军阀直系骨干，曾任江西督军多年。

让贤能，免滋咎戾。"①

十一月二十二日，冯代总统准段内阁总辞。

启超任财长不足四月，即卷怀己志，悄然离京。

---

① 民国六年十一月财长任内《呈请辞职文》，丁文江、赵丰田编《梁启超年谱长编》，上海人民出版社 2009 年版，第 549 页。

三十五　1919 年·须弥

民国七年（1918）岁杪，欧战告终，中国叨陪胜国，"自喜报传达以来，官署放假，学校放假，商店工厂放假，举国人居然得自附于战胜国之末，随班逐队，欢呼万岁，彩烈兴高，熙如春酿。独有一年前，因主张对德宣战被国民唾骂欲死之一老书生，闭户黯然，乃草《敬告友邦请求列席平和会议》之文"①。

此人即梁任公启超。

属巴黎和会召开在即，北洋政府拟派外交总长陆征祥为首席代表，驻美、英、比三国公使施肇基②、顾维钧③、魏宸组④及广州护法军政

---

　　① 梁启超：《对德宣战回顾谈》，夏晓虹辑《饮冰室合集·集外文》（中册），北京大学出版社 2005 年版，第 730 页。

　　② 施肇基（1877—1958），字植之，江苏苏州吴江人。早年就读上海圣约翰书院，后留学美国，是康奈尔大学第一位中国留学生，也是在美国获得硕士学位的第一位中国学生。回国后，历任邮传部、哈尔滨关道、吉林省、外务部各职。为中国第一任驻美大使。

　　③ 顾维钧（1888—1985），字少川，江苏省嘉定（今属上海）人。1912 年任袁世凯总统英文秘书，后任中华民国国务总理摄行大总统职，国民政府驻法、英大使，联合国首席代表、驻美大使，海牙国际法院副院长；被誉为"民国第一外交家"。

　　④ 魏宸组（1885—1942），字注东，湖北江夏人。光绪二十九年（1903）与禄贞、李书城等人在武昌花园山秘密聚会，从事反清活动。同年 12 月，由清政府选派赴比利时留学。1905 年孙中山游欧抵比利时，魏联络人员，经数日商讨，决定以结盟方式，加入中国同盟会。民国肇建，历任驻荷兰、比利时、德国、波兰公使。

府外交次长王正廷①为代表，出席和会。唯此次会议，于吾中国争权益、争平等、争尊严，关系甚巨，古之既有麰纬恤漆室忧，启超宁忍弃匹夫之责，"吾度此闲适之岁月，恰仅一年，欧战既终，逼使我不复能自逸"②。乃偕林长民谒大总统徐世昌，建请成立巴黎和会外交委员会，组织国民，声援赴法代表，原外交总长汪大燮长之，林长民职理事长，熊希龄、孙宝琦、李盛铎、王宠惠③等十四人为委员。继而，林君又以总统顾问身份劝励徐大总统，商邀启超赴欧，以巴黎和会中国代表团会外顾问及记者名义，联络各国名士，展开民间外交。启超勇任之，略无异议，并宣之曰："余此次欧行，纯以个人资格。所以然者，为谋考虑各方情形及发言上之便利。"④ "凡有利于吾国，而为鄙人力之所能逮者，必当竭诚有所贡献。"⑤

乃积铢累寸，鸠资十万元，计北京政府资助六万元，朋旧馈赆四

---

① 王正廷（1882—1961），字儒堂，浙江奉化人。十四岁即入天津北洋大学堂，毕业后曾赴日本留学，并加入同盟会。二十六岁始留学美国，获耶鲁大学博士学位。中华民国成立后，先后担任南京临时政府参议院副议长、代理议长、代理工商部长，北京政府工商部次长、外交总长、代理内阁总理，驻美国大使等职。后长期在南方政府中任职。

② 民国七年十二月十日《与思顺书》，丁文江、赵丰田编《梁启超年谱长编》，上海人民出版社2009年版，第562页。

③ 王宠惠（1881—1958），字亮畴，祖籍广东省东莞市，出生于香港荷李活道75号道济会堂。曾任中华民国外交总长、代总理、国务总理，并为海牙国际法庭任职中国第一人。参与起草《联合国宪章》。

④ 梁启超：1918年12月2日《与上海新闻记者之谈话》，夏晓虹辑《饮冰室合集·集外文》（中册），北京大学出版社2005年版，第795页。

⑤ 梁启超：1918年12月20日《在宪法研究会饯别会之演说》，夏晓虹辑《饮冰室合集·集外文》中册，北京大学出版社2005年版，第797页。

万元，又谨遴行侣，为蒋百里方震①、刘子楷崇杰②、丁在君文江③、张君劢嘉森④、徐振飞新六⑤、杨鼎甫维新⑥等。12月28日，登日本横滨丸号首途上海。

今兹之游欧，启超实有两目的，除却以私人资格向国际舆论申吾冤苦外，更"想自己求一点学问""拓一拓眼界"。⑦

顷者，启超辞阁员，决欲自拔于官场，曾语与研究系同人曰："此时宜遵养时晦，勿与闻人家国事，一二年中国非我辈之国，他人之国也。"⑧ 又在《申报》发表谈话云："自审心思才力，不能两用，涉足政治，势必荒著述，吾自觉欲效忠于国家社会，毋宁以全力尽瘁于著述，为能尽吾天职，故毅然中止政治生涯，非俟著述之愿略酬，决不更为政治活动。"⑨ 启超自戊戌逋命东瀛，如饥似渴，汲引西学，期期

① 蒋百里（1882—1938），名方震，浙江海宁人。清末秀才，1901年在日本陆军士官学校留学，1906年留学德国，回国先后任保定陆军军官学校校长及代理陆军大学校长。1913年，任袁世凯总统府一等参议。1937年出版军事论著集《国防论》，是民国时期著名军事理论家、军事教育家。

② 刘崇杰（1880—1956），字子楷，福建闽县（今闽侯县）人。清光绪三十二年毕业于日本早稻田大学政治经济科。回国后，曾任福建法政学堂监督兼教务长、教育部福建学务视察员，后入外交界，先后任代理驻日公使，驻西班牙兼葡萄牙特命全权公使，外交部常务次长，驻德意志兼奥地利特命全权公使等。

③ 丁文江（1887—1936），字在君，江苏泰兴人，地质学家、社会活动家，中国地质事业奠基人之一，创办了中国第一个地质机构——中国地质调查所。

④ 张君劢（1887—1969），原名嘉森，字士林，号立斋，别署"世界室主人"，笔名君房，江苏宝山（今属上海市宝山区）人。曾留学日本、德国，学习政治经济与哲学。回国后，推崇唯心主义哲学，因掀起科玄论战，被丁文江戏称为"玄学鬼"。

⑤ 徐新六（1890—1938），字振飞，祖籍浙江余杭，生于杭州。1908年赴英国留学，获伯明翰大学理学士和维多利亚大学商学士，后又在巴黎国立政治学院学习财政学一年。曾任财政部秘书、中国银行金库监事、汉冶萍煤铁厂矿公司总会计、中国银行北京分行协理，浙江兴业银行常务董事兼总经理。

⑥ 杨鼎甫随梁启超欧行，主要负责安排生活。

⑦ 梁启超：《欧游心影录》，商务印书馆2014年版，第55页。

⑧ 民国七年《与亮兄书》，丁文江、赵丰田编《梁启超年谱长编》，上海人民出版社2009年版，第555页。

⑨ 载于民国七年十月二十六日《申报》，丁文江、赵丰田编《梁启超年谱长编》，上海人民出版社2009年版，第559页。

以为剿取欧美，诚可为变乱中国寻一张矫治丛弊之药方。然则纸上得来终觉浅，今乘战胜之威，游历木铎振鸣之盛区，毋亦快意人生耶哉！

所乘横滨丸号乃民国五年二月启超潜渡香港者，汽炉暗室，正当年草檄之地，今也物是人非，不免感慨系之，颇类白头宫女谈天宝。而此次舟行之乐，殆为畴昔所从未尝有，悠悠万事尽抛诸逝水，唯日日与天光海色相对，或诵习法文，或泛览东籍，或羿棋打球，或廓谈文学，恣情所适，飘飘然有桃花尘外之想。

民国八年一月十四日舣舟锡兰岛。

锡兰本名楞伽，即今斯里兰卡是也。明永乐中，郑和往游，其酋不施敬礼，吾师俘之，改置新君，自是以往，乃供苞茅于中国。今踵武前贤，启超杂感于心，既乃长歌以纪之：

> 须弥之南铁围东，一岛盘礴重溟中。
>
> 平分四序但夏令，吐纳三面皆雄风。
>
> 千年聚族有大长，在昔于我为附庸。
>
> 其俗虽儳亦未恶，颇有礼让扶屯蒙。
>
> 绣文彩栋与画壁，遗迹随分能丰容。
>
> 尔来海通四百岁，螳雀递夺更三雄。
>
> 城下盟成社终屋，虚号并靳山阳公。
>
> 剥肤方兴陨周惧，恤属遑问存邢功。[1]

岛上峰峦海拔几千尺，其至高者如方城，有佛迹存焉，传云我佛世尊尝三数莅于斯，为众生阐发性理，说成楞伽大经。启超心想往之，径驱车欲一行展谒。途中所寓目者，椰槟漫山，绿树合谷，藤蔓偃蹇，

---

[1] 《楞伽岛》选片，汪松涛编注、梁鉴江审订《梁启超诗词全注》，广东高等教育出版社1998年版，第447页。

高花如血，其尤觉可人处，乃路遇乡女，肤其黝泽可鉴兮，翠袖殷勤以劝饮。启超深为之动，乃口占一绝："戴盆姹女黑可鉴，缭树高花红欲然。处处榕荫堪憩马，家家椰树不论钱。"①

山中潴水，曰坎第湖，襟宫带寺，丽影摇曳，恍如仙境，启超、百里等联步绕湖一匝，看银轮浴波，感丛祠流韵，吊荒殿幽魂，顿生望峰窥谷之心。而程期煎迫，迄昱日，匆匆告别湖山蒸云，启超流连踟蹰，奈何终以诗留别云：

> 我行所涉忽万里，此地昔游垂念年。
>
> 残腊别留秋半月，梯山来看水中天。
>
> 夜回兰棹餐湖渌，晓鞁芒鞋踏岭烟。
>
> 一半句留容我否？梦云回首转茫然。②

重上征路，行行有日，当舟抵法国时，巴黎和会开幕已届期月，启超速即以中国在野名人身份展开民间外交活动，先后会见美国总统威尔逊及英法代表、党派领袖、社会名流，吁请其支持中国收回德在山东之权益。

讵料时事险恶，过于太行孟门之巉绝。

启超于此间闻知，中日之间竟有一纸密约，谓承认日本为德国在山东权益之合法继承者。启超愤激之余，立电国内汪大燮、林长民，详告情实："查自日本占据胶济铁路，数年以来，中国纯取抗议方针，以不承认日本承继德国权利为根本。去年九月，德军垂败，政府究何用意，乃于此时对日换文订约以自缚。此种密约有背威氏（指美国总

---

① 诗题为"楞伽岛山行即目"，梁启超《欧游心影录》，商务印书馆2014年版，第64页。

② 诗题为"夜宿坎第湖"，梁启超《欧游心影录》，商务印书馆2014年版，第64页。

统威尔逊）十四条宗旨，可望取消。尚乞政府勿再授人口实，不然，千载一时良会，不啻为一二订约之人所坏，实堪怵惜。"① 汪、林二人得讯，无任痛愤，立即联合张謇、熊希龄、范源濂、王宠惠、庄蕴宽等人，组成国民外交协会，监督政府，声援巴黎，庶几有所转圜。

巴黎和会实为战后列强重新瓜分殖民地及划分势力范围之分赃会，于弱国之要求无与焉。基于此，日使挟密约以自重，并撺掇他国以逞其谋，果使和会最终决定，将德国原在山东权益全部让与日本。启超悲愤竭极，火速飞电外交委员会："汪林两总长转外交协会：对德国事闻将以青岛直接交还，因日使力争结果，英、法为所动。吾若认此，不啻加绳自缚。请警告政府及国民，严责各全权，万勿署名，以示决心。"②

林君长民接电，即撰《外交警报敬告国人》，震聋以呼："亡国无日，愿合四万万民众，誓死图之。"③ 文载五月二日北京《晨报》，俨若爝火投诸焦油，北京各大学，青青子衿其奚能安堵如故，纷纷走上街头游行抗议，斯之为史乘所揄扬曰"五四运动"！

凡尔赛和约丧权辱国，而北京政府一意孤行，曾不略所顾忌，仍训令中国代表签字。消息传出，举国同愤。启超急为谋于留法学生，誓将沮之。

迄六月二十八日和会欲行签字，中国学生及留法工人包围陆使驻地，警之曰，如敢出门，当扑杀不贷。陆征祥等瑟缩馆内，不得已发声明于报界，拒签和约。日本图我山东之阴谋终致破产。

----

① 《致汪大燮、林长民电》，载1919年3月22日《晨报》，夏晓虹辑《饮冰室合集·集外文》（中册），北京大学出版社2005年版，第811页。

② 《致汪大燮、林长民转国民外交协会电》，载1919年5月2日《晨报》，夏晓虹辑《饮冰室合集·集外文》（中册），北京大学出版社2005年版，第818页。

③ 转引自董方奎《旷世奇才梁启超》，武汉出版社1997年版，第212页。

巴黎和会落幕，启超以私人之身，躬与其事，保全国格，不辱使命。

已哉！俱往矣！

嗣后，启超一行对英国、法国、比利时、荷兰、瑞士、意大利、德国等欧洲诸国二十余城市实地考察，时越半年之久，谓若感受，其与仲弟书云："数月以来，晤种种性质差别之人，闻种种派别错综之论，睹种种利害冲突之事，炫以范象通神之图画雕刻，摩以回肠荡气之诗歌音乐，环以恢诡葱郁之社会状态，饫以雄伟矫变之天然风景，以吾之天性富于情感，而志不懈于向上，弟试思之，其感受刺激，宜何如者？吾自觉吾之意境，日在酝酿发酵中，吾之灵府必将起一绝大之革命。"①

诚哉斯言！启超夙志于泰西文明，然则綦履之所践，耳目之所接，殆金人石像亦不能不为所动，残垣断壁，蔓草荒烟，哪堪忆旧京繁华车水马龙？贫窭饥馑，物用匮乏，谁人期王谢堂前钟鸣鼎食？罢工潮此起彼伏，劳资争你死我活，科学梦碎，文明毁弃，悲世界末日，其愁情如瘴云塞天，其哀绪如疾风靡草。战后之西方，十月革命后之欧洲，方将伫引新思想为之救赎。

启超述云，自蹑足欧陆，各种悲观论调梦若秋蓬，洋洋盈耳，曾有美国知名记者与谈。"他问我：'你回到中国干什么事，是否要把西洋文明带些回去？'我说：'这个自然。'他叹一口气说：'唉！可怜！，西洋文明已经破产了。'我问他：'你回到美国却干什么？'他说：'我回去就关起大门老等，等你们把中国文明输进来救拔我们。'我初听见这种话，还当他是有心奚落我。后来到处听惯了，才知道他们许多先

---

① 民国八年六月九日《与仲弟书》，丁文江、赵丰田编《梁启超年谱长编》，上海人民出版社 2009 年版，第 566—567 页。

觉之士，着实怀抱无限忧危。"①

无独有偶，当启超与法国社会党诸名士畅叙，语及孔子"四海之内皆兄弟""不患寡而患不均"，墨子之"兼爱""非攻"，座中人距跃，群起而诘之，谓何宝藏之深，不分享于世界万国？启超感叹："近来西洋学者，许多都想输入些东方文明，令他们得些调剂。我仔细想来，我们实在有这个资格。何以故呢？从前西洋文明，总不免将理想实际分为两橛，唯心唯物，各走极端。宗教家偏重来生，唯心派哲学高谈玄妙，离人生问题，都是很远。科学一个反动，唯物派席卷天下。"② 而唯吾先秦孔、老、墨三圣，虽学派迥殊，理想实用二而为一，洵称同概，于兹探赜索隐，"我想不知有多少境界可以辟得出来哩"③。

民国九年三月初，启超归自欧西，成《欧游心影录》，论者多以此为梁任公人生分携之标志，诚耶哉！自兹以往，启超挥别政治，拂逆西风，潜心讲学与著述，成《清代学术概论》《老子哲学》《墨经校释》《墨子学案》《孔子学案》《老墨孔以后学派概观》《中国佛学史稿》《作文教学法》《国学入门书要目及其读法》《中国历史研究法》《中国近三百年学术史》等。

启超于《先秦政治思想史》发明微义之余，不忘教勉时学晚进："今之少年，喜谤前辈，或撷拾欧美学说之一鳞一爪，以为抨击之资，动则诬其祖，曰昔之人无闻知。嘻！何其伤于日月乎，多见其不知量也。"④ 此亦当可搦管而窥启超思想之转变耳！

---

① 梁启超：《欧游心影录》，商务印书馆 2014 年版，第 22 页。
② 同上书，第 50 页。
③ 梁启超：《欧游心影录》，商务印书馆 2014 年版，第 50 页。
④ 《饮冰室合集·专集》之五十，第一八二页；中华书局 2015 年版，第 7836 页。

三十六　1926年·月白

　　五四运动以降，北京方面涌现整理国故浪潮，启超兢兢孜孜，仰鉴遗籍，驰心古人，翰墨所及，成就卓然。视之同时代人，除章太炎师生有所不慊外，若胡适①、梁漱溟②、陈垣③、丁文江等诸君皆宗尚之。学界率谓，太炎、启超可分称南北泰斗。

　　民国十二年，北京大学成立国学研究所，胡适职其事。阅二年，清华桴鼓以应，设国学研究院，胡适为荐梁启超、王国维④做导师，

---

　　① 胡适（1891—1962），原名嗣穈，学名洪骍，字希疆，笔名胡适，字适之，安徽绩溪人。19 岁考取庚子赔款官费生，留学美国，师从哲学家约翰·杜威，1917 年夏回国，受聘为北京大学教授。1918 年加入《新青年》编辑部，大力提倡白话文，宣扬个性解放、思想自由，与陈独秀同为新文化运动领袖。
　　② 梁漱溟（1893—1988），蒙古族，原名焕鼎，字寿铭，曾用笔名寿名、瘦民、漱溟，后以漱溟行世，原籍广西桂林，生于北京，曾任教于北京大学。存有《中国文化要义》《东西文化及其哲学》《唯识述义》《中国人》《读书与做人》与《人心与人生》等。
　　③ 陈垣（1880—1971），字援庵，又字圆庵，广东新会人。曾任国立北京大学、北平师范大学、辅仁大学教授、导师。1926—1952 年，任辅仁大学校长。1952—1971 年，任北京师范大学校长。1949 年以前，他还担任过京师图书馆馆长、故宫博物院图书馆馆长。1949 年后，任中国科学院历史研究所第二所所长。与陈寅恪并称为"史学二陈"，二陈又与吕思勉、钱穆并称为"史学四大家"。
　　④ 王国维（1877—1927），初名国桢，字静安，亦字伯隅，初号礼堂，晚号观堂，又号永观，谥忠悫，浙江海宁人。从逊帝溥仪为南书房行走。1924 年冬天，冯玉祥发动北京政变，逐溥仪出宫，王国维引为奇耻大辱，愤而与罗振玉等前清遗老相约投金水河殉清，因阻于家人而未果。后入清华讲授《古史新证》《说文》《尚书》等课程。留有《人间词话》《曲录》《观堂集林》等。

继又增聘陈寅恪①、赵元任②、李济③，奎壁辉耀，一时有鹅湖鹿洞之遗风。

启超住清华北院教员公寓第二号，方其时，条件之艰苦，稍窥其家书，可见一斑："我独自一人住着不便极了。昨天大伤风（连夜不甚睡得着），有点发烧，想洗热水澡也没有，找如意油、甘露茶也没有，颇觉狼狈。"④ 斯为陋室，启超乃索弟启勋所藏书画数端，以补素壁。中有《墨荷图》，启超颇喜之并集绝句题其上：

> 月白风清欲堕时，露如微霰下前池。
>
> 菱舟已过歌声远，摇动青芦一两枝。⑤

其画清新于前，其诗亦俊逸于后，然则凋零、惨淡，不啻为弦外之音、韵外之致，更不堪悬想，若视之为符谶，果将应验于后来人事！

启超入驻清华，主讲儒家哲学、历史研究法、荀子、王阳明，又为大学部授中国文化史，同时为燕京大学开古书真伪及年代一课。

---

① 陈寅恪（1890—1969），字鹤寿，江西修水人。其父陈三立是"清末四公子"之一、著名诗人。祖父陈宝箴，曾任湖南巡抚。因其身出名门，而又学识过人，在清华任教时被称作公子之公子、教授之教授。著有《隋唐制度渊源略论稿》《唐代政治史述论稿》《元白诗笺证稿》《金明馆丛稿》《柳如是别传》《寒柳堂记梦》等。

② 赵元任（1892—1982），字宣仲，又字宜重，江苏武进（今常州）人。清著名诗人赵翼（瓯北）后人。先后任教于美国康乃尔大学、哈佛大学、中国清华大学、中央研究院史语所、美国夏威夷大学、耶鲁大学、哈佛大学、密歇根大学，后长期任教于加州大学伯克利分校并在伯克利退休。被誉为中国现代语言学之父、中国现代音乐学先驱。语言学方面代表作有《现代吴语的研究》《中国话的文法》《国语留声片课本》等。音乐代表作有：《教我如何不想她》《海韵》《厦门大学校歌》等。翻译代表作有《阿丽思漫游奇境记》。

③ 李济（1896—1979），字受之，后改济之，湖北钟祥人。被称为中国考古学之父。代表作有《西阴村史前遗存》《李济考古学论文集》等。

④ 民国十四年九月十三日《给孩子们书》，林洙编《梁启超家书》，中国青年出版社2013年版，第86页。

⑤ 诗题为"集句题甘白石画轴"，汪松涛编注、梁鉴江审订《梁启超诗词全注》，广东高等教育出版社1998年版，第468页。

先是，启超既屡莅清华做演讲，亲炙謦欬者多有忆述，若梁实秋①即有追记云：梁先生博闻强记，辄于讲稿之外，随时征引背诵，咏至酣畅处，偶有濡滞，先生即敲头自求，反复如是，泪脑电复通如流，则师生又皆大欢喜。每溺于史事，耽于情义，往往手之舞之足之蹈之，或掩面，或顿足，或大笑，或太息，宣悲情则泪下涟涟，恣狂喜则一任涕泗交流。听受者无不为所动焉。

启超劬劳于讲学与著述，兴味勃焉。或谓任公年望花甲，宜稍珍摄，可毋昕夕与书蠹争竞，启超曰：假吾十年读史，可无大过矣，苟其不然，鞠躬尽瘁以死，亦复何憾！乃其一生用力最专、治学最勤、写作最富、成果最丰，殆称此时。

而方当老骥伏枥，将酬志于千里之际，阃外忽传噩耗，谓郭松龄②反奉，林长民与其役失败亡身。启超闻之，不胜悲悼。林君向与启超丽泽合簪，又有儿女亲家之谊，天之降祸于彼躬，似及己身。宗孟后事尚未告讫，启超便血病发，入北京德国医院。阖家震骇。

然兹病之生也，其来有自。

启超以才华早熟受知于尚书李端棻，并仰迎其堂妹李蕙仙为妻，启超《悼启》记云："启超故贫，濒海乡居，世代耕且读，数亩薄田，举家躬耘，获以为恒。夫人以宦族嫔炎乡一农家子。"③ 感荷之心，溯

---

① 梁实秋（1903—1987），原名梁治华，笔名子佳、秋郎、程淑等，浙江杭县（今余杭）人。1915年考入清华学校，在该校高等科求学期间开始写作。一生为中国文坛留下两千多万字著作，诸如《雅舍小品》《槐园梦忆》《英国文学史》《莎士比亚全集》（译作）等。

② 郭松龄（1883—1925），字茂宸，辽宁沈阳人。1910年加入同盟会，曾为张学良教官，奉军著名爱国将领。历任张作霖麾下第二团团长、第八旅旅长、第三军副军长、津榆驻军司令部副司令，在与段祺瑞、曹锟、吴佩孚作战中取得军功。1925年，郭松龄在冯玉祥支持下起兵反张，后兵败被俘处决。

③ 梁启超：《悼启》，《饮冰室合集·文集》之四十四（上），第二四页；中华书局2015年版，第4276页。

于结缡时也。而方当戊戌亡命，又蒙夫人从兄馈赆二百金，始得创横滨《清议报》，延爝火于将绝。李尚书株连受辱，谪迁新疆，启超惭恧无已，乃更移恩于蕙仙，数十年蓬转萍漂，夫妻相敬如宾。及妻逝，启超深着孝服，自北京西城回回营步行之宣武城外法源寺回灵，涕泪泫然，亦足见伉俪情深，老而弥笃。"丧事初了，爱子远行①，中间还夹着群盗相噬。变乱如麻，风雪蔽天，生人道尽，块然独坐，几不知人间何世。"② 启超丧妻痛深，遂致便血，唯不愿以此增家人累，秘不告人，竟成顽疾。

德医化验血尿，并未发现异质，乃疑病灶或伏肾与膀胱，旋即施以手术探源，终未得其究竟，出院就中医，亦不见效。启超自解曰："其实我这病一点苦痛也没有，精神体气一切如常，只要小便时闭着眼睛不看，便什么事都没有，我觉得殊无理会之必要。"③ 而朋辈若丁在君等执意改入协和医院诊疗，尔乃从命就之。几经检查，谓右肾有黑点，即便血之所出者，须割治。"任公向来笃信科学，其治学之道，亦无不以科学方法从事研究，故对西洋医学向极笃信，毅然一任协和处治。其友人中有劝其赴欧美就名医诊治者；有劝其不必割治，辞却一切事务专心调养者；有劝其别延中医，谓有某人亦同患此病，曾服某中医之药而见痊者，众论纷歧，莫衷一是。而任公笑曰：'协和为东方设备最完全之医院，余即信任之，不必多疑。'"④ 及右肾割，便血不瘳，始知手术之乖误，医生黔穷，唯嘱静养而已。自是以往，便血之

---

① 指梁思成、梁思永赴美留学。
② 民国十三年十二月三日北京晨报所载《苦痛中的小玩意儿》，《饮冰室合集·文集》之四十五（上），第一一三页；中华书局 2015 年版，第 4493 页。
③ 民国十五年二月九日《给孩子们书》，林洙编《梁启超家书》，中国青年出版社 2013 年版，第 102 页。
④ 梁启勋：《病床日记》，夏晓虹编《追忆梁启超》，中国广播电视出版社 1997 年版，第 428 页。

多寡，辄视工作之劳逸、情绪之簸荡而定。

民国十六年三月八日，康师有为七十初度，启超偕同门诸子亲往沪上庆祝，撰寿文一篇，寿联一副，其联曰："述先圣之玄意，整百家之不齐，入此岁来已七十矣。奉觞豆于国叟，致欢忻于春酒，亲授业者盖三千焉。"① 师徒熙熙融融，其乐只且，若夙无间焉。讵知，未阅月，于三十一日，南海先生驾鹤，启超汍澜怆悼："祝宗祈死，老眼久枯，翻幸生也有涯，幸免睹全国陆沉鱼烂之惨。西狩获麟，微言遽绝，正恐天之将丧，不仅动吾党山颓木坏之悲。"② 回首往事，万木草堂之钟鼓悠鸣铮铮然在耳，公车上书之众生激愤历历然在目，戊戌政变之生离死别凄凄然在膺，而世事幻变，谁或能亿。其致令娴书云："他身后萧条得万分可怜，我得着电报，赶紧电汇几百块钱去，才能草草成殓哩。我打算替希哲③送奠敬百元。你们虽穷，但借贷典当，还有法可想。希哲受南海先生提携之恩最早，总应该尽一点心，谅来你们一定同意。"④ 乃公祭于京畿先哲祠，挽其懋功。

然则祸不独行，常验之于人事。

未及三阅月，王国维投湖。时静安先生不慊于时局，复闻两湖学者叶德辉、王葆心⑤死于非命，慨然遗世云："五十之年只欠一死。"乃效屈子沉渊，一瞑绝尘。清华研究院学生若失怙恃，咸稽颡痛哭，启超亦不胜怆怛，宿恙复萌："我一个月来旧病发得颇厉害，约莫四十

---

① 丁文江、赵丰田编：《梁启超年谱长编》，上海人民出版社2009年版，第725页。
② 同上。
③ 梁思顺丈夫。
④ 民国十六年四月十九日《致思顺书》，林洙编《梁启超家书》，中国青年出版社2013年版，第162页。
⑤ 王葆心（1867—1944），字季芗，号晦堂，湖北罗田人。民国时期历任湖北革命实录馆总纂、武昌师范大学教授、武汉大学教授；其间兼任湖北国学馆馆长、湖北通志馆筹备处主任、《湖北通志》总纂。其死于非命为谬传误信。

余天没有停止。原因在学校暑期前批阅学生成绩太劳，王静安事变又未免大受刺激。"①

　　所不幸者，启超便血病时好时坏，身体日渐孱羸，每殚思劬勤，或动感情，病必转剧，辄便塞数十小时，疼痛难忍。家人朋辈苦谏其节劳，而启超学问欲太强，时有所兴作，不能绝对禁止。方其时，启超撰《辛稼轩年谱》，未成而痔发，入协和医治，不及瘥，因搜得辛稼轩材料数种若《信州府志》等，即狂喜携书力疾返津寓，一面遵医嘱续服泻油，一面侧身而坐勉力于年谱之著述。如是者三日，编至稼轩六十一岁，启超一字一顿书其事："朱熹殁，伪学禁方严，门生故旧至无送葬者，弃疾为文往哭之。"② 录稼轩《祭朱晦庵文》乱辞云："所不朽者，垂万世名，孰谓公死，凛凛犹生。"③ 启超凭衰绝之身吐最后一缕蚕丝，垂最后一滴蜡泪，终以力不能支，绵惙卧床，自此遂不起矣。时在民国十七年十月十二日。

　　启超尝谓，战士死于沙场，学者死于讲座，"方在清华、燕京讲学，未尝辞劳，乃至病笃仍不忘著述，身验斯言，悲哉！"④

　　民国十八年一月十九日，梁君启超于欻忽之顷，赍志九泉。

　　于嗟徂兮，天疾英贤，人间世将何堪其酷虐！

　　清华研究院同学会哭任公云："忽见沧江晚，冥冥何所之。京尘吹日落，园树助群悲。忧国死未已，新民志可期。平生心力在，回首泪丝垂。""独挽神州厄，一言天下惊。此身终报国，何意计勋名。正气

　　① 民国十六年六月十五日《给孩子们书》，林洙编《梁启超家书》，中国青年出版社2013年版，第172页。
　　② 转引自董方奎《旷世奇才梁启超》，武汉出版社1997年版，第265页。
　　③ 同上。
　　④ 梁思成等：《梁任公得病逝世经过》，夏晓虹编《追忆梁启超》，中国广播电视出版社1997年版，第431页。

永不死，宏篇老更成。西山能入座，已是百年情。"①

熊希龄哀挽云："十余年患难交深，有同骨肉，舍时去何先，著书未完难瞑目；数小时行程迟误，莫接声容，悲余来已晚，抚棺一痛更伤心。"②

蔡元培轸悼为联云："保障共和，应与松坡同不朽；宣传欧化，宁辞五就比阿衡。"③

孙宝琦歌哭之："一生悔作文章伯，九死甘为党籍人。绝代芬芳恊兰芷，旧时踪迹盛松筠。饮冰尽足酬朝夕，磨盾常令泣鬼神。密疏表忠吾不用，河山残泪痛金轮。……澥上当年杜寄笺，鬓毛何惜见桑田。兼旬枕簟知何疾，一恸高兰苦自煎。感旧倍伤予季逝，埋优更为阿师怜。真教戊戌风流尽，老眼苍凉哭逝川。"④

丁文江创痛巨深而为奠："生我者父母，知我者鲍子；在地为河岳，在天为日星。"⑤

章太炎恻怆至极，伤怀无已而属语云："进退上下，或跃在渊，以师长责言，匡复深心姑屈己；恢诡谲怪，道通为一，逮枭雄僭制，共和再造赖斯人。"⑥

杨度惺惺然惜之而幽咽："事业本寻常，成固欣然，败亦可喜；文章久零落，人皆欲杀，我独怜才。"⑦

---

① 李喜所、元青：《梁启超传》，人民出版社 2010 年版，第 550 页。
② 丁丑：《梁任公死时各方挽联忆述》，夏晓虹编《追忆梁启超》，中国广播电视出版社 1997 年版，第 437 页。
③ 李喜所、元青：《梁启超传》，人民出版社 2010 年版，第 550 页。
④ 《北平公祭梁任公先生情状志略》梁任公先生纪念号，天津《益世报》春季增刊之一，丁文江、赵丰田编《梁启超年谱长编》，上海人民出版社 2009 年版，第 776 页。
⑤ 丁丑：《梁任公死时各方挽联忆述》，见夏晓虹编《追忆梁启超》，中国广播电视出版社 1997 年版，第 438 页。
⑥ 同上书，第 442—443 页。
⑦ 同上书，第 444 页。

斯人长往，时学晚进品骘人物评章事件不胜枚举，兹姑引王文濡①者，其称述梁氏之文字，或可稍窥一管："任公逝矣。综论一生，以龙卧虎跳之才，建震天动地之业，不凝滞于己见、物见，而权衡在心，屈信因时，随大势为转移变化焉，发挥焉，以尽其务而底于成。故其始也，变法蒙难，任维新之先觉；其继也，倒袁讨张，成革命之元勋。指挥若定，大功不居，退隐析津，杜门著述，雅怀高致，操、莽之军阀曾不得而污之焉。文学虽其余事，而整理国故，扶大雅之轮，扬抑古人，秉阳秋之笔。《饮冰》一集，万本万遍，传诵国人，雅俗同赏，得其余沥以弋鸿名而张骚坛者，比比皆是也。痛斯人之难再，嗟举世之皆瘖！"②

任公生前亦有剀切自评，谓："启超之在思想界，其破坏力确不小，而建设则未有闻。晚清思想界之粗率浅薄，启超与有罪焉。启超常称佛说谓：'未能自度，而先度人，是为菩萨发心。'故其生平著作极多，皆随有所见随即发表。彼尝言：我读到'性本善'，则教人以'人之初'而已，殊不思'性相近'以下尚未读通，恐并'人之初'一句亦不能解，以此教人，安见其不为误人？启超平素主张谓：须将世界学说为限制的尽量输入，斯固然矣；然必所输入者，确为该思想之本来面目，又必具其条理本末，始能供国人切实研究之资。此其事非多数人专门分担不能。启超务广而荒，每一学稍涉其樊，便加论列；故其所述著，多模糊影响笼统之谈，甚者纯然错误；及其自发现而自

---

① 王文濡（1867—1935），原名王承治，字均卿，别号学界闲民、天壤王郎、吴门老均、新旧废物等，室名辛壬簃，浙江吴兴（今湖州市）人。商务印书馆、中华书局、大东书局、文明书局、进步书局、鸿文书局、乐群书局及国学扶轮社编辑、总编辑。编著有《国朝文汇》200卷、《续古文观止》、《明清八大家文钞》等。

② 王文濡挽梁任公八联自序，丁文江、赵丰田编《梁启超年谱长编》，上海人民出版社2009年版，第778页。

谋矫正，则已前后矛盾矣。平心论之，以二十年前思想界之闭塞萎靡，非用此种鲁莽疏阔手段，不能烈山泽以辟新局，就此点论梁启超可谓新思想界之陈涉。虽然国人所责望于启超者不止此，以其人本身之魄力及其三十年历史上所积之资格，实应为我新思想界力图缔造一开国规模；若此人而长此以自终，则在中国文化史上不能不为一大损失也。"①

追念斯人，其自知之明自责之严，视之同侪先辈及后进，其庶几能及之者鲜矣！

噫吁嚱！危乎高哉！

---

① 梁启超：《清代学术概论》，上海古籍出版社 1998 年版，第 89 页。

梁启超诗作年谱

1894 年（光绪二十年）

《寄夏穗卿》，附于本年作者《与穗卿足下书》，感愤时局之作。

《寄穰公同年》，附于本年作者《与穰公同年书》，反映作者广求同志，开倡风气之热忱。

《甲午为仲弟书扇》（残句），抒万事蹉跎之慨。

1895 年（光绪二十一年）

《与江孝通联句》（二首），为燕游诗，隐含对时局之忧伤。

1896 年（光绪二十二年）

《上海遇雪寄蕙仙》，对爱妻寄寓思念。

《寄内四首》，抒写夫妻情深。

1897 年（光绪二十三年）

《七律》，载于《汗漫录》中，拟己与谭嗣同、夏观云为"三蛙"，此亦好用典之明证。

1898 年（光绪二十四年）

《去国行》，作于百日维新宣告失败，去国赴日途中，仇怨交作，百感咸集。

1899 年（光绪二十五年）

《游箱根浴温泉作》，流露出乡心玉关之游子情思。

《羯南湖村招饮上野之莺亭，以诗为令，强成一章》，借景抒情，凭吊历史，忧伤故国。

《雷庵行》（赠湖村小隐），表达作者与日人湖村间之真挚友情。诗风奇丽雄肆。

《游春杂感》（四首），表达作者亡命日本内心之索漠与对故乡之怀念。

《读陆放翁集》（四首），仰希陆游，抒不屈之志。

《壮别二十六首》，组诗作于离别东京及往檀香山途中。内容包括别师友、论思潮、明志节、述壮怀等。

《舟中作诗呈别南海先生》，作者跋语云："此为吾上南海先生书简末裁出者。"诗作流露励志以酬圣主之意。

《太平洋遇雨》，境界宽广，豪情溢露。

《二十世纪太平洋歌》，作于 12 月 25 日至 27 日，距 20 世纪仅数日矣，处此世纪更迭之时，又置身于东西两半球、新旧大陆连接处，作者感慨系之，乃纵论古今天下。

《纪事二十四首》，充满对红颜知己何蕙珍敬慕之情。

1900 年（光绪二十六年）

《留别梁任南汉挪路卢》（四首），描述了作者与檀香山爱国华侨梁任南之间深挚情谊。

《东归感怀》，作于檀香山归国之时，抒发作者壮志未酬岁月蹉跎之愤郁情感。

《刘荆州》，隐讥张之洞镇压自立军起义。

《奉酬星洲寓公见怀一首，次原韵》，赞美新加坡著名侨领丘菽园侠肝义胆、品格高洁。

《书感四首，寄星洲寓公，仍用前韵》，表达对后党之痛恨和拯救国家之期愿。

《次韵酬星洲寓公见怀二首，并示邃庵》，作于赴新加坡之前，抒发作者投荒去国功业未就之悲哀。

1901 年（光绪二十七年）

《铁血》，深切怀念自立军牺牲同志。

《广诗中八贤歌》（八首），评骘蒋观云、宋恕、章太炎、陈三立、严复、曾广钧、丁惠康、吴保初八人人品及诗歌特色。

《赠别郑秋蕃，兼谢惠画》，作于离开澳洲返回日本之前，对侨居澳洲之郑秋蕃多所赞颂。

《留别澳洲诸同志六首》，为留别澳洲保皇会诸友而作。

《和吴济川赠行，即用其韵》（四首），表达卧薪尝胆，誓起民权之意。

《将去澳洲留别陈寿》（二首），热情称扬澳洲保皇会员陈寿之爱国热肠。

《澳亚归舟杂兴》（四首），作于离澳经菲律宾返日途中，抒写舟行感受。

《澳亚归舟赠小畔四郎》，借佛理探究社会，表达宏愿。

《志未酬》，心系民生，志在天下，自强不息。

《自励二首》，虽履挫折，却不馁其志。

《举国皆我敌》，为励志之作，有舍我其谁之概。

《闻琉球故王尚泰卒于日本东京，口占一绝》，抒琉球亡国之痛。

《秋夜》，作于李鸿章与日签订《辛丑条约》时，百忧感其心。

1902 年（光绪二十八年）

《楚卿至自上海，小集旋别，赋赠》（二首），抒相濡之情，劝奋励之志。

《环翠楼观雪二绝句》，行旅无定，不见雪久之。

《自题影像赠观云》，为结识蒋观云前所赠诗。

《自题〈新中国未来记〉》（二首），表现作者自负、自信和怨望之情。

《爱国歌四章》，是为歌词，文字浅近，句式自由，节奏明快。

《题〈东欧女豪杰〉，代羽衣女士》（二首），抒写奇情女子高洁胸怀。

1903 年（光绪二十九年）

《癸卯初度》，感喟漂泊生涯。

《车行落机山中口占》，作者旅美洲，四月三日行经落机（基）山，感层峰积雪。

《游波士顿居民抛弃英茶处，口占一绝》，作者记云："斯事与林文忠在广东焚毁英人鸦片绝相类。而美国以此役得十三省之独立，而吾中国以彼役启五口之通商，则岂事之有幸有不幸耶？毋亦国民实力强弱悬绝之为之也。"

《奔勾山战场怀古》，追念省思波士顿民兵与英驻防兵之交绥。

《游华盛顿纪念碑》，怀古感时之作。

《美国国庆，成诗二章》，羡他人之国，兀自惭怍哀怨。

《由先丝拿打至纽柯连道中口占》，状其炎热。

《游芝加高华盛顿公园》，燕游之作。

《挽谭锦镛二章》，叹国权堕落。

《咏落机山温泉》（三首），有窥谷忘返之意。

《大同同学录题辞四十韵》，作于美洲之行归来，维新会诸同志开欢迎会于大同学校之时，称扬大同育人之绩，勉励大同同学勿忘故国兴亡之责。

1904 年（光绪三十年）

《七律》，作于由日本赴香港参加保皇大会途中，表现作者奔波于国家之志意。

《句》，赞美"我祖国意态之雄绝"。

《黄帝歌四章》，是为歌词，颂扬巍巍我祖。

《结业式四章》，是为歌词，洋溢着爱国主义精神与民族自豪感。

1905 年（光绪三十一年）

《从军乐十二章》，是为歌词，大倡好男儿志四方。

《解嘲二绝句》，自纾将龚定庵诗误为谭浏阳之窘状。

1906 年（光绪三十二年）

《送长绶卿归国》，诉依依别情。

1907 年（光绪三十三年）

《联句寄怀蜕庵，次韩孟同宿联句》，摩写穷愁。

《荷庵携妇东渡将至，喜赋，次韩孟会合联句韵，与若海联句》，有林下之想。

《次韵酬蜕庵见寄》（二首），哀叹师友濡沫，国之无人。

《既雨》，康有为评此诗："沉郁舒卷，飞行绝迹，此为极轨。"

《送土尔扈特王归国》（二首），寄寓作者对土尔扈特亲王登坛共尊之期望。

《送徐良游学美洲》（二首），述通家友好，期勉名山后贤。

《毅安弟乞书》，忧苍生苦艰，吾道安适。

《效昌黎〈双鸟〉诗，赠杨晳子》，以寓言形式期与杨度消弭分歧，共图大业。

1908 年（光绪三十四年）

《须磨寺访梅》，半伤梅花零落，相怜幽独。

《戊申初度》（二首），感亡命东渡，忽忽十年。

《枕上作》，苍茫意，寂寞思，尽显萧索意态。

《春朝漫句》（四首），写春日生活小景，隐约可见内心凄凉惆怅。

《寄怀仲策弟美洲》（二首），作者题记云："诗学宋，颇伤甜滑。但时俗劣，复览颜恶。"

《子刚自哈尔滨归上海，寄诗问讯》，期同门缮刀而藏。

《寄怀若海，即促其东渡，用问讯子刚篇韵》，冀望故人毋使憔悴忧伤，损飞扬跋扈之雄。

《寄怀何翙高外部藻翔》，述年华鸶老，山海相思。

《偶成》,自诵难挥愁魄,唯与书中圣贤共醉醒。

《欲雪》,写兵库须磨村麦氏别庄初冬海边景象。

《腊八小饮》,挥不去深沉乡愁。

《若海自称其书已脱古公役属,要我承为独立国,作诗嘲之》,善意嘲讽,诚非知深者不能言也。

1909 年（宣统元年）

《腊不尽二日遣怀》,作于 1909 年 1 月 19 日,时次光绪三十四年腊月二十八,岁暮残年形单影只,伤离念远,思乡之情油然而生。

《其夕大风雨,彻旦不寐,重有感》,作于 1909 年 1 月 20 日,时次光绪三十四年腊月二十九,佳节来临,独处天涯,忆想旧事,愁上心头。

《元日放晴,二日雨,三日阴霾》,由自然界阴晴反复而联想到国家前途捉摸不定。

《累夜梦仲弟对酌故园湖楼中,唏嘘国事,继以涕泪,旋相将作少时憨嬉状,哀乐无端,不知其何朕也。辄赋二章奉寄》,是为组诗,因梦起兴,写儿时嬉乐状,道今日之困顿窘迫。

《阿庄》,作于次女思庄满周岁,满溢爱女之情。

《次韵孺博寄怀曼宣英伦之作,即赠二君》(三首),称扬麦孟华、麦仲华昆弟坡由各贤。

《瘿公见赠敦煌石室藏唐人写〈维摩诘经·菩萨行品〉一卷,口占奉谢》,诗题又名"谢掞东惠寄唐人写《维摩经》",吉光片羽,故人相饷,亦见朋旧情深。

《调潘山人》,描述潘山人(潘若海)性格,且殷殷寄语。

《晓来》,失意抒怀,有离骚之音。

《独夜》，叹时光如逝水，而长夜漫漫，鬓丝摇扬，不觉忧感于心。

《秋风断藤曲》，为韩烈士安重根纪其事。

《游日本京都岛津制作所，赠所主岛津源藏》，借他山之石，警我国民，学非所用，谬托空言，必致落后。

《自题所藏唐人写〈维摩诘经卷〉，为敦煌石室物，罗癭公见赠者》，谓文物辗转流徙与家国命运。

1910 年（宣统二年）

《荷庵除夕牙痛，作诗调之》，作于 1910 年 2 月 9 日，时次宣统元年除夕，语多诙谐，情趣盎然。

《春阴》，以劲松、寒梅自比。

《隐南见寄人日感怀诗，次韵和之》，作于万寿节，为光绪帝生日，问时事，徒自忉怛恻怆。

《次韵奉酬南海先生六章》，纪述十二年中各自逊荒，结缡以思。

《清明后一日，天气放晴，口占》，为即景而抒欢悦情怀。

《娴儿生日，作诗示之》，勉励并寄托对爱女之期望。

《若海颇思折节治世俗之学，要吾为之诵说，期以半岁，尽吾所有。寄诗坚明约束，且促其来》，对潘若海治学态度提出尖锐批评。

《雪舫中年得一子，甫逾周晬而殇，为诗以塞其哀》，纪侯雪舫为人与经历，并对丧子之痛致以抚慰。

《送门人杨维新入京》（二首），盛扬杨氏才华志节。

《送李耀忠侄归国》，期勉之作，文字简朴，感情真挚。

《幼达同年任神户领事，仅数月受代去，歌以送之》，伤别离也。

《双涛园读书》（六首），状写埋头读书著述。

《中秋前一夕送萧立诚归国》，是为骊歌。

《赠台湾逸民某，兼简其从子》，一名为《赠台湾逸民林献堂兼简其从子幼春》，借林献堂之口，历数日人在台湾之暴政。

《朝鲜哀词五律二十四首》，历数朝鲜沦亡过程和原因。

《赠徐佛苏，即贺其迎妇》，赞颂徐佛苏忧国之心并贺迎妇之喜。

《邹厓以所题吾〈外债平议〉篇一律见寄，依韵奉和，得二首》，有漂泊零落之悲。

《娴儿读吾和邹厓"薪"字韵诗，若讶其数典之奇者，乃更为叠韵八章示之，并写寄邹厓》，写村居生活及对时局感受。

《观娴儿〈读"曲逆侯传"札记〉有感，漫题其后》，感于历史故事。

《须磨寺五咏》，咏物抒怀。

《论才》，感慨才不为世用。

1911 年（宣统三年）

《庚戌岁暮感怀》，作于 1911 年 1 月，岁次宣统二年腊不尽，感怀身世，悲从中来。

《题〈艺蘅馆日记〉第一编》，谈治学心得及经验教训，康有为评曰："可作论学一则，比昌黎《符城南读书》诗谨勖势利过之远矣。"

《人日立春》，满目春愁，悲感丛集。

《元夕》，为忧国怀乡之作。

《十六日志恸》，为祭悼光绪皇帝之作。

《闻英寇云南、俄寇伊犁，感愤成作》，忧愤于山河破碎。

《庚戌秋冬间，因若海纳交于赵尧生侍御，以问诗古文辞，书讯往复，所以进之者良厚，顾羁海外，迄未识面，辄为长谣，以寄遐忆》，对良师益友相望而不能即，深为抱憾。

《辛亥二月二十四日,偕荷庵及女儿令娴乘笠户丸游台湾,二十八日抵鸡笼山,舟中杂兴》（十首），记舟中所见所闻所忆所感。

《台北故城毁矣,留其四门》,抒山河蹂躏之悲。

《三月三日,遗老百余辈设欢迎会于台北故城之荟芳楼,敬赋长句奉谢》（四首），抒发国土沦丧之哀痛。

《拆屋行》,揭露日本殖民统治者之暴行。

《栎社诸贤见招》（四首），文人雅集伤世之作。

《献堂继尊甫兵部公之志,筑莱园以奉重闱太夫人,余游台,馆余于园之五桂楼,敬赋》,借抒游子之情。

《次韵酬林痴仙见赠》,勉励栎社中人建功立业。

《赠林幼春》,高评林幼春人品才气。

《辛亥清明后一日,同荷庵及林痴仙、献堂、幼春、陈槐庭夜宴于雾峰之莱园,女儿令娴侍焉。以"主称会面难,一举累十觞"为韵,分得"难"字、"累"字》（二首），忧伤国运。

《莱园杂咏》（十二首），眷恋祖国,忧伤时局。

《猩猩木》,咏物怀乡。

《相思树》,亦可谓忆江南。

《台湾竹枝词》（十首），歌咏台湾地方风物和男女之情。

《游台湾追怀刘壮肃公》,追念刘铭传抚台之功。

《桂园曲》,述明故宁靖王朱术桂并诸王妃死国事。

《奉怀南海先生星加坡,兼敦请东渡》（三首），康有为评云："沉称切至,又复华妙,唯其情深,是以文明。前后赠我诗,以此为最"。

《得擎一书报蜕庵呕血,其夕大风雨,感喟不寐,披衣走笔,纪诗以讯》,尽显与麦孟华情谊之笃。

《南海先生倦游欧美,载渡日本,同居须磨浦之双涛阁,述旧抒怀，敬呈一百韵》，追忆既往，充满对康师敬仰之情。

《南海先生以漉士金字陵铜佣、舍卫佛讲堂幡、雅典陶尊、邦洟僵石、耶路撒冷群卉图见赠，赋谢》，从文物谈到古国兴衰，感叹岁月流逝，变革维艰。

《若海赋长句二章呈南海先生，先生依韵属和，余亦继声》（二首），乾坤寥落，叹师友若哀鸣鸿鹄。

《连夕与弱庵侍南海先生话国事，叠前韵再呈》（二首），见作者对党人斗争之不安，对政局危机之忧虑，对时代洪流之哀怨。

《三叠均赠若海行》（二首），赠行之作，对前途有所期。

《述归五首》，抒写返国之志愿。康有为评组诗云："超脱而自在，渐近自然，忘古人之蹊径矣。"

《须磨首途口占》，流露踌躇满志之心态。

《归舟见月》，感怀身世。

《舟抵大连望旅顺》，发历史之悲怆。

《由大连夜乘汽车至奉天》，状其迷惘、忐忑。

《由奉天却至大连道中作》，对此行充满惆怅与哀怨。

《奉题南海先生所藏翁覃溪手写〈冯天岩墓志铭〉》，借古抒怀。

《感秋杂诗》（六首），流露出对辛亥革命喜忧参半。

1912 年（民国元年）

《先王父教谕公二十周祭，率妇子遥祭，礼成泣赋》，缅怀祖父。

1913 年（民国二年）

《寿严几道先生》，贺严复六十寿辰。

《瘿公以唐道士索洞玄所书〈本际经〉属题》，约略见出作者对道教沿革及对道家之基本看法。

《癸丑三日，邀群贤修禊万生园，拈〈兰亭序〉分韵得"激"字》，名流雅集，赋诗抒闷。

1914 年（民国三年）

《甲寅上巳，抱存修禊南海子，分韵得"带"字》，自比芳草，惧化萧艾。

《甲寅冬，假馆著书于西郊之清华学校，成〈欧洲战役史论〉，赋示校员及诸生》，对莘莘学子寄寓期勉。

1915 年（民国四年）

《拟复叟先生七十寿》，赞复叟才德。

《寄赵尧生侍御，以诗代书》，述志问讯，洋洋千言，有散文化倾向。

《题庄思缄〈扶桑濯足图〉》（二首），有屏绝世事之念。

《谭伶自绣像作渔翁，乞题》，语涉艺人之品。

《题周养安〈篝灯纺读图〉》，忧文物典籍之传。

《对酒图五章，章八句，为蹇季常题，以"浊""醪""有""妙""理"为韵》，谑语状写蹇季常。

《哭孺博八首》，痛悼亡友。

《祭麦孺博诗》，回顾与麦氏交谊。

《公博藤龛为予作〈紫阳峰图〉，赋谢》，有望峰息心之意。

《周孝怀居忧，以母太夫人事略见诒，敬题其后奉唁》，为劝慰语。

《题姚广孝为中山王画山水卷》，想象驰骋，气势宏阔，却潜关身世，有出尘之意。

《题袁海观尚书所藏冬心画梅》（三首），赞梅。

1919 年（民国八年）

《楞伽岛》，感喟楞伽岛（斯里兰卡）历史变迁。

《楞伽岛山行即目》，述风物也。

《夜宿坎第湖》，湖景之恋也。

《苏彝士河》，吊古之作。

《除夕前二日，横断地中海而西，舟行一来复，〈后汉书·西域传〉中之西海，即其地也》，地中海即景。

《己未正月五日渡直布罗陀海峡，地中海之西极也，南岸与摩洛哥之 Ceuta 相望，海幅仅十三里，旧为西班牙西塞，一七零四年，英人与班人血战三年略取之，班人海权尽矣》，吊古伤怀之作。

《大西洋遇风》，感慨征路险远。

1925 年（民国十四年）

《张润之先生六十双寿诗》，祝寿并述及与张君劢、张嘉璈昆弟之交契。

《寿姚茫父五十》，黄濬《花随人圣庵摭忆》评本诗云："诗排奡诙谐，字字绝妙……直可当茫父小传读。"

1926 年（民国十五年）

《集句题甘白石画轴》，梁启勋于诗后识曰："伯兄居清华园时，向余携取书画数端，以补素壁，为甘白石墨荷一幅，兄集绝句题其上"。

1927 年（民国十六年）

《题越园画双松》，作者附记云："岁怀托兴，忽复成章，用述吾侪所以相爱勉者。"

梁启超年谱简编

1873 年（清同治十二年癸酉）一岁

2 月 23 日（正月二十六）生于广东省新会县熊子乡茶坑村。是年康有为十六岁，孙中山八岁。生一月而祖母黎氏卒。

1876 年（清光绪二年丙子）四岁

从祖父及母亲，始读四书、《诗经》，听祖父颂古豪杰嘉言懿行，习闻宋、明亡国事。弟启勋（仲策）生。

1878 年（清光绪四年戊寅）六岁

始从父读，并就外傅张乙星，受中国略史，五经卒业。

1880 年（清光绪六年庚辰）八岁

学做八股文，能缀千言。父绝意进取，教授乡里。

1882 年（清光绪八年壬午）十岁

年初赴广州应童子试，舟次吟诗惊座，遂有神童之誉。

1883 年（清光绪九年癸未）十一岁

初读张之洞《𫐐轩语》及《书目问答》，深受启发。

1884 年（清光绪十年甲申）十二岁

8 月（农历七月），中法战争爆发。

日治帖括，颇喜辞章，嗜唐诗过于八股。11 月应院试，中秀才。家贫，唯有《史记》《纲鉴易知录》可读。

1885 年（清光绪十一年乙酉）十三岁

始治段玉裁、王念孙训诂学，大好之，渐萌弃帖括之志。从广州吕拔湖学。

1886 年（清光绪十二年丙戌）十四岁

就傅于佛山陈梅坪。

1887 年（清光绪十三年丁亥）十五岁

弟启叶生，母赵氏以难产卒。肄业于广州学海堂，弃帖括，醉心于训诂辞章，并从学于石星巢。

1888 年（清光绪十四年戊子）十六岁

入学海堂为正班生，与麦孟华（孺博）、曾习经（刚甫）等同学。又为菊坡、粤秀、粤华院外生。是年 12 月 10 日，康有为第一次上万言书，请变成法、通下情、慎左右，书未达。

1889年（清光绪十五年己丑）十七岁

3月4日，慈禧太后归政，光绪帝亲政。

9月，应广东乡试，中举人第八名，主考官李端棻赏其才，以堂妹字之。

1890年（清光绪十六年庚寅）十八岁

春，入京会试，不第。道上海，购《瀛环志略》，"始知有五大洲各国"，且见上海制造局所译西书。秋，交学海堂高才生陈千秋（通甫），并因之谒康有为，一见倾心，遂执弟子业。是年初识汪康年。

1891年（清光绪十七年辛卯）十九岁

就学于康有为所设之广州长兴里万木草堂，凡《公羊传》《资治通鉴》《宋元学案》《诸子语类》、佛学以及西书等皆在攻读之列，自云"一生学问之得力，皆在此年"。

闻大同学说。协助校勘《新学伪经考》，分纂《孔子改制考》及《春秋董氏学》。

11月入京，与李蕙仙成婚。

是年始识康广仁（幼博）、曹泰（著伟）；始交夏曾佑。

1892年（清光绪十八年壬辰）二十岁

3月，入京会试，又不第。夏，挈妻南归，仍受业于草堂，购读江南制造局译书及英人傅兰雅辑《格致汇编》等。

是年五弟生，数日而殇；六弟启文生。

1893 年（清光绪十九年癸巳）二十一岁

4 月，长女思顺生。

冬，讲学于东莞。

是年康有为应乡试，中举人第八名，迁讲堂于府学宫仰高祠，以梁启超、陈千秋为学长。

1894 年（清光绪二十年甲午）二十二岁

3 月，挈妻入京寓粉坊琉璃街新会邑馆，读译书，治算学、史地等，与汪康年密切往还，交曾广钧，识张謇。

7 月，中日甲午战起，遂遣妻归宁贵州。11 月返粤。

11 月 24 日，孙中山创立兴中会于夏威夷檀香山。

1895 年（清光绪二十一年乙未）二十三岁

春，与康有为同赴京会试，以试卷被误认为康有为之作，不第。

4 月 17 日，中日签订《马关条约》，康、梁联合各省在京会试举人联名上书，请求拒和、迁都、练兵、变法，未被接受，史称"公车上书"。

8 月，协助康有为创办《中外纪闻》和强学会于北京，后遭清廷封禁。

是年交谭嗣同，识杨锐、陈炽、沈曾植等人。

1896 年（清光绪二十二年丙申）二十四岁

4 月，离京赴沪，初交黄遵宪。

8 月 9 日，《时务报》创刊于上海，梁启超任主笔，发表《变法通议》《论中国积弱由于防弊》等文。

11 月，赴澳门筹办《知新报》。

是年交马良（相伯）、马建忠（眉叔）等，识容闳、严复、章炳麟等。

1897 年（清光绪二十三年丁酉）二十五岁

1 月，自澳门至武昌，拜谒张之洞，张识其才欲罗致幕中，固辞。

7 月，与汪康年、麦孟华在沪创办不缠足会，呼吁妇女解放。

10 月，集股创办大同译书局，出版《经世文新编》等。

11 月，赴长沙就任时务学堂总教习，生徒有蔡锷、林圭等。在长沙初交唐才常、熊希龄等。

1898 年（清光绪二十四年戊戌）二十六岁

2 月，大病绵惙，离湘赴沪就医，初愈，即由康广仁陪护入京，时康有为方开保国会，遂参与赞画奔走。6 月 11 日，光绪帝下诏明定国是，宣布变法。

7 月 3 日，光绪帝召见，命呈《变法通议》，赏六品衔，办理京师大学堂、译书局事务。

9 月 21 日，慈禧太后发动政变，囚禁光绪帝，捕杀谭嗣同、林旭、杨锐、刘光第、康广仁、杨深秀六人，康、梁分途逃往日本。

12 月 23 日，与冯镜如等在日本横滨创刊《清议报》，先后发表《戊戌政变记》部分章节与《爱国论》等。

是年，日本友人宫崎居间调停，欲使康、梁与孙中山等人联合，以康有为拒绝，未果。

1899 年（清光绪二十五年己亥）二十七岁

4 月，送康有为离日赴美洲，旋往箱根学习日文，大量阅读日译西书，思想为之一变。

8 月，得华侨之助，创办东京高等大同学校，并于神户筹办同文学校。

12 月 22 日，离横滨赴檀香山，办理保皇会事务。

是年夏、秋间，与孙中山往来日密，讨论政治、种族、土地诸问题，渐赞成革命，曾磋商两党联合问题，以康有为切责而未果。

1900 年（清光绪二十六年庚子）二十八岁

2 月到 7 月，旅居檀香山，在当地成立保皇会，募集捐款。

7 月，方欲入美，时义和团风暴大起，又汉口自立军起事在即，乃取道日本归国。

8 月 20 日，抵沪，逗留十日。因自立军起事失败，转赴新加坡晤康有为，旋应澳洲保皇会邀请，取道印度游澳洲，居半年，宣传改良，并募款，收效不彰。

1901 年（清光绪二十七年辛丑）二十九岁

5 月，由澳返横滨。

11 月 7 日，李鸿章卒。梁着手撰《中国四十年大事记》（一名《李鸿章》），同时撰著《康南海先生传》等。

12 月 21 日，《清议报》出版一百册后，因火灾停刊。

是年，开办广智书局于沪；始以"饮冰子"自号；长子思成生。

1902 年（清光绪二十八年壬寅）三十岁

2 月 8 日，创刊《新民丛报》，发表《新民说》，认为新民之道首在培养国民公德。22 日，发表《保教非所以尊孔论》，反对思想束缚，与康师保教说大相径庭。同期，《新史学》问世。

11 月 14 日，创刊《新小说》，发表《新中国未来记》。

是年，何擎一（天柱）辑成《饮冰室文集》，梁作序文；又集股创办译书局于横滨，始因函札交蒋智由。

全年著述甚富，如撰成《论中国学术思想变迁之大势》《新史学》等，此外大量介绍西方著名学者如亚里士多德、培根、笛卡尔、达尔文、孟德斯鸠、亚当·斯密、边沁等人之政治学说与文化艺术思想。

1903 年（清光绪二十九年癸卯）三十一岁

3 月 4 日，应美洲保皇会邀请，抵加拿大温哥华，始游北美。

5 月 12 日，抵纽约，联络华人，建立与发展保皇会，募集捐款，考察美国历史与现状，访美国外交部长约翰海、总统罗斯福。

12 月 11 日，美洲游历归返横滨。访美归来后，思想言论丕变，放弃所谓"破坏主义""革命排满"，称"吾自美国来而梦俄罗斯"，"对于国体主维持现状"。

是年，根据美洲游历而成《新大陆游记》。

1904 年（清光绪三十年甲辰）三十二岁

3 月，赴香港参加保皇大会。

4 月，由香港潜入上海，与狄楚青、罗孝高筹划开办《时报》各事。

6月12日,《时报》出版,为之作发刊词。

是年,次子思永生;成政论《中国历史上革命之研究》,学术著作《子墨子学说》等;《国史稿》(即《中国通史》)草二十余万言。居横滨《新民丛报》社期间,白天写作,晚上于大同学校授中国历史,听课者有杨度、廖仲恺等。

1905年(清光绪三十一年乙巳)三十三岁

3月28日,挚友黄遵宪卒,痛悼异常。二人积年函札不下十余万言,自谓"平生风谊兼师友"。

8月20日,中国同盟会成立于东京,举孙中山为总理,发刊《民报》。梁以《新民丛报》为阵地,与革命党展开革命与改良大论战。

秋冬间,为端方等考察宪政五大臣代草考察宪政报告之类奏议,约二十万言。

是年以文字始交徐佛苏。

1906年(清光绪三十二年丙午)三十四岁

1月25日起,在《新民丛报》连续刊发《开明专制论》,主张通过开明专制逐步过渡到君主立宪或民主共和。

春,拟游学欧洲,未果。

9月1日,清政府下诏预备立宪,梁深受鼓舞,以为"从此政治革命问题,可告一段落。此后所当研究者,即在此过渡时代之条理如何"。

10月21日,美洲保皇会欲更名为"国民宪政会",梁氏知后,主张用"帝国宪政会"。

是年,与杨度、蒋智由、徐佛苏、熊希龄等筹商组党事宜,后因与杨度意见不合而各行其是。

梁启超诗传

1907 年（清光绪三十三年丁未）三十五岁

4 月，《新民丛报》上海支店与《时报》支店同时被火。

10 月 17 日，政闻社开成立大会于东京神田区锦辉馆，梁氏演说，同盟会张继等人冲散会场。

11 月 20 日，《新民丛报》出九十六号后停刊，时革命论已盛行于中国。

是年，三子思忠生。

1908 年（清光绪三十四年戊申）三十六岁

2 月，政闻社本部自东京迁上海，总务员马相伯、常务员徐佛苏主其事。

9 月 13 日，清政府诏禁政闻社，梁氏一度"专务著述"。

11 月 14 日，光绪帝崩，溥仪即位，改元宣统，载沣摄政。梁氏策划倒袁世凯。

是年，成《王荆公》与《中国国会制度私议》诸文。

1909 年（宣统元年己酉）三十七岁

2 月 10 日，上书肃王，谢其"宏奖之雅"，并对垂询调查全国户口事提出建议。

7 月 12 日，致弟启勋："此数月间，兄大从事于著述以疗饥。"

11 月 5 日，因受振华公司骗财惨杀案牵累，致书广西巡抚张鸣岐，力辩诬枉。

12 月中旬，十六省谘议局代表在上海开会，决定成立国会请愿同志会。徐佛苏遵梁旨意与会，并于冬间赴京请愿，梁约每三日必有一通手札，指导运动之进行。

是年成《管子传》《财政原论》。

1910 年（宣统二年庚戌）三十八岁

2 月 20 日，《国风报》创刊，撰《〈国风报〉叙例》。

6 月 16 日，国会请愿团发动第二次请愿。失败后，梁氏著文批评清政府阻挠召开国会，呼吁社会各界投入请愿。

11 月 4 日，清政府宣布预备立宪期由九年改为五年，梁氏旋撰《感言》予以抨击。

12 月，发起国民常识学会，未果。

是年著文六十六篇，多为宪政主题。

1911 年（宣统三年辛亥）三十九岁

3 月 24 日，与长女思顺离日赴台湾考察。

4 月 27 日，黄兴发动广州起义失败，梁作《粤乱感言》。

6 月 4 日，宪友会成立，徐佛苏为常务干事之一，梁颇赞助该会。

10 月 10 日，武昌起义爆发，梁、康磋商对策，提出"和袁慰革，逼满服汉"方针，旋作《新中国建设问题》，列举比较六种不同之共和政体。

11 月 6 日，离日回国，抵大连，诣沈阳，原拟运动军队进京，逼清廷召集国会，因形势不利，又遽返日本。

11 月 16 日，袁世凯组成责任内阁，任梁为司法副大臣，坚辞未就。

1912 年（民国元年壬子）四十岁

1 月 1 日，中华民国成立，孙中山就任临时大总统。

1 月 10 日，汤化龙、林长民等成立共和建设讨论会，梁应邀加入。

2 月 12 日，清帝逊位。13 日，孙中山辞职。15 日，参议院选袁世凯为临时大总统。23 日梁函向袁进言，以为"今后之中国，非参用开明专制之意，不足以奏整齐严肃之治"。

4、5 月间，有请康有为退隐之意。康、梁政治分途。

8 月 27 日，民主党成立，举梁为党魁。

10 月初返国，受到各界热烈欢迎。

12 月 1 日，创刊《庸言》杂志。

是年，四子思达生。

1913 年（民国二年癸丑）四十一岁

春，加入共和党。

3 月 20 日，宋教仁遇刺，梁受疑。

5 月 29 日，共和、民主、统一三党合并为进步党，梁出任理事。

9 月 11 日，进步党"人才内阁"成立，梁为司法总长，实与熊希龄共定国务大计。

1914 年（民国三年甲寅）四十二岁

2 月 12 日，熊希龄内阁倒台，梁被任命为币制局总裁。

6 月 20 日，参政院开会，梁任参政员。

12 月 27 日，因任职后计划均落空，坚辞币制局总裁获准。此后，梁、袁关系日趋疏远，举家迁居天津。

1915 年（民国四年乙卯）四十三岁

1 月 20 日，《大中华》创刊，任总撰述，并作发刊词。

2月12日、3月31日，袁世凯先后任梁为政治顾问及考察沿江各省司法教育事宜，均辞不就。

4月下旬，返广东新会省亲。6月，回天津。

8月14日，杨度、刘师培等六人发起筹安会，加紧复辟步伐。15日，蔡锷访梁于天津，密商反袁计划，旋著《异哉所谓国体问题者》，力辟复辟。

12月12日，袁世凯帝制自为，改国号"中华帝国"，梁离津抵沪，从事护国倒袁运动。19日，蔡锷潜至云南，25日即宣布云南独立，进军四川。护国运动中所发公文函电，多出自梁之手笔。

1916 年（民国五年丙辰）四十四岁

3月4日，离沪由香港潜入广西，促成广西独立。

5月1日，出任护国军都司令部都参谋。8日，任护国军军务院抚军兼政务委员长。23日，由蔡锷推梁为滇、黔、桂三省总代表。30日，始悉父亲已于3月14日去世，遂辞军务院本兼各职，居丧守制。

6月6日，袁世凯疾殁，黎元洪代理大总统，梁致电祝贺，请其复约法、开国会、委段祺瑞组阁。

11月8日，蔡锷去世，梁悲痛万分，作《祭蔡松坡文》，发起筹建松坡图书馆。

1917 年（民国六年丁巳）四十五岁

2月27日，参加临时外交会议，与黎、段讨论对德外交问题。

3月，多次密函段祺瑞，劝其当机立断，对德绝交。14日，北洋政府宣布与德国绝交。

7月1日，张勋、康有为拥溥仪复辟，梁通电反对，并协助段祺瑞起兵马厂，讨伐张勋。17 日段祺瑞内阁成立，梁出任财政总长。18
日，梁与汤化龙谋以临时参议院代国会，激起国会议员反对。19 日，
孙中山在广州倡议召集国会，组织护法军政府，南北再次兵争对立。

11 月 15 日，梁随全体内阁总辞。

1918 年（民国七年戊午）四十六岁

春、夏间，屏绝百事，于天津著《中国通史》，成十余万言。因
著述过劳，致患呕血之疾甚久，病愈后，暂搁笔，读佛书。

11 月，第一次世界大战结束，梁筹备赴欧旅行考察，并于 12 月
28 日成行。

是年，始识胡适。

1919 年（民国八年己未）四十七岁

2 月 11 日抵伦敦。18 日抵巴黎，考察欧战各处战地。

4 月 8 日，国民外交协会致书梁，请以该会代表身份，主持向巴
黎和会请愿事。巴黎和会期间，曾为和约拒签问题频电国民外交协会：
"请警告政府及国民，严责各全权，万勿署名，以示决心"。巴黎和会
之屈辱外交，直接导致五四运动爆发。

欧行，探访战地，访问政党，结交名士，切摩学术，收获甚丰。

1920 年（民国九年庚申）四十八岁

1 月 23 日，由法国马赛起程回国。

3 月 19 日，晤总统徐世昌，报告欧游经过，要求释放五四运动被
捕学生。本月，整理欧游心得，成《欧游心影录》，陆续在《时事新
报》《晨报》连载。

4月，与蒋百里等组织共学社，编译新书，以"培养新人才，宣传新文化，开拓新政治"为宗旨。

7月，拟发起"国民制宪同志会"，未果。

9月5日，创办讲学社。15日，《解放与改造》杂志更名为《改造》，撰发刊词。

是年著述颇多，成《清代学术概论》《墨经校释》等。

1921年（民国十年辛酉）四十九岁

1月，致书慰问海外旧日同志。

8月，以湘鄂战事起，致书吴佩孚，劝其停战，召集国事会议。

秋，应天津南开大学聘，主讲中国文化史。

10月以降，应天津、北京各校之请做公开演讲七次，后结集为《梁任公先生最近演讲集》。

是年著有《中国历史研究法》《墨子学案》。

1922年（民国十一年壬戌）五十岁

3月，讲学于清华学校。

4月至9月，先后往北京、济南、南京、上海、南通、武昌、长沙等地做巡回学术讲演二十余次。

10月下旬，赴南京东南大学讲授中国政治思想史，因11月21日突发心脏病停讲。后将讲稿整理成《先秦政治思想史》。

1923年（民国十二年癸亥）五十一岁

1月，发起创办中国文化学院于天津，后因经济问题停办。

2月，参与科学与人生观论战，撰《人生观与科学》。

4 月，迎康有为于天津，师徒晤谈多次，始释嫌隙。

6 月，曹锟谋总统事甚急，梁属长书劝告之。

7 月，主讲南开大学暑期学校。

9 月起，讲学清华学校。

是年，成《陶渊明》《朱舜水年谱》《国学入门书要目及其读法》等书。

1924 年（民国十三年甲子）五十二岁

春，讲学于南开大学。

4 月 26 日，在北京会见印度诗人泰戈尔。

9 月 13 日，夫人李蕙仙病逝。梁伤痛无已，尿血病发。

是年，有《中国近三百年学术史》出版。

1925 年（民国十四年乙丑）五十三岁

3 月 12 日，孙中山在北京逝世。14 日，前往吊唁。是月，段执政发起宪法起草会，坚邀赞襄，婉拒之。

9 月，被聘清华国学研究院导师。

12 月，出版《要籍解题及其读法》。

是年出任京师图书馆馆长。

1926 年（民国十五年丙寅）五十四岁

1 月、2 月尿血甚剧。3 月入北京协和医院，16 日割去右肾，未愈。

春，就任北京图书馆馆长。美国耶鲁大学欲赠梁名誉博士学位，因病不能成行。

秋冬间，筹办司法储才馆事。

是年，著有《中国历史研究法补编》《王阳明知行合一之教》等。

1927 年（民国十六年丁卯）五十五岁

1月，司法储才馆开学，任馆长，致开馆辞。年初，除续任清华学校导师外，又在燕京大学兼课。

3月8日，往上海为康有为庆七十大寿。21日，康去世，撰祭文，作挽联。

7月，中华教育文化基金董事会通过梁关于编纂《中国图书大辞典》提议，并给予津贴。

8月到12月，除任职清华外，辞却一切职务，静心养病。

是年著有《中国文化史》《儒家哲学》《古书真伪及其年代》等。

1928 年（民国十七年戊辰）五十六岁

1月到4月，因尿血症时发，入协和医院检查治疗。

6月，完全辞去清华研究院各事。

8月24日，因旧病屡发，请辞《中国图书大辞典》编纂工作。

9月10日，抱病作《辛稼轩先生年谱》。未成而痔疮复发，日服泻油，食欲全无，体愈虚弱。

10月12日，病重绝笔。

11月28日，再入协和医院。

1929 年（民国十八年己巳）五十七岁

1月19日下午2时，病逝于北京协和医院。